Lucian Loosen

Deinen richtigen Partner finden

Die 7 goldenen Schlüssel, wie Liebe gelingt

Die ultimative Anleitung für Singles – mit 100 praktischen Übungen und Aufgaben

Lucian Loosen

Deinen richtigen Partner finden

Die 7 goldenen Schlüssel, wie Liebe gelingt

Die ultimative Anleitung für Singles –
mit 100 praktischen Übungen und Aufgaben

Junfermann Verlag • Paderborn
2004

Covergestaltung: Hans-Jürgen Zander, Neuss

Satz: JUNFERMANN Druck & Service, Paderborn

Bibliografische Information der Deutschen Bibliothek
Die Deutsche Bibliothek verzeichnet diese Publikation in der Deutschen Nationalbibliografie; detaillierte bibliografische Daten sind im Internet über http://dnb.ddb.de abrufbar.

ISBN 3-87387-562-4

Inhalt

Verzeichnis der Aufgaben

Widmung

Dieses Buch widme ich meiner Mutter,
Gisela Hellwig,
die mir gezeigt hat, was Liebe ist.

Dank

Folgenden Personen, die mich bei der Entstehung des Buches,
bewusst oder unbewusst unterstützt, ermutigt, beraten und inspiriert haben,
möchte ich an dieser Stelle von Herzen danken:
Ich danke meiner ehemaligen Frau Carola Loosen, den Mitarbeitern
und Assistenten Alfred Wagner, Manuela Wangler, Olaf Reimers, Anja Krezmin,
Arabelle Weigel, Rikarda Rüther, meiner Schwester Cordelia Loosen,
meinen Freunden Winfried Prost, Thelma Björk, Marion Kirchler
und den vielen tausend mutigen und offenen Singles der Seminare des
YaDu-Institutes der letzten Jahre.
Sie alle haben ein Mosaik-Steinchen zum Entstehen des Buches beigetragen.

Vorwort

Liebe Leserin, lieber Leser,

zwischen Menschen, die sich einander öffnen und miteinander in Beziehung treten, strömt Wärme, Zuneigung und Liebe. Solche Menschen sind von Machthabern nicht als Soldaten gegen andere Menschen ins Feld zu führen. Deshalb wird seit Jahrtausenden versucht, Menschen innerlich von einander zu trennen. Dazu wurden ihnen als trennende Steuerungsmechanismen Ängste, Scham- und Ekelgefühle eingeflößt: Menschen untereinander haben leider gelernt, vielfache Ängste zu empfinden und misstrauisch auf Distanz zu bleiben.

Zweitens haben wir gelernt, vor einander teils sinnlose Scham zu empfinden und uns vor einander zu verhüllen und zu verbergen, und drittens haben wir gelernt, anderen Menschen gegenüber in mancherlei Hinsichten Ekel zu empfinden. All das trennt uns von unseren nächsten Mitmenschen und hindert Mitgefühl, Solidarität und Liebe. Durch die uns eingeimpften Minderwertigkeitsgefühle fühlen wir uns schwach, armselig, ablehnenswert und ausgeschlossen. Auch im Sumpf dieser Gefühle bleiben wir allein, elend und von der Liebe getrennt. Dieses Buch weist in die entgegengesetzte Richtung. Es zeigt Wege zu Nähe, Gemeinschaft, Beziehung, Liebe und glücklicher Vereinigung auf: Wege, die schon viele Menschen erfolgreich gegangen sind.

Leidvoll und lustvoll hat Lucian Loosen in vielen Jahren Erfahrungen für diese Vision gesammelt. Als Yoga-Lehrer in der zweiten Generation ist er auf einem Weg der Disziplin zu dem erwachsen, der er heute ist. Seinen Charakter zeichnet Mut, ja manchmal verwegene Lust beim Abschmelzen alter Tabus aus, und eine sinnenfrohe Lebensfreude. So sind denn seine Seminare auch kein zusammengewürfeltes Sammelsurium von irgendwelchen netten Unterhaltungsspielen, sondern liebevoll konsequente Anleitung zur Entdeckung des eigenen Herzens, zur Selbstöffnung und zur Hinwendung zum Du. Für die Kunst der liebevollen Begegnung hat er sich für viele Menschen als kundiger und inspirierender Begleiter und Meister erwiesen.

Aus seinem reichen und außergewöhnlichen Erfahrungsschatz gibt er in diesem Buch auf hochdosierte, anschauliche und lebendige Weise die großen Geheimnisse der Lebenskunst weiter. Dabei ermutigt er auf liebenswerte, manchmal geradezu kühne Weise zu neuen Erfahrungen mit Liebe, Lust und Partnerschaft. So ist dieses Buch ein grandioser Werkzeugkasten zur Steigerung der Lebensfreude geworden. Allen Lesern wünsche ich einen fröhlichen Aufbruch und ein freudiges Gelingen.

Dr. phil. Winfried Prost
Kommunikations-Trainer und Persönlichkeits-Coach

Prolog

Kurz vor der Fertigstellung des Buches bekam ich von Melanie (Single, 43 Jahre, YaDu-Seminarteilnehmerin) einen Brief mit etwa folgendem bewegenden Inhalt: Vehement beschwert sie sich darin über einen Grundsatz, der stets in großen Lettern über unseren Seminaren steht: ***„Liebesglück ist dein Geburtsrecht!“***

Rebellisch und wütend begehrt sie dagegen auf, weil ihr durch diesen Satz ihre schmerzliche Sehnsucht und Unerfülltheit gespiegelt wurde. Denn trotz aller intensiven Anstrengungen sei es ihr in diesem Leben bisher einfach nicht gelungen, zu diesem Liebesglück in der Partnerschaft zu gelangen, so dass sie innerlich einfach nur verzweifelt sei. Mit Gewalt und mit Hingabe und auf jede erdenkliche Weise hätte sie es versucht – jedoch stets ohne Ergebnis. Der Brief gipfelt dann darin, dass sie das Leben, die Schöpfung, ja Gott anklagt und für schuldig befindet dafür, dass *man* ihr bisher nicht den richtigen Mann gegeben hätte!? Welch eine Ungerechtigkeit – klagt sie!!! Und sie wirft mir vor, dass solch ein Satz nur die Verhaftung an ein Anspruchsdenken sei, der die Menschen nur noch unglücklicher mache ...

Mir als Autor sind während der Lektüre des Briefes die Tränen geflossen, weil Melanie in so berührenden, bitteren und zugleich kindlichen Worten beschrieb, wie es mir selbst fast 28 Jahre lang innerlich ergangen ist, mehr oder weniger bewusst – eine nagende Unerfülltheit, die zu rastloser Suche führte ...

Und ich habe ihr geantwortet, nicht als „Ich“, Lucian Loosen, Single-Trainer und Flirt-Coach, sondern als ihr *„richtiger Mann und Seelenpartner“*. Folgender Brief ging – auf wunderschönem altrosa-Briefpapier und mit Tintenfüller geschrieben – an sie:

Liebste Melanie,
wie gut ich Dich verstehen kann, Deine Schmerzen, Deine Nöte und Deine Anklage an die „höchste Beschwerdestelle“, Gott.

Als ich Deinen Brief las, sind mir die Tränen geflossen, nicht nur, weil mich Deine unnachahmliche Art zu schreiben begeistert hat, sondern weil Du die Herzensnot beschreibst, die ich seit so vielen Jahren kannte und die so viele Singles kennen.

Der Satz „Liebesglück ist dein Geburtsrecht!“ ist wahr, göttlich wahr, und einer der besten Sätze der Erde. Ich, Dein guter Partner, Dein Mann, der, der Dich liebt, schon jetzt Dich erahnt und den Du lieben wirst, ich, Dein guter Seelenpartner – lebe schon, jetzt, und Du auch!

Ich möchte Dich treffen, möchte mein Leben mit Dir teilen und mit Dir gemeinsam in gegenseitigem Respekt wachsen. Ich möchte mich Dir zeigen, mich hingeben, Dich unterstützen und vor allem Ekstase, Liebesglück, Romantik und himmlische Sexualität mit Dir genießen. Und: Du, liebe Melanie, bist jetzt noch nicht an dem Punkt, wo Du meine Liebe nehmen könntest; das Tor ist noch nicht weit genug offen, dass ich eintreten kann - denn Du glaubst noch nicht an das Glück der Liebe. Das ist der Grund, warum ich noch nicht kommen kann. Aber die Zeit ist bald reif, da komme ich zu Dir, weil Dein Schicksal gelöst ist, weil Du Deiner guten Seele und dem Leben vertraut hast … hoppla, ganz einfach, spielerisch, gedankenlos … dann bin ich da und Du wirst es wissen, dass wir uns gesucht und gefunden haben, und Du weißt es und ich weiß es.

Dazu brauchst Du weiterhin Deinen unverfrorenen Drang nach Lösung und Wahrheit, ein wenig Geduld und Gelassenheit – die größten Wünsche im Universum dauern etwas länger! – sowie neues Handeln, Handeln, Handeln … dass Du Dich Deinen Ängsten voll aussetzt, ist richtig! Das Leben wird Dir bis dahin Menschen schicken, die Dir helfen, Hindernisse aus dem Weg zu räumen und sie geben Dir Hinweisschilder auf dem Weg zu mir!

Auch ich warte und nutze die Zeit, bis wir uns sehen, um mich auf Dich vorzubereiten, mein EGO abzuschleifen, einige Löcher im Boot meiner Seele zu stopfen, um Deiner würdig zu sein, dass wir lange und dauerhaft wirklich glücklich sind miteinander, denn wir sind füreinander bestimmt, wir beide, Du und ich!

Ich bin jetzt schon sehr verliebt in Dich! Melanie – ein Herzensgruß …
Dein guter Mann

Einführung

Liebe Leserin, lieber Leser,

ich sitze auf meiner geliebten Urlaubs-Insel La Palma – auf den Kanaren im Atlantik. Eine Insel voll Wildheit, Schönheit und Ursprünglichkeit. Eine Insel, die Sehnsucht macht ... die Blumen, die Sonne, die Vulkane und Berge, die klare frische Luft, das Meer, die Sonnenuntergänge und des nachts der unendliche Sternenhimmel. Als ich vergangene Nacht hoch schaute zu den Sternen, die fast unwirklich nah wirken, strahlend, bebend, da dachte – nein fühlte – ich: Dort oben ist für jeden ein Stern, nämlich der richtige Partner!

Ein geliebter Mann, eine geliebte Frau, der/die die schönsten Seiten in dir zum Klingen bringt, der/die dir hilft, bewusster zu werden und in deiner Persönlichkeit zu wachsen, der/die mit dir unvergessliche Stunden ausgelassenen Glücks und tiefer Ekstase verbringen wird. Der/die alle wundervollen Möglichkeiten und Fähigkeiten in dir wecken wird. Dieser Mann, diese Frau ist jetzt da – ja – DER RICHTIGE PARTNER IST SCHON DA!

Doch welch wunderliche Wege geht das Leben und beschreitest du selbst in deinem Werdegang – bis ihr einander gefunden habt – nicht nur äußerlich, sondern auch innerlich im Herzen.

Bedanke dich jetzt bei dir selbst, für den Mut und das Vertrauen, diesen wichtigen Schritt für dein persönliches Leben zu wagen – ja *wagen*: das hat immer etwas mit Lieben zu tun. Wer nicht wagt, gewinnt nicht. Doch wer liebt, wagt viel und kann verlieren – oder gewinnen. Wer nichts wagt, verliert auf jeden Fall!

Die Liebe ist das Unsicherste, das es gibt auf der Welt. (Nur das Wetter auf meiner Urlaubsinsel ist noch unsicherer.) Niemand kann dir garantieren, dass dein Partner dich morgen noch liebt oder dass er nicht schon fort ist. Daran wird auch dieses Buch nichts ändern. Das bleibt das Schöne am mysteriösen Geheimnis der Liebe. Sie wird niemals einzufangen sein!

Warum dieses Buch?

Was mich zum Schreiben dieses Buches bewegt, ist meine eigene Geschichte. Ich habe meine frühe Kindheit als ein seliges Paradies in Erinnerung. Wir hatten ein nettes Einfamilienhaus, einen großen Garten – ich hatte zwei tolle Geschwister, viele Spielgefährten und eine natürliche Umgebung. Meine Eltern haben sich sehr geliebt, seelisch und auch körperlich. Sie haben stets vor uns Kindern innige Zärtlichkeiten ausgetauscht.

Wie so oft dienen Paradiese dazu, nach einer Zeit des Schwelgens, aus ihnen hinausgeworfen zu werden. Der schlimme Schock war die grausame Scheidung meiner Eltern, als ich 12 Jahre alt war. Da war die wundervolle Einheit und Verschmelzung zwischen Mann und Frau, wie ich sie bei meinen Eltern erlebt hatte, zerbrochen. Ein Riss ging seither mitten durch meine Seele. In den Jahren vor der Scheidung und etwa 10 Jahre danach haben meine Eltern sich in übelster Weise bekriegt.

Der Bruch sitzt seit der Zeit wie ein Stachel in meiner Seele. Mit meiner Arbeit in den Single-Seminaren und mit diesem Buch habe ich den Stachel herausgezogen und ihn zu einem goldenen Schlüssel gemacht. Daraus sind *„Die sieben goldenen Schlüssel, wie Liebe gelingt!"* geworden, die ich dir hier in diesem Buch vermitteln möchte. Diese goldenen Schlüssel werden dir alle Türen in deinem Liebesgarten öffnen!

Die Frage „Wie kommen der richtige Mann und die richtige Frau zusammen und können in Harmonie und Erfülltheit leben?" hat mich seither nicht mehr losgelassen – bis heute, und ich bleibe ein Forschender. In den vergangenen 26 Jahren habe ich alles an Antworten zusammengetragen, was in mir noch ungeklärt war – und ich selbst war damit schließlich erfolgreich (soweit man das in Liebesdingen jemals sagen darf).

In den verschiedensten und wunderlichsten Situationen habe ich Frauen getroffen und jegliche denkbare Beziehungsart gelebt. Eine Ehe ohne Trauschein mit zwei Kindern, Beziehungen mit und ohne zusammen zu wohnen, kurze Affären, sexuelle Begegnungen für nur einmal, Liebe ohne Beziehung mit 700 Kilometern Abstand, eine Heirat, Dreiecks-Beziehungen, Beziehungen zu älteren und jüngeren Frauen, verheirateten, unverheirateten, mit und ohne Seitensprüngen; mit viel Lust und Glück, aber auch mit sehr viel Schmerz. Für alles das bin ich sehr dankbar. Liebe lässt uns reifen. Liebe kann vergehen, die durch eine Partnerschaft erzielte persönliche Reifung aber bleibt erhalten.

Ich war darüber hinaus in meiner Jugend ein überaus schüchterner Mensch. Wie ich ein anderer wurde, erfährst du in diesem Buch. Ich kann heute leicht und einfach mit jeder Frau, die mich interessiert, Kontakt aufnehmen, egal ob im Cafe, auf der Straße, im Kino, der Bibliothek oder in der Discothek. Dazu findest du im Praxisteil auch eine Menge sehr hilfreicher Tips, die viele Singles einfach leider nie oder zu spät erfahren – geschweige denn trainieren.

Ich möchte dich, lieber Single, an all dem wertvollen Wissen und den von mir gemachten überaus lösenden Erfahrungen Anteil haben lassen, damit du nicht so viel Schmerz und soviel Irrungen erleben musst, wie ich es zum Mann-Frau-Thema offenbar erleben sollte.

Ich möchte dir in diesem Buch vermitteln, wie wichtig bei der Partnerwahl das Verständnis der Anziehungs-Mechanismen und der persönlichen Lernschritte ist, die absolviert werden müssen, um den richtigen Partner anzuziehen! Es geht in diesem Buch immer wieder um die Frage: „Was kann ich bei mir selbst verändern, um bessere Bedingungen und Umstände anzuziehen?"

Heute lebe ich erfüllt mit der richtigen Partnerin. Und ich werde hier nicht den Fehler machen, von Endgültigkeit zu sprechen, denn die Liebe wird ewig unergründlich bleiben, das große Geheimnis! Zum Glück, sonst wäre sie nicht so unaussprechlich schön, ewig-faszinierend und anziehend! Ob jung oder alt, erfolgreich oder erfolglos, krank oder gesund, gebildet oder ungebildet, reich oder arm, wir werden uns immer und immer wieder nach der Ergänzung im Gegenüber des richtigen Partners sehnen! Das ist eine göttliche Sehnsucht, die uns offenbar in die Seele eingepflanzt ist: die Sehnsucht nach Verstehen des Andersartigen, die Sehnsucht nach Einheit, nach Verschmelzung – und wenn es nur für ein paar Sekunden ist.

Es lohnt sich nicht, das zu ignorieren – selbst wenn du beschließt, ins Kloster oder den Ashram zu gehen, dieses Gefühl wird unausweichlich in dir wieder hochkriechen. Diese unendliche Sehnsucht des Herzens nach einer guten Frau, einem guten Mann wird dich im entlegensten Winkel dieser Erde einholen! Darum gratuliere ich dir an dieser Stelle, liebe Single-Frau, lieber Single Mann, denn du packst das Thema nun bewusst und offensiv an. Du bist es dir wert!!

Die Mann-Frau-Beziehung entfaltet unser Herz wie nichts anderes auf diesem Planeten. Die Partnerschaft zwischen Mann und Frau ist das, was den Menschen am tiefsten bewegt; mehr als Arbeit, andere Freundschaften, Familie, Erfolg und Misserfolg. Es gibt kaum eine größere Freude als die, sich zu verlieben in eine Frau, einen Mann; und es gibt kaum einen größeren Schmerz, als einen Partner durch Tod oder Trennung zu verlieren.

Deshalb schreibe ich dieses Buch. Ich möchte dich unterstützen, deinem Herzen genüge zu tun und die Erfüllung zu finden. Ja, du hast es wahrlich verdient, bald in den Armen der Geliebten, des Geliebten zu liegen! Und das nicht nur für einen One-Night-Stand, sondern für eine dauerhafte langjährige Paarbeziehung, um die es hier geht. **Du bist bereit**, unter den Tausenden von möglichen Partnern, die um dich herum leben, den richtigen in Kürze anzuziehen. Das ist mein Anspruch mit diesem Buch: dich vorzubereiten und fit zu machen dafür, dass der/die richtige Partner bzw. Partnerin in Kürze in dein Leben tritt. Aktiviere den inneren Magneten in deinem Bauch – und der/die Richtige unter Millionen potentiellen Partnern wird unausweichlich zu dir hingezogen werden.

Erfüllte Liebe ist dein Geburtsrecht! – Glaube daran! Triff jetzt deine Entscheidung. Und ich weiß, du schaffst es!

Konkret möchte ich mit diesem Buch zweierlei erreichen: Zum einen möchte ich dich darin unterstützen, deine Einstellung zu verändern. Denn welchen Partner du anziehst, ist im wesentlichen – wie ich später noch vertiefen werde – Einstellungssache.

Zum anderen möchte ich dich anregen, völlig neue Dinge auszuprobieren. Ja, du hast die Macht, eine Menge zu ändern, dich auf den Richtigen, die Richtige vorzubereiten. Das ist dein Part. Den Rest macht dann die Liebesgöttin Aphrodite für dich!

Höre auf zu suchen, finde. Es geht hierbei nicht um Probleme, sondern um die Lösung – und das nicht erst in ein paar Jahren, sondern noch dieses Jahr! Es hängt von dir ab, inwieweit du dich auf diese Reise einlassen möchtest. Wenn du es ernsthaft tust, wirst du staunen, wie schnell die Richtige/der Richtige bei dir „auf der Matte steht"!

Die sicher auch für dich so wertvollen und hochaktuellen Einsichten, Tipps und Übungen in diesem Buch verdanke ich unter anderem meinen ehemaligen geliebten Partnerinnen der letzten 20 Jahre meiner Beziehungserfahrung. Darüber hinaus danke ich einigen sehr weisen und wichtigen Lehrern, die mich immer wieder auf die richtige Fährte gebracht haben. Und ich danke den vielen Tausend Kursteilnehmerinnen und Teilnehmern, die in unseren „YaDu-Seminaren" dabei geholfen haben herauszukristallisieren, was beim Partnerfinden funktioniert und was nicht.

Dies ist kein Beziehungs-Ratgeber und kein Psycho-Buch, ebenso kein Lebens-Ratgeber und erst recht nicht esoterisch. Es ist vielmehr praktisches Handwerkszeug für jeden Single auf seinem Weg in die erfüllende Liebe. Ganz nebenbei wirst du auf dieser abenteuerlichen Reise dich selbst stark verändern. Denn letztlich ist die Beziehung zum DU immer auch verbunden mit einer besseren Beziehung zum ICH, nämlich zu dir. Ja, du wirst durch dieses Buch auch lernen – ganz nebenbei –, dich selbst mehr zu lieben, deiner wahren Bestimmung zu folgen und deine wunderbaren Talente und Fähigkeiten mehr denn je erkennen und zum Ausdruck bringen! Was du von innen heraus aus deiner guten Seele entfaltest, wird sich voll und ganz in deinem guten Partner spiegeln.

Und nun viel Spaß beim Lesen. Du kannst bei jedem *Goldenen Schlüssel*, der dich interessiert, beginnen. Alle Wege führen nach Rom – sprich: ins Liebesparadies! Fang getrost bei dem Schlüssel zu lesen an, der dich am meisten anzieht. Vertraue deiner Sympathie – sie führt dich auch zum richtigen Partner.

Eines noch – für alle diejenigen, die sich damit schwertun, „ganze" Bücher zu lesen: Am wirkungsvollsten sind folgende drei Übungen:
Visions-Turbo I: „Wer gibt, der empfängt" (siehe S. 80)
Visions-Turbo III: „Schatten-Feedback" (siehe S. 83)
Visions-Turbo IV: „Empowerment" (siehe S. 86)

Diese drei Übungen sind die wirkungsvollsten Instrumente des Buches (obwohl es natürlich im Einzelfall auch andere Übungen/Aufgaben sein können, je nach Person und Geschichte). Wenn du die Aufgaben mit dir selbst ehrlich und ernsthaft durcharbeitest, ist das der schnellste Weg zu einer glücklichen Mann-Frau-Beziehung!

Warum lohnt es sich, den richtigen Partner zu finden?

- ... weil zu zweit vieles eine Menge mehr Spaß macht.
- ... weil schöne und aufregende Sexualität zu den traumhaftesten Dingen auf diesem Planeten gehört.
- ... weil vertrauensvolle gute Gespräche mit einem Intimpartner der Seele unglaublich gut tun können, befreien, unterstützen, bestärken.
- ... weil der Sonnenuntergang zu zweit viel farbiger wird.
- ... weil die Liebe eines guten Partners unsere größten Stärken ans Licht bringt.
- ... weil wir alle für Alltag, Beruf und Familie Kraft brauchen und die erfüllte Paarbeziehung dafür gemacht ist.
- ... weil wir ein Gegenüber, einen Spiegel brauchen, auch um unsere Schatten und Schwächen schneller zu erkennen und aufzulösen.
- ... weil wir uns in einer Partnerschaft schneller in unserer Persönlichkeit und unserem Charakter entwickeln – anstatt unsere Macken im Alleinsein zu züchten (und zu pflegen).
- ... weil wir intensiver lernen und wachsen in unserer Menschlichkeit.
- ... weil Kinder besser unter dem Schutz einer guten Paar-Beziehung aufwachsen.
- ... weil jeder Mensch manchmal jemanden zum Anlehnen braucht, um klein zu sein und Trost zu finden.
- ... weil die richtige Frau einen Mann erst richtig zum Mann macht.
- ... weil erst der richtige Mann eine Frau herausfordert, ganz Frau zu sein.
- ... weil auch Erwachsene es immer wieder brauchen, hemmungslos zu spielen.
- ... weil die Liebe zwischen Mann und Frau uns auf eine dritte gemeinsame Aufgabe hin ausrichtet, ein Projekt oder Kinder.
- ... weil wir uns so das fünfte menschliche Grundbedürfnis: *Zärtlichkeit-Streicheleinheiten-Umarmen* täglich am einfachsten erfüllen können.
- ... weil es Sonne und Mond gibt.

Wer liebt, lebt länger

Menschen ohne Beziehungen haben im Vergleich zu denen, die in einem gemeinschaftlichen Netz leben, ein bis zu fünfmal so hohes Risiko, vorzeitig zu erkranken und zu sterben. Die Kraft der Liebe ist sprichwörtlich. Wusstest du, dass Liebe tatsächlich über Gesundheit und Krankheit entscheidet? Weltweit durchgeführte wissenschaftliche Studien* belegen: Liebe und harmonische Beziehungen können Operationen und High-Tech-Medizin überflüssig machen. Mangelnde Liebe hingegen ist ein Risikofaktor für unsere Gesundheit. Zahlreiche weitere Untersuchungen bestätigen, dass einsame und sehr zurückgezogen lebende Menschen stark gefährdet sind, schwer zu erkranken oder frühzeitig zu sterben. Das geht so weit, dass Menschen mit engen sozialen Bindungen, jedoch ungesunder Lebensweise, länger leben als Men-

* *Forum*, Juli 2000, S. 35 ff; siehe auch Arbeiten des Chefarztes Dr. med. Otto Brusis

schen mit gesünderer Lebensweise, aber schlechten sozialen Beziehungen – so das Ergebnis der „Alameda County-Studie".

1965 wurden in Alameda, einem kleinen Ort in der Nähe von San Francisco, 7000 Männer und Frauen untersucht. Insgesamt 17 Jahre lang verfolgten Forscher das Leben dieser Menschen. Das Ergebnis war eindeutig: Das Risiko, an Krebs zu erkranken, einen Schlaganfall zu bekommen oder herzkrank zu werden, war bei Menschen mit intensiven Freundschaften und engen familiären Bindungen zwei- bis dreimal geringer als bei denen, die sich allein und isoliert fühlten. Die bekannten Risikofaktoren – Nikotin, Alkohol, Übergewicht und Bewegungsmangel – waren weniger ausschlaggebend als die emotionale Nähe zu einem Partner, die Unterstützung durch Freunde oder die Geborgenheit der Familie. Liebe, Zuwendung und das Mitgefühl, das wir von anderen erhalten und uns selbst geben, sind die ausschlaggebenden Faktoren der Heilung.

„Liebe und Nähe setzen Energien frei, bauen Stress ab und sorgen für gute Stimmung: Die, die etwas lieben, tun dies im Bestreben, sich selbst Gutes zu gönnen." – Robert Walser

Warum sind Liebe und menschliche Nähe so wichtig?

Wir sind als Menschen Gemeinschaftswesen. Der Mensch ist nicht geboren, um als Einzelwesen durch diese Welt zu gehen. Er braucht die Gemeinschaft. Ohne Liebe verkümmert er. Egal, wie alt wir sind, wir brauchen immer Streicheleinheiten. Wir brauchen eine Schulter, an der wir weinen, aber an der wir uns auch freuen können. Untersuchungen zeigen, dass beim plötzlichen Auseinanderbrechen von Partnerschaften der verbleibende oder zurückgelassene Partner ein erhöhtes Infarkt-Risiko hat.

Singles sind für Krankheiten anfälliger als Leute, die in einer guten Partnerschaft leben. Unser Wohlbefinden in der Partnerschaft ist ein wesentlicher Faktor für Lebensqualität und Gesundheit.

Warum macht Einsamkeit krank?

Kurz gesagt, weil die Gegenwart des anderen einen wesentlichen Einfluss hat. Wir müssen jemanden haben, um unsere Gefühle weitergeben zu können.

Da gibt es die innerlich Einsamen, die alles schweigend in ihrem Inneren durchleben, die Mauern um sich herum errichten und sich selbst blockieren. Und sie leiden. Wie eine Betroffene auf unserem Single-Seminar bitter sagte: „Das Gemeinste an der Einsamkeit ist, dass man noch nicht einmal jemanden hat, den man verlassen kann." Dabei sind die einsamen Singles nicht gefühllos, sie haben nur Angst vor ihren Gefühlen und schützen sich, indem sie sich selbst und anderen ihre Dünnhäutigkeit nicht eingestehen. Sie panzern ihr Inneres, um gegen Verletzungen gewappnet zu sein. Die

Härte, die sie sich antun, lassen sie auch andere spüren. Mit zusammengebissenen Zähnen und der Faust in der Tasche durchs Leben zu gehen endet meist in einer Sackgasse aus unterdrückter Wut und sozialer Isolation. Niemanden zu haben, der abends fragt: „Na, wie war dein Tag?“, mit dem man in die Sauna oder ins Kino gehen, den man anrufen kann, um sich die großen und kleinen Sorgen von der Seele reden zu können – das macht auf Dauer krank.

... und da gibt es die „beschäftigt-Einsamen“
Auf diese Menschen wirkt Stress wie eine Droge: die Managertypen, die von einem Termin zum nächsten hetzen (auch privat), ohne die in der Firma nichts läuft, die Unentbehrlichen, die Macher. Und doch ist auch ihre Art zu leben nur ein Fluchtverhalten. Ob es Geld, Macht, Berühmtheit oder andere Eitelkeiten sind, die sie faszinieren – sie versuchen, ihre innere Leere zu füllen und ihrer Einsamkeit zu entfliehen. „Eigentlich“ geht es ihnen gut, sie haben Erfolg. Und doch sind sie häufig mit ihrem Leben unzufrieden. Sie sind ausgelaugt und gelangweilt zugleich. Nicht ohne Grund häufen sich gerade in dieser Personengruppe die Herzinfarkte.

Mangelnde Liebe und Nähe fördern Krankheiten – die Alternative ist: liebevoll zu leben, offen zu sein für andere Menschen und für uns selbst, sich selbst und anderen Raum und Zeit zu geben.

Wie kann Liebe heilen?

Es gibt eine Grundaussage, die in jeder Religion, in fast jeder Lebensphilosophie vorkommt: Öffne dein Herz, nimm die Mauer von deinem Herzen weg. Nimm dich selbst nicht zu wichtig und versuche, in deiner Partnerschaft nicht nur die eigenen Interessen in den Vordergrund zu stellen. Schau auf den anderen. Dann kommt's zurück.

Od. gerade einmal umgekehrt

Die aktuelle Single-Situation in Deutschland: Du sitzt mit vielen Singles in einem Boot

Jeder dritte Haushalt in Deutschland ist ein Single-Haushalt. In den Großstädten ist der Anteil sogar über 55%. Das heißt, in jeder zweiten Wohnung lebt jemand alleine.

Die Beziehungen zwischen Männern und Frauen spiegeln den Krisenzustand wider, in dem die Menschheit sich nun befindet. Die Menschen haben sich mehr und mehr mit ihrem Verstand identifiziert, und so sind die meisten Beziehungen nicht in der Liebe verwurzelt. Sie werden zu einer Quelle des Schmerzes, dominiert von Problemen und Konflikten. Millionen Menschen leben jetzt allein oder als Alleinerziehende, unfähig, eine intime Beziehung aufzubauen, oder nicht mehr willens, das verrückte Drama vergangener Beziehungen zu wiederholen. Andere wandern von einer Beziehung zur nächsten, von einem Lust- und Schmerz-Zyklus zum nächsten, immer auf der Suche nach einer flüchtigen Erfüllung, durch Vereinigung mit dem Gegen-Pol.

Andere Zeitgenossen wiederum gehen Kompromisse ein und verbleiben in gestörten Beziehungen, in denen Negativität an der Tagesordnung ist – sie verbleiben für das angebliche Wohlergehen der Kinder, aus Sicherheitserwägungen, aus Gewohnheit, aus Angst vor dem Alleinsein. Und oft sogar aufgrund der unbewussten Abhängigkeit von Aufregung, emotionalem Drama und Schmerz.

Jede Krise stellt aber nicht nur eine Gefahr dar, sondern auch eine Herausforderung. Beziehungen sind heute dabei, zu zerfallen. Ist es nicht besser, diese Tatsache anzunehmen, anstatt zu versuchen, davor zu fliehen? Ist es nicht besser, mitzugehen anstatt Beziehungen zu vermeiden? Durch das Anerkennen und Akzeptieren der Tatsachen entsteht eine gewisse Freiheit von ihnen.

Die Dauer von Ehen und Beziehungen nimmt dabei stetig weiter ab. Es nutzt nichts, einen Verfall der Sitten zu beklagen oder das Zerbröseln traditioneller moralischer Werte. Seit eine Beziehung nicht mehr für die Absicherung des materiellen Lebens notwendig ist, gibt es den menschlichen Drang zur Freiheit und Individualität. Dazu scheint zu gehören, dass Menschen heute mit verschiedenen Partnern Erfahrungen sammeln wollen. Ich möchte das nicht bewerten. Es ist wie ein größeres Schicksal, vor dem niemand verschont bleibt – eine Erscheinung der Zeit. Diese hier nur kurz skizzierte Tendenz setzt sich fort. Aber vielleicht verbirgt sich hinter dieser Tendenz auch die – gegenüber früheren Zeiten – größere Komplexität des Gehirns und das Trachten nach höheren Anforderungen, das die Menschheit auf diese Weise weiter lernen lässt.

Auf jeden Fall ist das Leben nicht einfacher geworden seit der Single-Kultur – und glücklicher schon gar nicht. Wir leben mit Handy, Internet, SMS und Video-Konferenz in einem Zeitalter, in dem es mehr Kommunikationsmöglichkeiten denn je gibt. Von jedem Winkel der Erde aus zu jedem anderen Platz. Dennoch – verrückterweise – ist es ein Zeitalter mit weniger echtem Kontakt als jemals zuvor – seelische Verarmung und Einsamkeit nehmen zu.

Warum bist du Single? Welche Gründe gibt es, allein zu leben?

1. *„... weil ich nicht in der Lage bin, Kontakt herstellen zu können ...“* (Schüchternheit, Angst, sich nicht zeigen);
2. *„... weil ich nicht in der Lage bin, Nähe auszuhalten ...“* (die große Freiheit wollen, keine Kompromisse eingehen);
3. *„... weil ich alten Beziehungen nachtrauere“*;
4. *„... weil meine Ansprüche an einen Partner zu hoch sind“*;
5. *„... wegen unerfüllter Sexualität“*;
6. *„... mein Herz bleibt unerfüllt ...“*;
7. *„... wegen zu großer Diskrepanz in ...“* (Alter, Familie, Familienstand, Wertvorstellungen, Bildungsstand, Rasse, Interessen, Hobbys, persönlicher Lebensgeschichte): *„Wir waren zu verschieden.“*

Aufgabe 1: Deine Gründe, Single zu sein

Lies dir die Erläuterungen zu den sieben Gründen, Single zu sein durch und bestimme für dich den wesentlichen Punkt, wieso du zur Zeit als Single lebst. Das wird dir helfen auf dem Weg, den richtigen Partner zu finden, denn vor jeder Heilung steht die Diagnose.

1. Keinen Kontakt herstellen können

Manche Menschen sind allein, weil sie sich ganz einfach nicht trauen, jemanden anzusprechen: Wenn du in Situationen bist, wo du jemanden nett findest oder anziehend, zitterst du innerlich, denkst fünfmal darüber nach, ob und wie du Kontakt aufnehmen könntest. Dann tust du es schließlich doch nicht, weil du denkst, du würdest dem anderen lästig fallen oder der andere würde dir einen Korb geben oder irgendwie negativ reagieren. Dann verurteilst du dich selbst noch für deine Unfähigkeit und fühlst dich schlechter und schlechter ... So schleppst du diese Last unnötigerweise jahrelang mit dir herum. Deine Schüchternheit oder Angst, sich zu zeigen und andere Menschen anzusprechen, ist in Erfahrungen und Glaubenssätzen aus der Kindheit begründet.

Angst im Umgang mit Menschen – besonders in Flirt-Situationen – liegt daran, dass du früher immer dann, als du auf jemanden zugegangen bist, Enttäuschungen oder Zurückweisungen erlebt hast (siehe auch Kapitel *Nähe und Liebe*). Diese Schockerlebnisse, in denen dein Auf-den-geliebten-Menschen-zugehen oder deine Neugierde auf Menschen unterbrochen wurde oder verhindert, leben in deiner Erwachsenen-Seele als Glaubenssätze weiter – z.B.: „Ich bin es nicht wert, dass man mich sieht!" „Ich bin nicht gut genug, wie ich bin!" „Andere werden immer bevorzugt, ich muss zurückstehen und mich zurückhalten!" „Ich habe es nicht verdient, dass man mich beachtet und liebt!" „Liebe ist schmerzlich, ich werde eh zurückgewiesen!" usw. Ich möchte diese Litanei nicht weiter fortführen, da es in diesem Buch um Lösungen geht. Kurzum: Diese negativen Sätze stammen aus früher Zeit deines Lebens. Sie wurden von Erwachsenen zusätzlich noch unterstützt mit bestimmten unterdrückenden Erziehungssätzen wie: „Lass das sein!" „Reiß dich zusammen!" „Das tut man nicht!" „Benimm dich!" „Das schaffst du ja doch nicht!" „Du bist schlecht, aus dir wird nie was!"

Da jene Zeit und diese Erlebnisse lange vorbei sind, kann jeder schüchterne und kontakt-gehemmte Mensch diese Muster heute als verantwortlicher Erwachsener auflösen. Die Fähigkeit, frei und unbefangen einfach Kontakt zu suchen, auf andere zuzugehen und sich selbst natürlich zu zeigen, liegt körperlich im Solar Plexus und Magenbereich. Es ist die Fähigkeit zum Selbstausdruck, auch zur Selbst-Durchsetzung. Da besteht ein direkter Zusammenhang mit der Selbst-Annahme und dem innerem Selbstwertgefühl (Kapitel 5: *Die Blume, die Bienen anziehen möchte ...*), das bei denjenigen Menschen „angeknackst" ist, die schüchtern sind. Wirkungsvolle Methoden der Änderung erfährst du dazu in den Kapiteln 6 (*Das Herz öffnen für wirkliche Nähe und Liebe*) und 7 (*Nicht mehr hoffen, sondern tun* – Flirt-Training).

2. Keine Nähe aushalten

Dieser Typ von Single hat zwar kein Problem damit, auf andere zuzugehen und manchmal sogar reihenweise potentielle Partner „abzupflücken", aber dieser Typ scheitert an Dauerhaftigkeit und Tiefe. Diese Singles hüpfen manchmal von Blüte zu Blüte als das ewige Mädchen oder der ewige Junge. Ihnen fehlt die Kraft, in einer Beziehung neben einem Mann als Frau oder neben einer Frau als Mann zu stehen und standhaft zu bleiben. Diese merkwürdige Angst vor Nähe zeigt sich darin, dass du dich nach einer Weile des Kennenlernens und Näher-Rückens verletzend oder beleidigend oder gewalttätig verhältst, so dass der andere gehen muss. Oder du ergreifst selber unter allen möglichen Vorwänden die Flucht und löst schon bei kleinen Anlässen und Unstimmigkeiten die Liebesbeziehung auf.

Die Ursache dafür liegt in bestimmten Schmerzen, die in deinem seelischen Herzen noch nicht geheilt sind (siehe Kapitel 6: *Das Herz öffnen für wirkliche Nähe und Liebe*) oder dieses Verhalten ist Ausdruck einer familien-systemischen Verstrickung (*Lösungen* siehe Kapitel 3: *Familiäre Verstrickungen gelöst haben ...*), d.h. du bist innerlich im Herzen noch besetzt von unbewusster verstrickter Liebe zu Familienmitgliedern, die gelitten haben oder keinen Partner hatten oder ausgeschlossen wurden.

Auch dieser Punkt ist zu lösen, wenn du das wirklich möchtest – wende dich dafür den in den oben angegebenen Kapiteln aufgezeigten Möglichkeiten und Aufgaben zu.

3. Alten Beziehungen nachtrauern

Wieder andere Singles haben sich von ehemaligen Partnern noch nicht wirklich gelöst. Auch wenn die Trennung schon länger zurückliegt, sind manche noch in Form von goldenen Ketten gebunden – das heißt, sie lieben ihn/sie immer noch, sie sind also in Form von goldenen Ketten gebunden. Oder in Form von rostigen Ketten – das ist noch nicht verarbeiteter Groll und Hass. Sie leben dann Jahre und manchmal Jahrzehnte allein – sind nicht erfüllt, wissen nicht, dass sie noch in lebensverhindernder Weise an der/dem Ehemaligen kleben.

So wie man nur in eine leere Teetasse etwas hineingießen kann, kann auch ein noch besetztes Herz keinen neuen Partner hereinlassen und beherbergen. In diesem Falle lautet die Aufgabe, Platz zu machen und Raum zu schaffen für das Neue. Manchmal braucht das auch viel Zeit. Gerade, wenn sich Singles von einer ehemaligen Beziehung zu schnell in eine neue Bindung stürzen wollen und das sogenannte „Trauerjahr" nicht einhalten, geht die neue Beziehung tragischerweise recht bald schief oder leidet unter Stockungen in der Anfangsphase, so wie ein Motor, der noch kalt ist. Wie ein guter Abschied von ehemaligen Partnern gelingt und wie der Loslösungs-Prozess am besten klappt, erfährst du im Kapitel 3 (*Familiäre Verstrickungen gelöst haben ...*). Dort erfährst du auch, dass der Abschied nicht durch das vielbeschriebene sogenannte „Loslassen" geschieht, sondern im Gegenteil durch Liebe und Anerkennung auf einer höheren Ebene.

Aufgabe 2: Landkarte deines Herzens

Nehme dir in stiller Stunde mal einen DIN A3-Zeichenblock, male ein großes Herz darauf und bestimme, welche gegengeschlechtlichen Menschen und ehemaligen Partner noch einen Platz in deinem Herzen haben. Schraffiere diese Felder wie Länder auf einer Landkarte und schreibe Namen hinein. Wenn nicht mindestens die Hälfte des Herzens freibleibt, bist du für einen neuen Partner noch nicht bindungsfähig.

Die gleiche Übung kannst du sechs Monate später eventuell noch einmal wiederholen.

4. Die Ansprüche an einen Partner sind zu hoch

Immer wieder höre ich auf unseren Single-Seminaren, dass Frauen und Männer durch völlig überzogene Ansprüche den guten Partner und damit sich selbst verhindern. Sie suchen die perfekte Frau oder den vollkommenen gottgleichen Mann. Der absolute Traumprinz soll plötzlich auf der Matte stehen oder die fantastische Märchenfee, die alles hat. Das sind frühkindliche Fantasien – der alles gebende Partner wie eine perfekte Mutter –, die für erwachsene Beziehungen leider nicht taugen.

Den vollkommenen Partner zu wollen ist ein Trick der Psyche, sich selbst zu frustrieren und eh' allein zu bleiben. Denn das Ideal kommt in der „freien Wildbahn" nicht vor: Zum einen bist du selbst nicht vollkommen und wirst nach dem Gesetz der Resonanz (Gleiches zieht Gleiches an) allein deshalb einen ebenso unvollkommenen Partner anziehen wie du es bist. Er/sie wird also genausoviele Fehler und Schwächen mitbringen wie du. Ein Partner, der „besser" ist als du, wäre nicht ebenbürtig. Du würdest einem solchen Partner auch garnicht lange standhalten oder sofort das Weite suchen, wenn er/sie vor dir stehen würde.

Die andere Seite ist, dass ein vollkommener Partner recht bald sehr fad und langweilig würde. Die Fehler, die Reibungspunkte, das Unfertige sind das Salz in der Suppe der Beziehung. Wenn der andere dir immer alles geben würde käme es bald zum Erschlaffen. Der Reiz, der unsere Potentiale und Entwicklungsmöglichkeiten anregt, liegt im unvollkommenen Partner. Deshalb lautet die Lösung: *Der gute Partner ist besser als ein sehr guter Partner.* Und das reicht.

5. Unerfüllte Sexualität

Manche Singles haben sich entschieden, aus einer Beziehung herauszugehen, weil es keine schöne und befriedigende Erotik gab. Für Männer ist das manchmal noch schlimmer als für Frauen. Denn der Mann kommt von Natur erst mit Hilfe des Körperlichen in sein seelisches Herz. Für Frauen ist das eher umgekehrt: Wenn sie gefühlsmäßig offen sind, kommen sie auch in das sexuelle Begehren.

Sobald ein Paar die Schlafzimmer trennt, ist das oft der Anfang vom Ende der Beziehung. Wenn der vitale, sinnliche Austausch über lange Strecken nicht mehr gelebt wird, steht die Beerdigung der Beziehung kurz bevor. Die erfüllte Sexualität ist die

Wurzel einer langjährigen Bindung – das wird mir auch von Langzeit-Paaren immer wieder bestätigt. Mehr darüber im ersten Kapitel: *Das Ehren der erotischen Kraft.*

6. Unerfülltes Herz

Das ist die eher weibliche Variante. Frauen entscheiden sich, sich zu trennen oder Single zu sein, wenn ihr Herz in einer Beziehung über lange Strecken nicht mehr genährt wird. Zwei Drittel aller Scheidungen werden von Frauen – nicht von Männern – eingereicht. Und das, obwohl die sich trennenden Frauen wissen, dass sie sich wirtschaftlich 35-40% schlechter stellen nach der Trennung. Dennoch sind Frauen offenbar bereit, auf äußeren Lebensstandard zu verzichten, wenn das Innere nicht stimmig ist in der Partnerschaft. Das Herz in einer Beziehung geht meist verloren, wenn es keine langen und tiefen Gespräche mehr gibt, d.h. wenn einer dem anderen nicht mehr zuhört; wenn es keine romantischen Stunden gemeinsam verbrachter Zeit mehr gibt, so wie am Anfang einer Liebe; wenn es keine Zärtlichkeit mehr gibt, d.h. liebevolles Streicheln, Umarmen und Küssen im Alltag. Wenn es diese drei Faktoren nicht mehr gibt, dann hat das Herz oft keine Chance mehr, zu überleben. Mehr dazu im Kapitel 6 (*Das Herz öffnen für wirkliche Nähe und Liebe*).

7. Wir waren zu verschieden

Manche haben sich auch getrennt und sind Single geworden, weil in der Liebesbeziehung die Unterschiede zu sehr auseinander klafften. Denn das, was die Verliebtheit am Anfang noch zu überbrücken vermag, wird danach (spätestens nach anderthalb bis zwei Jahren) zum unüberbrückbaren Abgrund. Mit anderen Worten: Die Liebe wird in einer Beziehung zwei sehr andersartiger Menschen immer anstrengender. In der Glück-/Leid-Bilanz überwiegt der Schmerz, das Leid. Dann sollte man sich auch besser früher als später trennen. Anderes Alter, die ach so süßen Kinder, die der andere mitbringt, verschiedener Bildungsgrad, andere Familiengeschichte, völlig unterschiedliche finanzielle Verhältnisse – all das mag am Anfang noch spannend und prickelnd sein, doch später wird es zur Belastung, denn die Toleranzgrenzen des Egos sind begrenzt und wir sind keine Heiligen. Besonders Beziehungen mit Partnern aus anderen Ländern und Rassen können sehr schwierig sein und das Leid ist oft schon vorprogrammiert. Das hat dann auch nichts mit Ausländer-Feindlichkeit oder -Freundlichkeit zu tun, sondern mit der Anerkennung von Verschiedenheit. In meinem eigenen Umfeld hatte eine Freundin immer wieder Beziehungen zu Afrikanern. Die Liebe war da, aber nicht die Ebenbürtigkeit, was für sie immer sehr viel Schmerz und ungeheure Energieverluste in sämtlichen Lebensbereichen brachte. Lösungen zu diesem Thema findest du im Kapitel 4 (*Die klare und positive Vision eines guten ebenbürtigen Partners* – im Abschnitt *Ebenbürtigkeit gewinnt*).

1. Goldener Schlüssel: „Das Ehren der erotischen Kraft"

In diesem Abschnitt geht es um die körperlich-sinnliche Komponente der Liebe und um die Triebkräfte für eine langjährige gute Bindung, um das Sich-wiederöffnen für die verwandelnde und aufladende Kraft schöner Sexualität, die Heiligkeit der Erotik und wie falsche Schuldgefühle und Moralurteile abgelegt werden können.

Trau dich zum Trieb

Als ich Kind war, konnte ich oft beobachten, wie sich meine Eltern in der Küche oder im Wohnzimmer umarmten, küssten, streichelten, Zärtlichkeiten austauschten. Sie haben sehr oft Liebe gemacht, nicht selten dreimal am Tag. Diese Atmosphäre der Sinnlichkeit habe ich also in sehr schöner Weise vorgelebt bekommen, was mich auch prägte. Ich bin ein sinnliches „Körpertier". Das war aber bei vielen heute Erwachsenen nicht so. Sexualität schien garnicht zu existieren. Und wenn sie geschah, wurde sie so gut versteckt und verheimlicht, dass die Kinder möglichst nichts davon mitbekamen.

In dieser Beziehung hat die Konvention, die Moral, die Erziehung und Bildung viel kaputt gemacht. Wir werden scheinbar als geschlechts- und trieblose Wesen erzogen. Oder es wird vorausgesetzt, dass „das alles von selber" geht bzw. kommt, wenn die Zeit dafür reif ist.

Aus der Lernpsychologie wissen wir jedoch, dass wir für alles, das wir wirklich lernen, Vorbilder brauchen. Da es diese nicht gab – oder wenn es sie gab durften sie sich nicht zeigen –, ist in Körper und Seele vieler Singles heute eine gesunde und natürliche Beziehung zum Eros verloren gegangen. Die Fähigkeiten zur lustvollen Sinnlichkeit und explosiven Erotik sind verkümmert ... Höhepunkte und Gipfel-Erlebnisse in heißen Liebesnächten eine Seltenheit geworden. Viele teils unbewusste Negativ-Glaubenssätze haben das spontane, instinktive, freie Ausleben unserer sexuellen Kraft unterdrückt. Das hat sich körperlich auch manifestiert in steifen Becken, flacher Atmung und verpanzertem Muskelgewebe.

„An das Herzgefühl angebundene freie Sexualität ist das schönste, das ein Mensch auf diesem Planeten erleben kann." – Lucian

Gute Erotik – die Wurzel einer erfüllten Paarbeziehung

Warum ist „Das Ehren der erotischen Kraft“ gerade der erste goldene Schlüssel von sieben? Warum dem Sinnlichen eine solch große Bedeutung für die Partnerschaft beimessen? Hatten nicht Mütter und Großmütter gesagt: „Ihr müsst euch erstmal geistig verstehen, dann kommt ‚das andere‘ schon von selber ...??“

Wir alle sind aus Sex entstanden. Dadurch, dass unser Vater und unsere Mutter sich dem Trieb hingegeben haben, ist unser eigenes Leben erst entstanden! Dadurch, dass der Vater uns im sexuellen Akt gezeugt und die Mutter uns empfangen hat, sind wir überhaupt da. Deshalb ist Sex eine göttliche, eine heilige Kraft, ja sogar die höchste Schöpfungskraft, die wir kennen! Als solche sollte sie auch lebenslänglich geehrt und geheiligt werden durch bejahende Ausübung. Wir sind nur durch unser Geschlecht als Mann, als Frau definiert. Dadurch, dass du einen Penis hast, bist du Mann. Dadurch, dass du eine Scheide hast, bist du Frau. Deshalb ist das „Geschlechtliche“ das Fundament der Paarbeziehung überhaupt. Diese göttliche Anziehung ist auch das einzige, was Mann und Frau so intensiv zusammenführt und verbindet. Ohne ein Geschlecht würden sich Männer und Frauen überhaupt nicht füreinander interessieren. Sie würden sich viel lieber mit ihresgleichen aufhalten, d.h. mit der gleichen, bekannten Welt und nicht mit der fremden Welt: *Mars – Venus.* Insofern ist das also wirklich ein Segen, den der „liebe Gott“ oder „Mutter Natur“ sich da ausgedacht haben.

Die Göttin Aphrodite

Dazu sinngemäß eine Geschichte aus der griechischen Mythologie, die mir ein Astrologe vor vielen Jahren erzählte und die ich nie vergessen habe: „Uranus (der Himmelsgott) und Gea (die Erdgöttin) kamen zusammen, um sich zu vereinigen und sie bekamen ein Kind. Das Kind war leider sehr hässlich und missgebildet. Darüber gerieten die Eltern in Streit. Uranus warf Gea vor, Schuld daran zu sein, dass das Kind so hässlich geraten sei. Das erzürnte wiederum Gea sehr. Sie beauftragte den Sohn, als er herangewachsen war, sich am Vater zu rächen und ihn zu entmannen. In der Tat schlug der Sohn dem Vater den Penis ab und warf ihn ins Meer. Da waren aber noch Samen drin, die im Meer schwammen und sich verbanden mit Meerjungfrauen. Daraufhin wurde eine schwanger und hat die Göttin Aphrodite (später auch Venus genannt) geboren (*Aphrodite = die Schaumgeborene*). Venus, die Liebesgöttin, wird mit einer weißen Taube auf der Hand dargestellt, denn sie ist gleichzeitig die Friedensgöttin. Sie versöhnt die entzweiten Eltern Uranus und Gea (symbolisch Mann und Frau). So sorgt die Venuskraft immer wieder dafür, dass die so gegensätzlichen Mächte und Welten von Mann und Frau zusammenkommen und sich versöhnen.“

Sogar der sonst als „konservativ“ verschriene Familien-Therapeut Bert Hellinger sagt zu dem Thema: „Der Vollzug der Liebe im Fleisch ist der wichtigste Bindungsfaktor einer langjährigen dauerhaften Beziehung.“ Das ist auch meine Erfahrung. Deshalb habe ich *„Das Ehren der erotischen Kraft“* zum ersten goldenen Schlüssel gemacht.

Wenn Mann und Frau sich nämlich geistig und seelisch nicht mehr verstehen, kann oft die sexuelle Kraft sie auf energetischer Ebene wieder zusammenbringen. Dies gilt natürlich nur, wenn der Sex befreit und in guter Weise mit der Herzkraft verbunden ist. Sollte dies bei dir nicht der Fall sein, helfen spezielle Übungen dir, das Tor wieder zu öffnen.

Erotische Anziehung – die Initial-Zündung der Liebe

Was bedeutet das im Kontext unseres Themas, den richtigen Partner zu finden? Zuallerst muss von Anfang an eine erotische Spannung zwischen dem Mann und der Frau vorhanden sein – fehlt das, vergiss es! Sprich: *Es ist nicht der/die Richtige!* Denn die biologisch-instinktive Ebene hat eine Weisheit, zu der der Verstand keinen Zugang hat. Das heißt, in der ersten Begegnung und vom ersten Augenblick an muss diese Frau oder dieser Mann etwas Sinnlich-Anziehendes für dich haben und du musst sie/ihn riechen können. Mehr noch, der Körpergeruch sollte dich geil machen. Das ist ein untrügliches Zeichen, dass ihr auf der erotischen Ebene zusammenpasst. Der Geruchssinn ist entwicklungsgeschichtlich das älteste Sinnesorgan. Vertraue deinen Genen.

Die gute Anfangs-Erotik ist nur eine Energie-Schwingung, ein Gefühl. Wann diesem Magnetismus nachgegeben wird, das spielt keine Rolle. Fehlt dieser Ur-Magnetismus der erotischen Anziehung aber am Anfang, wird er auch nicht kommen; oder das Denken will dir nur vormachen, dass der Trieb da sei, um die Liebe vom Kopf her zu erzwingen – das funktioniert aber leider nicht! In meiner eigenen Beziehungsgeschichte habe ich mir stets Partnerinnen gewählt, auf die ich immer geil war. Egal wie die Stimmung war, ich fand sie sinnlich immer anregend und anziehend und hatte Lust auf sie. Ist das nicht eine gute Voraussetzung, auf die man/frau aufbauen kann?

Und noch etwas: Gute Erotik mit einem neuen Partner kommt erst auf, wenn du vom Alten wirklich gelöst bist. Wenn du mit einem Partner innerlich noch nicht abgeschlossen hast, vergleichst du auch sexuell immer wieder oder Phantasien drängen sich dir auf, während du mit einem neuen Partner im Bett bist. Wenn du also auf der Seelenebene das Alte gut gelöst hast, kann aus ganzheitlicher Sicht auch mehr und tiefere sexuelle Lust entstehen als mit dem ehemaligen Partner. Wie die Ablösung am besten gelingt, liest du bitte nach im Kapitel 3 (*Familiäre Verstrickungen gelöst haben ...* – im Abschnitt *Den ehemaligen Partner würdigen*).

Liebe Single-Frau, lieber Single-Mann, stelle dir nun einmal die Frage, wie es um dein Verhältnis zum Sex bestellt ist.

AUFGABE 3: Fragenkatalog zum Status Quo deiner Erotik

Bitte beantworte dir die folgenden Fragen ehrlich:

- ➜ *Was ist mein tiefer Glaube über das Ausleben der sexuellen Kraft?*
- ➜ *Wann habe ich zuletzt meinen Sex lustvoll ausgelebt?*
- ➜ *Ist meine Quelle vertrocknet, mein Brunnen versiegt?*

- *Fühle ich mich innerlich und körperlich eher hart und eckig als rund und fließend?*
- *Wieviel Spaß und Lachen gibt es in meinem Leben?*
- *Habe ich mir vorgenommen, den Bereich lange nicht zu leben, weil „es eh nur in Schmerz endet"?*
- *Bin ich aus meiner vergangenen Beziehung sexuell frustriert und enttäuscht, so dass ich mich erstmal auf Karriere und Hobbies gestürzt habe?*
- *Bin ich der Meinung, dass ich für Sex keine Zeit habe, da ich ja so viel zu arbeiten habe und meine Pflichten erfüllen muss?*
- *Habe ich mir eine religiöse oder spirituelle Heilslehre angeeignet, die empfiehlt, die sogenannten „niederen Kräfte" zu sublimieren?*
- *Bin ich resigniert und möchte am liebsten ins Kloster oder den Ashram gehen?*
- *Sind für mich Sex und Herzgefühl getrennt und kommen nicht zusammen?*
- *Lebe ich Sex nur in unerlöster abgespaltener Form (Peep Shows, Porno, Bordell, „Massage-Salons" etc.)? (Das ist aktiv oder passiv versteckte Wut auf das Gegengeschlecht.)*
- *Glaube ich, dass ich durch Sex Energie verliere, dass es mich schlapp und müde macht?*
- *Möchte ich in meinem Leben nie ganz die Kontrolle verlieren, sondern habe lieber immer alles im Griff?*

Wenn du auf eine der Fragen ein Negativ-Ergebnis bekommst, dann mache dich daran, wieder eine natürliche, verspielte Beziehung zum Sex aufzubauen. Manche haben wegen Schock- oder Missbrauchserlebnissen therapeutisch noch etwas aufzuarbeiten und sollten sich dazu professionelle Hilfe holen. Oder es ist so, dass die Energie – auch mangels Partner – schon länger brach liegt, wie eine Maschine, die eingerostet ist, da sie länger außer Betrieb war. Gehe diese Aufgabe an, weil dann lebenslänglich wieder ein ganz besonderer Kraftstrom für dich frei wird. Sex macht kreativer und lebendiger in ALLEN Lebensbereichen. Und so ist die sexuelle Kraft – die Schöpfungskraft schlechthin – auch zu verstehen. Wir alle sollten Potenz, Libido, Trieb wieder hochhalten und ehren. Es ist so wichtig, dass uns in dieser zivilisierten, künstlichen Welt diese Oase des Natürlichen erhalten bleibt!

Zur praktischen Arbeit an dir selbst, um die erotische Kraft wieder zu aktivieren, sei mein erstes Buch empfohlen: „*EroSpirit-Tantra: Das sanfte Geheimnis der Liebe*" (siehe Anhang). In diesem Buch sind über 20 Massageanleitungen enthalten, die für jeden leicht nachzuüben sind: sinnliche Massagen, erotische Massagen, sexuelle Massagen. Wer sich das anhand eines Buches nicht zutraut, mache einen Kurs (Kontakt im Anhang). Im gleichen Buch sind im Kapitel *Liebt euch glücklich* viele sexuelle Übungen enthalten, die deine Lust wieder auf schönste Weise entfalten. Auch Übungen, die eine verklemmte und unterdrückte Sexualität in Geist und Seele aufarbeiten, sind dort aufgeführt – diese Übungen kannst du zu zweit mit einem Freund oder einer Freundin ausführen.

AUFGABE 4: Glaubenssätze erneuern

Anstatt einer ganzen Litanei von Negativ-Mustern, wie z.B.: „Sexualität macht dumm", „Sex ist unanständig", „Sex macht abhängig", „Sex verschwendet die Denk- und Lebenskraft", „„Wenn ich viel Sex habe, bin ich eine Nutte", „Einmal gefickt – für immer verstrickt", „Sex ist nur erlaubt, wenn ich vorher sehr rechtschaffen und fleißig war", „Sex ist unreligiös und unspirituell und zieht nur runter", „Sex ist tierisch und brutal", „Beim Sex empfinden eh nur die Männer Lust", „Sex gehört wohl dazu, muss also manchmal abgearbeitet und ertragen werden", „Sex? Darüber bin ich hinweg, das brauch ich nicht mehr", „Sex? Das haben nur primitive Menschen nötig!", „Sex ist Zeitverschwendung", „Sex ist gefährlich und kann zum Tode führen", „Bei Sex muss man aufpassen, dass nichts Schlimmes passiert" und, und, und Glauben zu schenken ... installiere neue, positive, lebensbejahende Glaubenssätze und verankere sie durch neues Handeln und neue Erfahrungen in deinem Bewusstsein und Körper:

- ➜ *Sex ist die schönste Sache der Welt.*
- ➜ *Sex schenkt viel Energie und Kraft.*
- ➜ *Sex befreit und entspannt mich.*
- ➜ *Ich darf soviel Sex haben, wie mir guttut.*
- ➜ *Ich darf so viele wundervolle erotische Erlebnisse haben, wie ich möchte.*
- ➜ *Schöner Sex bereichert mich und meinen Partner.*
- ➜ *Sex ist göttlich und ehrt Mutter Erde und die Natur.*
- ➜ *Meinem Trieb zu folgen, führt mich zur Wahrheit.*
- ➜ *Ich ehre das Tier in mir, genauso wie den Engel.*
- ➜ *Sex öffnet mein Herz und macht mich empfänglich für das Geschenk der Liebe.*
- ➜ *Sex verbindet mich in schöner Weise immer wieder mit meinem Partner.*
- ➜ *Sex steigert meine Männlichkeit/Weiblichkeit.*
- ➜ *Ich bin auf der Welt, um wunderschöne Sexualität zu genießen.*
- ➜ *Das sexuelle Spiel der beiden Pole Mann und Frau ist die Erfüllung des Schöpfungsplans.*
- ➜ *Erfüllte Liebesekstase ist mein Geburtsrecht.*

Wähle den Satz aus, der dir am meisten zusagt und der dir Kraft gibt. Schreibe ihn auf einen großen Zettel und hänge ihn an eine gut sichtbare Stelle, wo du ihn täglich siehst. Verinnerliche den Satz, indem du ihn immer wieder laut oder in Gedanken aussprichst und danach lebst.

Aufgabe 5: Selbst-Liebe

Mache ein „Selbstliebe-Ritual" morgens als erstes im Bett vor dem Aufstehen oder abends als letztes vor dem Schlafengehen. Dabei stimulierst du mit der Hand deine Lippen, deine Brüste, deinen Bauch und dann dein Geschlecht, eins nach dem anderen, aber ohne zum Orgasmus zu kommen. Das wiederholst du dreimal (Lippen, Brust, Bauch, Geschlecht). Danach entspanne dich einfach ... Die Übung steigert deine Lebendigkeit, dein Körpergefühl und deine sexuelle Kraft enorm! Ausprobieren!!

Aufgabe 6: Erotik-Romane

Besorge dir im Buchladen einige erotische Romane oder lese erotische Geschichten und Erzählungen aus Zeitschriften. Wirkung: Regt die Fantasie an!

AUFGABE 7: DIE ÜBERGANGS-AFFÄRE

Lasse dich auf eine sexuelle Affäre ein, auch wenn du weißt, dass es nicht der Partner fürs Leben ist. Das öffnet die Schleusen wieder und gibt im Sinne von „Übergangs-Partner" wichtige Lernerfahrungen und Einsichten. Sage dir: ‚Wenn es beiden guttut und es beide bewusst und in voller Verantwortung tun, ist es einfach nur wunderbar.' Beide gehen bereichert und beschenkt mit Lebendigkeit und Energie aus der Begegnung hervor und haben frische Kraft für den Alltag. Tue es trotz moralischer Verbote und mache neue Erfahrungen.

Diese Aufgabe ist *nur* gültig für Menschen, die sehr sehr lange nicht in Beziehung waren, z.B. zehn Jahre. Für die anderen gilt: Keine Kompromisse, Sex nur mit der Person, von der du dir vorstellen kannst, für immer zusammen zu sein, also Sex nur mit Herz!

AUFGABE 8: MASSAGE-KURS

Mache einen Massagekurs oder lasse dir professionell Massagen geben. Über das „Begreifen" der Menschen kommst du in sinnlichen Kontakt zu dir und anderen. Ein guter Masseur / eine gute Masseurin zu sein, gehört zur unbedingten Grundausstattung eines guten Liebhabers, einer guten Liebhaberin: „Goldhände sind die Handschuhe eines Gentlemans."

AUFGABE 9: MASSAGE-ABEND MIT FREUND

Verabrede dich mit Freundin oder Freund und macht einen Massageabend statt Kinoabend oder Kneipenabend. Ihr nehmt euch dazu ein Massagebuch und massiert einander zweimal eine Stunde lang nach Anleitung; Wichtig: vorher gut heizen! Ein paar Decken auf dem Boden mit buntem Laken drüber als Unterlage genügen.

Kurzanleitung: 10 Minuten Rückseite mit Feder streicheln, 10 Minuten Rückseite nur mit den Fingerspitzen und Nägeln streicheln, 10 Minuten die Rückseite mit Öl massieren. Dann dasselbe auf der Vorderseite: Feder, Fingerspitzen, Öl. Danach Wechsel der Rollen.

AUFGABE 10: Tantra-Gruppe

Besuche eine Tantra-Gruppe. Hier wird die sexuelle Kraft in einem achtsamen und liebevollen Rahmen erforscht und erweitert. In der Gruppe Gleichgesinnter und mit Anleitung geht das leichter, als alleine draußen in freier Wildbahn. Die gesammelten Vorurteile über „Tantra" stimmen alle nicht. Es läuft ganz zahm, sachte und natürlich ab. Grenzen werden geachtet. Es herrscht immer Freiwilligkeit.

AUFGABE 11: Heiße Wäsche

Kaufe dir neue Unterwäsche, in der du dich selbst sexy findest. Schaffe sichtbare Symbole dafür, dass sich in deiner inneren Einstellung etwas verändert.

2. Goldener Schlüssel: „Der Körper ist der Tempel der Liebe"

In diesem Kapitel erfährst du, wie du mit Hilfe von Körpertechniken das eigene Energieniveau erhöhen kannst. Aber nur wenn das Thema ganzheitlich, nämlich äußerlich und innerlich gesehen wird, kann sich der gewünschte Erfolg einstellen. Du erfährst weiterhin, wie du mittels des Körpers dich von einer negativen Stimmung in Flirtstimmung bringen kannst.

Belebe deine Vitalität

Fache durch Bewegung, Tanz und Sport dein inneres Feuer an. Bedenke dabei: Wo kein Feuer ist, kannst du dich auch nicht in wonniger Weise mit einem guten Mann oder einer guten Frau zusammenbringen.

Eine optimistische und vorteilhafte Gemütsstimmung unterstützt die Kompetenz zum Flirten. Der Zustand der Seele ist wiederum abhängig von einer körperlich und psychisch guten Verfassung. Wenn ich „auf der Piste" schlecht gelaunt bin, dann erübrigt sich der Flirt sowieso. Komm aus dem Teufelskreis heraus: *„Wenn ich mich schlecht fühle, kann ich eh nicht flirten, und wenn ich keine guten Kontakte habe, fühle ich mich schlecht.* "Wenn seelisch „nichts mehr geht", wenn du einfach „in einem Loch hängst", hilft der Körper dir weiter. Über die Mobilisierung des Körpers können wir die Seele auch wieder stärken und in Bewegung bringen! Es ist so wichtig für Singles zu lernen, wie sie ihr Energieniveau heben können, um insgesamt seelisch „besser drauf" zu sein!

Der beste und einfachste Weg hierfür führt über den eigenen Körper. Die Weltgesundheits-Organisation WHO hat gerade kürzlich die tägliche Mindest-Aktiv-Zeit von 30 auf 60 Minuten erhöht. Ja, liebe Singles, 60 Minuten Schwitzen am Tag sind angesagt, zumindest alle 48 Stunden!!!

Wie sieht das nun praktisch aus? Bei unseren YaDu-Kursen beginnen wir den Tag stets mit eineinhalb Stunden Yoga. Über Bewegung wird die Herz-Kreislauffunktion angeregt, über Dehnungsübungen lösen sich verhärtete Muskeln, Verspannungen und Verhärtungen im Körper wieder, darüber hinaus werden die inneren Organe angeregt und der Hormonhaushalt beeinflusst. So erwächst aus einer Yogastunde eine Verfassung von kraftvoller Gelassenheit. Die Körperübungen wirken nicht nur physisch, sondern – das ist fast noch wichtiger – sie steigern dein emotionales Wohlbefinden und deine geistige Klarheit und Konzentrationsfähigkeit. Am wirkungsvollsten sind nach all unserer Erfahrung kombinierte Körper-Geist-Trainings, wie Yoga, Tai Chi, Aikido etc.

Aufgabe 12: Die 48-Stunden-Regel

Komme zumindest alle zwei Tage in Bewegung. Sportwissenschaftler haben herausgefunden, dass die Muskeln und Organe, wenn sie zumindest alle 48 Stunden wieder Reize zur Betätigung bekommen, weitgehend fit bleiben und du somit deinen Fitness-Zustand erhältst. Wartest du länger, fällst du im Übungsstand zurück. Übst du öfter als alle zwei Tage, verbessert sich deine Kondition. Das ist also ganz einfach und auch zeitlich machbar, weil du ja nicht unbedingt jeden Tag zu trainieren hast. Ich selber übe seit Jahren im Wechsel einen Tag Yoga und einen Tag Jogging (40 Minuten – ca. 6-8 Kilometer).

Am besten sind Ausdauer-Sportarten, bei denen es nicht auf Leistung ankommen soll wie z.B. Jogging, Radfahren, Inline-Skaten, Wandern, Schwimmen. Es muss etwas sein, das du ohne viel Aufwand, Kosten und Geräte machen kannst und am besten allein, d.h. ohne Partner oder Mannschaft – natürlich ganzjährig und bei jedem Wetter. Egal ob Schnee, Eis oder Regen, ich ziehe meinen Anzug an und jogge ... und habe einen Riesenspaß dabei! ... Jogging im Regen, herrlich!!!

Jede Sportart ist gut, die dich auf Touren bringt. Probiere einfach auch was aus, was du noch nie gemacht hast: Felsenklettern (auch Indoor) z.B. oder Squash spielen, Schlittschuh-Laufen, Kanu-Fahren, Snow-Boarden ... Wenn du *organisierten* Sport treibst, hast du natürlich auch gleich einen Flirtplatz, an dem du sportliche Männer oder Frauen kennenlernen kannst. Oder du inserierst in der Zeitung: „Suche Partner/Partnerin zum Jogggen ..." frei nach dem Motto, das Angenehme gleich mit dem Nützlichen zu verbinden.

Aufgabe 13: Laufen für den richtigen Partner

Gewöhne dir das Laufen an! Es ist die natürlichste Sportart, die es gibt und ganzkörperlich gleichermaßen gut wirksam ist. Vergiss das Gerede über die Gelenke. Wenn deine Gelenke in Ordnung sind, fördert Bewegung die Gelenke, und die modernen Laufschuhe haben zudem eine hervorragende Dämpfung. Kaufe dir also die tollsten Laufschuhe und fange mit 15 Minuten Laufen an: ABER LANGSAM! Die meisten geben den Versuch bald auf, da sie von vornherein zu schnell laufen und dann total kaputt sind. Das ist dann natürlich Quälerei und macht keinen Spaß. Tripple vielleicht bei den ersten Malen so langsam, dass du sogar langsamer bist als ein flotter Spaziergänger. Wenn du zum Schluss noch Reserven hast, kannst du ja immer noch aufdrehen. *Regel eins* also: mäßig, aber regelmäßig. *Regel zwei:* Laufe aus Genuss, nicht auf Leistung. Es spielt überhaupt keine Rolle, ob du heute schneller oder langsamer läufst

– du läufst. Überlege dir eine Strecke oder laufe mit Uhr mit integrierter Stoppuhr. Kleide dich leicht, du solltest vor Beginn des Laufens leicht frieren, dann stimmt die Kleidung. Wenn schlechtes Wetter herrscht, nutze Windjacken mit modernen Fasern, die keine Nässe und keinen Wind von außen durchlassen, aber den Schweiß nach draußen transportieren.

Warum ich seit Jahren regelmäßig laufe:

1. Meine Figur ist besser (kein Fettbauch, strammer Hintern, gutgeformte Waden).
2. Die Haut ist schöner (durch das aktive Schwitzen werden die Poren trainiert).
3. Ich komme nicht so schnell aus der Puste, bin körperlich leistungsfähiger (Treppensteigen, Handwerken, Sex). Mein Atem vertieft sich ebenfalls.
4. Ich fühle mich seelisch ausgeglichener (Aggressionen, Überstress, Ärger und Wut werden einfach aus dem Körper „rausgelaufen").
5. Ich erlebe Hochgefühle beim Laufen (Ausschüttung von Glückshormonen).
6. Ich bin in Kontakt mit der Natur (als Ausgleich für sitzende Bürotätigkeit, Computerarbeit ...).
7. Ich bekomme beim Laufen regelmäßig Geistesblitze und neue Ideen (die ich mir oft sofort danach aufschreibe).
8. Es ist gleichzeitig meine Psychotherapie (quälende Fragen oder offene Probleme werden beim Laufen ähnlich wie beim Träumen durchgearbeitet und verarbeitet).
9. Ich bin am Tag konzentrationsfähiger und gesammelter, weil mein Geist nicht durch neurotisches Denken abgelenkt ist (der Kopf wird leerer im positiven Sinne).
10. Ich genieße die Gerüche und Düfte der Natur (für Großstädter: Lauft in den Parks!).
11. Das tue ich alles nicht nur für mich, sondern auch für die richtige Partnerin: Ich bin für sie attraktiver, habe mehr Energie, kann mehr geben.

Liebe Single-Frau, lieber Single-Mann, das sind also verdammt starke Gründe, mal eine gute neue Gewohnheit einzurichten. Folgende Regel hilft dabei:

Aufgabe 14: Die 30-Tage-Regel

Wenn du also mit einer Sportart oder Betätigung begonnen hast, ist es wichtig, 30 Tage lang nicht aufzugeben. Wissenschaftler haben festgestellt, dass es so lange braucht, bis eine alte Gewohnheit gelöscht ist und eine neue einprogrammiert. Einprogrammiert heißt hier: Es ist ein neues Eiweiß-Molekül im Gehirn entstanden, das die neue Gewohnheit steuert. Das ist also ein Fall für innere Disziplin. In den ersten 30 Tagen ist es notwendig, gegen den Drang des „inneren Schweinehundes" dranzubleiben, kein Training auszulassen. Hüte dich also vor den Stimmen: „Ach, heute mal nicht", „Das Wetter ist zu schlecht", „Eigentlich fühle ich mich nicht wohl", „Morgen habe ich bestimmt mehr Lust darauf" ... STOPP!!!

Hinterher weißt du immer, wie gut es war, dass du es getan hast, dass du dein Sporttraining absolviert hast. Halte also die ersten 30 Tage durch, dann ist deine neue sportliche Aktivität zur neuen Gewohnheit geworden und geht danach „automatisch". Du spürst dann sofort: Wenn du nicht läufst, fehlt dir was an dem Tag. Die gute Gewohnheit trägt dich durch alle Lebensphasen. Gratuliere! Belohne dich dafür!

Aufgabe 15: Ernährung

Singles sollten mehr auf ihre Ernährung achten. „Du bist, was du isst!" heißt eine alte Regel. Vor allem, nimm dir die Zeit, gute Nahrung zu besorgen, gib mehr Geld aus für qualitativ hochwertigere frische Nahrung und nimm dir Zeit, dir etwas Gutes zuzubereiten. Dieses „Butterbrotschmieren" oder „eine-Pizza-aus-der-Kühltruhe-in-die-Mikrowelle" macht langfristig krank. Es ist außerdem stillos und mega-out.

Bereite dir einen schönen frischen Salat zu und koche dir was Leckeres, mache dir eine Kerze an, lege Barockmusik auf und zelebriere die Mahlzeit! Es soll nicht nur gesund sein, sondern vor allem auch schmecken! Lebensfreude ist das wichtigste Lebensmittel. Singles, die besser essen, sehen auch besser aus und fühlen sich besser.

Aufgabe 16: Viel trinken

Wer viel trinkt, vertrocknet nicht (Faltenbildung) und bleibt im Fluss. Der Körper kann sich durch viel Flüssigkeit (anderthalb Liter Wasser am Tag) besser reinigen und die Ausscheidung wird zudem gefördert. Auch seelisch wirkt viel Trinken gut. *Ich empfehle:* Trinkt vor oder nach anstrengenden und nervigen Telefonaten kräftig Wasser! Damit spülst du eine ganze Menge Stress gleich mit weg.

Aufgabe 17: Atmung für Lebendigkeit

Gewöhne es dir an, öfter am Tag dich körperlich zu räkeln und zu strecken und dabei tief durchzuatmen, zu stöhnen und zu ächzen. Egal, was die Mitmenschen denken, du fühlst dich danach viel wohler. Lasse mehr als bisher die natürlichen Lebensimpulse zu: Gähnen, Stöhnen, Niesen, Lachen, Weinen – alles das vertieft deine Atmung. *Meine Vorschlag:* Jede Stunde ein- bis drei richtig tiefe Atemzüge, das entspannt sehr und macht den Kopf frei von zuviel Denken. Gehe öfter hinaus und halte dich unter freiem Himmel auf.

Aufgabe 18: Für „Sportmuffel"

Tja, ich weiß, Sport ist nicht so dein Ding. Und du weißt nicht, warum diese „Verrückten" sich täglich so abstrampeln. *„Fernsehn gucken auf dem Sofa ist doch auch ganz schön, z.B. Sportsendungen ...*" Ich muss dir jedoch sagen: Auch für dich ist Sport angesagt: Der Mensch ist ein Bewegungstier. Ohne ausreichende Bewegung verkümmerst du körperlich und geistig! Überlege dir Sport- und Bewegungsarten, die dir vielleicht doch Spaß machen könnten. Sinne darüber nach, wie du die Betätigung angenehmer machen kannst, z.B. durch Musik (Walkman umschnallen und Ohrhörer in die Ohren). Du wirst staunen wer du plötzlich bist, wenn du dich erst einmal überwunden hast zu etwas Neuem!

3. Goldener Schlüssel: „Familiäre Verstrickungen gelöst haben und den ehemaligen Partner würdigen"

Nachfolgend diskutieren wir die tieferen Triebkräfte des Familiengewissens. Wenn jemand mit Leid aus der eigenen Familie identifiziert ist, kann er sich oft nicht binden bzw. zieht immer falsche Partner an, um sein Schmerz- und Unglücksmuster erneut zu bestätigen, indem er die Beziehung scheitern lässt. Wir sprechen damit auch über die Ordnungen der Liebe – gleichsam als innere Naturgesetze befolgt und angewandt, machen sie es glücklicher Liebe leicht, zu fließen ...

Liebe geht in Ordnung

Wenn wir es versäumen, die Ordnungen der Liebe durch eigene Einsicht und Erfahrung wieder verstehen zu lernen und in unseren Beziehungen umsetzen, kann Liebe nicht lange überleben. Wer in seiner Seele Bilder der Unordnung unbewusst pflegt, erschafft immer nur wieder bekanntes Leid. Möchtest du das wirklich?

Dieses Thema ist sehr komplex und schon viele Bücher sind darüber geschrieben worden (siehe auch im Anhang). Im ersten Teil dieses Kapitels geht es darum, sich zu befreien aus Verstrickungen der Vergangenheit, ehe wir im zweiten Teil diskutieren, wie man Platz macht für den neuen Partner durch Abschließen ehemaliger Beziehungen.

Ich möchte hier nur kurz die relevanten Aspekte für das Gelingen einer Paarbeziehung und die Anziehungskraft eines guten Partners beschreiben. Für viele wird es gut sein, eine sogenannte „Familienaufstellung" zu machen. Da kannst du dann entschlüsseln, was in deinem Einzelfall zu beachten ist, um kraftvoll nach vorne in eine gute Beziehung zu schreiten. Auf unseren YaDu-Single-Seminaren arbeiten wir auch regelmäßig mit dem Familienstellen nach Bert Hellinger.

In diesem Buch geht es nicht nur um eine Affäre oder einen Flirt, sondern um *dauerhafte erfüllte Beziehungen.* Ich möchte Menschen darin unterstützen, langjährige Paarbindungen zu finden, in denen Wachstum und Lust gedeihen!

Über Beziehungen und deren Gelingen gibt es unzählige Bücher – meist auf der Basis von Psychoanalyse oder Kommunikationsübungen. Aus eigener Erfahrung weiß ich, dass es oft nicht ausreicht, sich zu therapieren oder die Kommunikation zu verbessern. Viele dieser Versuche scheitern, da sie nur an der Oberfläche bleiben. In der Tiefe der Seele einer Frau und eines Mannes wirken jedoch familien-systemische Kräfte, die sehr machtvoll sind. Da haben sogar Techniken wie Positives Denken, NLP oder Autosuggestion keinen oder nur geringen Zugriff: aus dem Unbewussten werden alle diese gezielten Denk- und Verhaltensveränderungen massiv boykottiert.

Was ist familien-systemische Verstrickung?

Wenn einer der Partner oder beide unbewusst in leidvolles Schicksal von älteren Blutsverwandten verwoben sind, dann können sie oft am Glück einer Paarbeziehung nicht teilnehmen. Sie stehen nicht zur Verfügung für die Liebe mit einem neuen Menschen, da sie bildlich gesprochen abgewendet oder abgedreht sind. Wie gebannt starren sie auf einen Menschen oder ein Ereignis aus der Vergangenheit. Sie können Nähe und Bindung nicht herstellen. Sie werden weg- und rausgezogen aus der Mann-Frau-Beziehung und wissen nicht warum. Unsichtbare Kräfte scheinen sie zu treiben. Sie möchten lieben, aber es geht nicht. Sie fliehen aus einer Liebe, sie zerstören die Liebe und die Bindung immer wieder. Sie sind *verstrickt.*

Wenn bei einem oder beiden Partnern solch eine Diagnose vorliegt, ist es wichtig, die familien-systemische Dynamik aufzudecken. Das kann befreien und lösen, wenn die jeweilige Person es wirklich möchte.

Manche Männer und Frauen sind innerlich nicht anwesend für den Liebhaber. Das heißt aber, dass sie in Wirklichkeit anwesend sind in der Vergangenheit und zwar meist bei Familienmitgliedern, die gelitten haben, ein schweres Schicksal trugen oder ausgeschlossen wurden. Zum Beispiel kann eine Frau innerlich als Mädchen immer auf den Vater schauen und ist deshalb für den Mann nicht zu erreichen. Oder ein Mann kann auf seine Mutter oder Tante schauen und ist desalb für die Frau nicht erreichbar. Ein anderes Wort für Verstrickung wäre hier ‚Identifikation', d.h. du hältst dich für eine andere Person, hast die Gefühle und den Schmerz von anderen übernommen – du bist besetzt oder besessen von fremdem Schicksal, das nicht zu dir gehört. Das stört eine gute Paarbeziehung sehr.

Dein verinnerlichtes Familiengewissen entscheidet über die Frage: „Wieviel Glück halte ich aus?" oder: „Wieviel Schmerz und Leid erschaffe ich mir immer wieder unbewusst, um mich mit Leidenden der Familie verbunden zu wissen?" Wir ahmen also leicht Scheitern oder Untergang nach, um uns zugehörig zu fühlen zur Familie, da dort auch Scheitern und Untergang war. Das ist eine sehr sehr große Kraft, die man nicht unterschätzen darf.

Warum verstricken wir uns?

So merkwürdig es klingt: Wir verstricken uns aus Liebe. Die Lösung aus einer Verstrickung gelingt ebenso nur mit Liebe. Liebe ist die größte Kraft dieser Erde. Sie ist stärker als der Wille und der Tod. Wir wissen nicht, wo sie herkommt und verstehen oft nicht, wie sie wirkt. Sie scheint eine höhere unpersönliche Kraft zu sein, die uns alle regiert. Wenn tragische Ereignisse in einer Familie passieren – z.B. ein viel zu früher Tod sehr nahe stehender Angehöriger, Unfälle mit tödlichem Ausgang, schwere Krankheiten mit tödlichen Folgen, aber auch Sucht und Kriminalität – dann spüren Kinder, dass in der tiefen Seele der Familien etwas ins Ungleichgewicht gerät und sie versuchen diese Ereignisse durch eigenes Schicksal auszugleichen. Wenn zum Beispiel eine Mutter durch den frühen Tod ihres Zwillings-Geschwisters aus der Familie *rausstrebt* (Rausstreben oder Gehen heißt hier immer Sterben-wollen), dann möchten Kinder aus Liebe manchmal für die Mutter *gehen*, nur um sie zu halten. Sie möchten für frühere Familienmitglieder sterben oder sühnen, um sie zu entlasten. Das Tragische dieser kindlichen Liebe aber ist, dass sie nichts Positives bewirkt und niemandem hilft. Die Mutter wird trotzdem rausstreben und gehen. Sie kann nicht aufgehalten werden. Aber: Indem ein Kind mit-leidet, leiden zwei statt eines Menschen. Das ist das eigentlich Schlimme in solchen Situationen: Ein Kind belastet sich auf diese Weise, es wird *beschwert*, es wird frühzeitig zum Erwachsenen und es wird seiner Leichtigkeit und Spielfreude beraubt. Schlimmstenfalls erkrankt das Kind sogar und stirbt frühzeitig.

Die kindliche Liebe und die reife Erwachsenen-Liebe

Kindliche Liebe, die auch bei Erwachsenen oft noch großen Raum einnimmt, ist Liebe als Mitleid, Liebe als Helfen-Wollen, Liebe als Opfer. Doch alles das ist keine Liebe, weil der/die Geliebte nicht als anderer Mensch in seinem Schicksal geachtet und respektiert wird. Die reife erwachsene Liebe beschwert sich niemals durch Mitleid. Das Gemäße ist das Mitgefühl, das nicht schwer macht und dadurch schwach wird. Der Mensch hat in reifer, sich nicht belastender Liebe weit mehr Kraft.

Es ist also wichtig für alle, die den richtigen Partner finden möchten, erfüllt und glücklich mit ihm leben wollen, sich zur *reifen Liebe* zu entwickeln.

Wodurch löst sich eine Verstrickung?

Wir werden in dem Moment frei, in dem wir das, was ist, also die Tatsachen sehen und sie anerkennen. Innerhalb einer Familien-Aufstellung schauen wir der Person, mit deren Schicksal wir identifiziert waren, in die Augen und sagen einige wenige lösende Sätze. Dadurch löst sich die Identifikation auf, man lässt jedem sein eigenes Schicksal und jeder kann seiner Wege gehen. Ein altes Bild der Belastung und des Unglücks wird in der Seele ersetzt durch ein neues Bild. Beim Familienstellen geht es nur um das

Austauschen und Installieren innerer Bilder. Die Heilung geschieht, wenn die Person ein kraftspendendes Bild im Inneren einpflanzt. Das ist oft mit der Demutsgeste der Verneigung verbunden.

Die Familienaufstellung dauert nur eine Stunde. Der Prozess kann bis zu eineinhalb Jahren dauern, d.h. bis die *Lösung* im Leben voll umgesetzt ist und sich für alle sichtbar auswirkt: dieser Mann, diese Frau ist *neu* geworden und hat sich weiterentwickelt. Es hat sich dabei als sehr hilfreich erwiesen, sich sowohl an das heilende Bild der Aufstellung zu erinnern und es sich noch einmal vorzustellen als auch die während der Aufstellung gesprochenen heilenden Sätze zu wiederholen.

Die größte Kraft für eine gelingende Paarbeziehung

Die größte Kraft, ohne die es in einer Paarbeziehung nicht geht, ist das *Nehmen der eigenen Eltern.* Was heißt das, „das Nehmen der eigenen Eltern"? Das werde ich oft in den YaDu-Kursen gefragt. Dann sage ich, dass ich das nicht erklären möchte. Entweder jemand nimmt seine Eltern – oder nicht. Nicht-Nehmen heißt, sich über die Eltern stellen und in Vorwurfshaltung oder als Richter ihr Tun oder Unterlassen zu bewerten. Da wir aber von den Eltern kommen und sie uns gezeugt und empfangen haben, sind sie unsere Wurzeln. Ohne sie wären wir nicht! Deshalb ist es *so* wichtig, sie zu ehren und sie *nicht* zu bewerten, sonst schneiden wir uns von den Wurzeln ab. Es fehlt dann die entscheidende Kraft für die gelingende Paarbeziehung. Das zeigt sich in dem mangelndem Rückgrat, stehen zu bleiben mit dem Mann, mit der Frau in schwierigeren Zeiten. Und das zeigt sich ebenfalls in mangelnder Hingabe-Fähigkeit, auch sexuell.

Aufgabe 19: Das Nehmen der Eltern

Das Nehmen der Eltern gelingt durch folgende Sätze, wenn man sie in der Vorstellung den Eltern in die Augen sagt, aber mit tiefem Gefühl und absoluter Ehrlichkeit:

- ➜ „Mama/Papa, ich nehme dich mit allem drum und dran."
- ➜ „Mama/Papa, du bist die/der Beste für mich, du, nur du."
- ➜ „Ich nehme dich als meine Mutter/mein Vater und bleibe dein Kind."
- ➜ „Mama/Papa, du gibst und ich empfange."
- ➜ „Mama/Papa, du weißt es besser von uns beiden."
- ➜ „Mama/Papa, du bleibst die/der Große und ich die/der Kleine."

Die Ordnungen der Liebe

Es folgen nun einige Gesetze bzw. Gesetzmäßigkeiten, die ich in den Familien-Aufstellungen mit Singles, die ich seit vielen Jahren durchführe, erkannt habe. In der Praxis des gelebten Beziehungsalltages funktioniert die Liebe nach gewissen Regeln, die man einhalten kann oder auch nicht. Wenn wir bewusst oder unbewusst gegen diese Ordnungen verstoßen, stirbt die Liebe. Viele Aufsteller wie auch ich haben herausgefunden, dass die Liebe offenbar ohne einen *Rahmen* nicht überleben kann.

Der Tonkrug und der Wein

Am besten kann ich das an einem Gleichnis verdeutlichen. Der Tonkrug ist das Symbol für die Ordnung. Er ist das Feste, das Begrenzte, die Form, die hält. Der Wein im Krug ist die Liebe zwischen Mann und Frau. Wenn die Liebe da ist, aber keine Ordnung, zerrinnt sie wie Wein zwischen den Fingern. Sie trocknet aus, versickert im Sand. Erst die Ordnung, d.h. der Tonkrug, verleiht der Liebe Fortdauer und sie kann auf diese Weise weitergetragen werden über eine Zeit. Der Tonkrug allein ist aber auch nichts wert. Wenn zwischen Mann und Frau die Ordnung stimmt, aber der Blitz der Liebe nicht einschlägt, endet es in der Öde einer Bruder-Schwester-Beziehung. Die Liebe ist genauso nötig und essenziell. Ein Gefäß ohne Inhalt bleibt trocken und leer. Keiner kann den Kelch ansetzen und den Wein genießen. Die vollzogene Paarbeziehung ist das Austrinken des Kelches. Mit Genuss!

Muttersöhne und Vatertöchter

Leider gibt es diese fatale Konstellation sehr häufig heute: Am Anfang ist jeder als Baby bei seiner Mutter und sollte dort auch uneingeschränkt Liebe, Zärtlichkeit und Gestillt-Werden bekommen, um ein Ur-Vertrauen ins Leben aufzubauen. Wenn aber ab ca. dem siebten Lebensjahr der Junge zu eng bei der Mutter ist, und die männliche Energie des Vaters fehlt, dann wird der Knabe überschwemmt von weiblicher Energie. Das ist oft der Fall, wenn nach einer Scheidung die Söhne bei der Mutter aufwachsen. Die Konstellation neigt auch zu einem emotionalen Missbrauch des Sohnes durch die Mutter. Der Sohn kommt dann in die Rolle des „Ersatzmannes“ der alleinerziehenden Mutter. Das belastet die Seele des Jungen und hat später durchaus schlimme Folgen für die Mann-Frau-Beziehung: Dadurch, dass der Sohn in solch einer Konstellation so tief in die weibliche Sphäre involviert wird, meint er, sie zu gut verstehen zu können und fängt deshalb möglicherweise an, Frauen zu verachten. Bedenkt dabei: *Größten Respekt haben wir immer nur vor dem Geheimnis!* Dieser Sohn wird demzufolge manchmal zum Rächer der Mutter gegen den „bösen“ Vater oder zu Mamis Held (= Macho). Es besteht somit die reale Gefahr, dass „solche“ Söhne später Frauen verachten und sie gewalttätig behandeln oder verletzend oder unachtsam. Sie verspielen so Beziehung um Beziehung.

Die Lösung hierbei ist der Abschied von der Mutter und das Hinübertreten in den Bannkreis des Vaters. Dadurch kommt der Junge bildlich gesprochen mit den Elementen Feuer (= Tatkraft und Selbstdurchsetzung) und Luft (= Geist und Intelligenz) in Berührung. Nur vom Vater kann ein Mann die Kraft bekommen, in einer Paarbeziehung seinen Mann zu stehen! Das gilt auch für das Sexuelle.

Auch die Tochter ist am Anfang bei der Mutter. Dann braucht das Mädchen eine Ablösung und sie wendet sich dem Vater zu. Sie ist sein „Liebling“ und macht sich für ihn schön, kokettiert mit ihm, möchte ihm gefallen. Er ist ihr erster Mann. Hier wird die Fähigkeit des Mädchens ausgeprägt und geübt, später einen Mann mit Charme zu verführen. Das Mädchen erhält ein Bewusstsein ihrer weiblichen Reize und erlangt ein Gefühl der Macht, die sie darüber ausüben kann.

Phänomen „Mauerblümchen“

Wenn diese entwicklungspsychologisch so wichtige Phase im Leben des Mädchens nicht stattgefunden hat, kann dieses Mädchen als Frau später Männer nicht reizen. Umgekehrt reizen sie die Männer auch nicht besonders. Sie fühlt sich als Neutrum. Das wird sowohl im Äußeren sichtbar (= sich nicht zurechtmachen können; langweiliges, neutrales, unscheinbares Aussehen) als auch innerlich, indem sie keine Begierde auf das andere Geschlecht entwickelt und folglich ihre sexuelle Lust vollends verkümmert.

Wenn die Tochter in der Pubertät jedoch nicht aus dem Bannkreis des Vaters heraustritt und zur Mutter zurückkehrt, kommt es zum Phänomen „Vatertochter“ oder „ewiges Mädchen“. Die Tochter ist dann in ihrem Weiblichen von der Vaterenergie überschwemmt. Eine so maskulinisierte Frau verachtet später die Männer und insgeheim die eigene Weiblichkeit. Sie entfaltet stark die männlichen Eigenschaften, das Selbstgefühl baut darauf auf, “ihm zu gefallen“ und „Leistung zu bringen für Anerkennung“. Oft rauchen diese Frauen auch, weil das das Maskuline noch verstärkt (Feuer- und Luftelement = männlich). Sie tragen meist Hosen und wollen selbst keine Kinder bekommen!

Diese ewigen Mädchen können zwar unendlich viele Männer verführen, aber sie bleiben bei keinem für lange Zeit. Die Standhaftigkeit fehlt. Ihnen ist die Erde der Mutter verloren gegangen. Anstatt echter Gefühle von Liebe haben sie Ersatzgefühle von hysterischer Romantik. Sie sind oft nicht „ganz dicht“. Deshalb fließt ihnen das Wasser (= das Gefühl) immer weg. Dicht und integer als Frau werden sie durch die Erde, die das Wasser (= Gefühl) hält. Die Erde kommt nur durch das Nehmen der Mutter. Dann kann das Mädchen zur Frau werden und auch eigener Mutterschaft zustimmen.

Vatersöhne und Muttertöchter

So gelingen Beziehungen: Wenn der Mann im Bereich des Vaters bleibt und auf die Frau voll Achtung und Verehrung schaut. Sie ist das geheimnisvolle Wesen, was alles hat, das ihm fehlt. Er dient ihr mit Liebe. Genauso funktioniert die Liebe dann, wenn die Frau im Bereich der Mutter sich verwurzelt und von dort auf die Männer mit Achtung und Respekt schaut, ohne sie jemals verstehen zu können. Sie ehrt die

Männer und lässt sich von ihnen hingebungsvoll schenken, was sie haben, das ihr aber fehlt!

Das Tennis-Spiel

Ein wundervolles Bild für die gelingende Mann-Frau-Beziehung ist das Tennis-Spiel. Leider verhalten sich viele maskulinierte Frauen und feminisierte Männer so, als würden sie über das Tennis-Netz in der Mitte des Platzes herüberspringen auf die Seite des anderen und dort an ihm festkleben ...

Wenn der Mann sich zu sehr in das Weibliche hängt und die Frau sich zu sehr in das Männliche – beide also nicht auf ihrer Seite bleiben –, kommt es nicht zum Spiel. Die Spannung ist nicht da und ... THE FUN IS OVER, der Spaß ist vorbei. Ein erfüllendes und spannendes Spiel ist also nur dann zu erwarten, wenn jeder allein seiner Seite voll verpflichtet bleibt.

Aufgabe 20: Das gute Opfer

Wenn du einen Partner nehmen möchtest, kannst du ihn nicht isoliert nehmen, sondern nur mit der ganzen Familie, aus der der andere kommt, und mit der er/sie verbunden ist. – Lerne also die Familie kennen und spüre, ob es dir möglich ist, sie in deine Liebe einzubeziehen.

Das ist nicht einfach, denn die Werte einer anderen Familie unterscheiden sich von den Werten deiner Familie. Deshalb ist es ein „kleiner Sterbeprozess“, den anderen mit allem was zu ihm gehört, zu lieben. Ein Minimum an Anpassungs- und Kompromissbereitschaft ist wichtig.

Die Ehe

Vor Jahren sagte mir mal eine Lehrerin: EHE stehe als Kürzel für: **E**s **H**eiligt **E**s. Diese esoterische Wahrheit wird vollzogen, wenn du im Gefühl und ehrlich dem anderen Folgendes sagen kannst:
Mann: „Ich nehme dich zur Frau und schenke mich dir als Mann.“
Frau: „Ich nehme dich zum Mann und schenke mich dir als Frau.“

Die Stärkung über das eigene Geschlecht

Die wesentliche Kraft für die Mann-Frau-Beziehung wird über das gleiche Geschlecht bezogen. Wenn also z.B. der eigene Vater für einen Mann nicht mehr zur Verfügung steht, weil er schon gestorben ist (oder für eine Frau die Mutter), dann können als Ersatz Geschlechtsgenossen dienen. Es ist auch deshalb wichtig, dass Männer mit ihren Brüdern und anderen männlichen Familienmitgliedern regelmäßig Kontakt pflegen.

Jeder Mann sollte auch einen richtigen Freund haben. Die Frau tut gut daran, eine Freundschaft zu mindestens einer Frau aufzubauen und zu pflegen. Was ihr in den Zeiten des Zusammenseins tut, spielt keine Rolle. Es zählt nur die Aufladung durch das gemeinsame Sein.

Da sich das Zusammensein mit dem eigenen Geschlecht auf die Partner-Anziehung so positiv auswirkt, integrieren wir auch in die meisten unserer YaDu-Single-Seminare je eine getrennte Männer- und Frauengruppe. Hier kann auch vieles selbstverständlicher und offener gezeigt und ausgedrückt werden, das in der gemischten Gruppe schwieriger ist.

Depolarisierung über zuviel Zusammensein – oder: Die „Wohltat des Allein-Seins" immer wieder pflegen!

Eine meiner Beziehungen ist unter anderem dadurch zerbrochen, weil wir viel zuviel zusammen waren. Über fünf Jahre tagaus, tagein, Tag und Nacht; zusammen wohnen, schlafen, arbeiten, Freizeit und Urlaub verbringen. Heute weiß ich, dass das tödlich ist für eine Beziehung. Die gute Spannung zwischen Mann und Frau entlädt sich durch zuviel Zusammensein. Man gewöhnt sich so sehr an den anderen, dass er nicht mehr wahrgenommen wird – wie ein Bild an der Wand als Teil der Wohungseinrichtung. Er/sie ist auf eine Weise garnicht mehr da. Das Männliche verliert an Kraft durch zuviel Zusammensein mit Frauen. Das Weibliche schwächt sich durch zuviel Zusammensein mit Männern.

Dazu kommt, dass jeder als genetische Anlage immer wieder rein räumlich sein eigenes Revier braucht. Nicht nur sein eigenes Zimmer in einer Wohnung, sondern darüber hinaus auch Zeiten, wo er/sie über die ganze Wohnung verfügt, ohne dass jemand anderes da ist.

Erst im guten Abstand, in der gesunden Distanz, dem Alleinsein, dem Für-sich-was-unternehmen, kommt die Kraft wieder richtig auf, den anderen zu sehen und zu lieben. Es sollte also jeder außer dem Leben mit dem Partner auch ein eigenes Leben haben, das er pflegt – ohne Partner. Mal allein in Urlaub fahren, mal allein ein Seminar oder eine Weiterbildung besuchen, mal allein abends ausgehen, das stärkt die Beziehung! Dies ist Ausdruck von zwei starken Bäumen, um ein Bild dafür zu nehmen.

Lerne also, in der Beziehung „den richtigen Zeitpunkt für den Absprung" zu finden, den Punkt, an dem du freiwillig um Distanz, um Abstand bittest, um Raum nur für dich zu haben. Oft erkennst du die Notwendigkeit hierfür an gelangweilter oder nörgeliger Stimmung (deiner eigenen wie auch der des Partners) – das sind subtile Vorformen von Aggression. Viele, die den Zeitpunkt verpassen, erkaufen sich die Distanz durch Streit, Gewalt, Verletzungen oder Flucht. Das ist nicht nötig. Wir alle brauchen dann und wann Für-uns-sein. Das ist nicht ‚gegen den anderen', sondern ‚für sich' und ‚für uns', die Paarbeziehung!

Leid in einer Beziehung liegt meist nicht am anderen, sondern an der eigenen Unentwickeltheit bzw. Unreife. In der Distanz kannst du dich selbst oft wieder besser erkennen. Zuviel Zusammensein führt oft dazu, dass die Person zuwenig eigene Interessen erspürt und verwirklicht. Das macht unzufrieden und depressiv! (In meinem eigenen Allein-Sein habe ich zum Beispiel das Malen für mich entdeckt und zu singen angefangen.)

Aufgabe 21: Drei Tage nur für dich und deine Rechte

Teile deinem Partner in einer künftigen Beziehung mit, dass du drei Tage in der Woche nur für dich sein möchtest. Das ist besonders heilsam für all diejenigen, die zu nähesüchtig sind und deshalb Beziehungen verarmen lassen und zerstören. In den drei (partnerfreien) Tagen gibst du allem Raum und Zeit, was sonst zu kurz kommt: eigene Hobbies pflegen, Muße, konzentrieren auf berufliche Visionen, Träume schmieden und verwirklichen ... Denke in dieser Zeit einmal über deine Rechte als Individuum nach und inwieweit du diese Rechte wahrnimmst. Fange bereits *heute* damit an, das ein oder andere Recht für dich auszuleben:

- ➜ dein Recht auf Selbstverantwortung;
- ➜ dein Recht auf Erfolg;
- ➜ dein Recht auf Verwirklichung der eigenen Vorstellungen (ohne den/die anderen als Erfüllungsgehilfen zu missbrauchen);
- ➜ dein Recht auf Erfüllung der eigenen Träume, Wünsche und Phantasien (allerdings nicht auf Kosten anderer);
- ➜ dein Recht auf Geheimnisse und Heimlichkeiten;
- ➜ dein Recht auf Kritik;
- ➜ dein Recht darauf, zu hinterfragen und zu zweifeln;
- ➜ dein Recht, dir selbst Freude und Glück zu verschaffen;
- ➜ dein Recht, den eigenen Geschmack zu verwirklichen;
- ➜ dein Recht auf Schönheit und Ästhetik;
- ➜ dein Recht auf freie Sexualität;
- ➜ dein Recht auf freie Kommunikation;
- ➜ dein Recht, Distanz zu üben;
- ➜ dein Recht, Bedürfnisse von Menschen abzulehnen und dich zu trennen;
- ➜ dein Recht auf Lebensgenuss;
- ➜ dein Recht auf ein eigenes Unternehmen, ein eigenes Geschäft;
- ➜ dein Recht auf Selbstverwirklichung;
- ➜ dein Recht auf Weiterbildung;
- ➜ dein Recht, Informationen einzuholen;
- ➜ dein Recht auf eigene Weltanschauung, Philosphie, Religion;
- ➜ dein Recht auf freien Erwerb (Auto, Grundbesitz etc.);
- ➜ dein Recht auf ein eigenes Bankkonto;
- ➜ dein Recht, die eigene Berufung wahrzunehmen;
- ➜ dein Recht auf freie Wahl des Arbeitsplatzes;

- dein Recht auf einen eigenen Beruf;
- dein Recht auf eigene Ziele;
- dein Recht auf einen eigenen Lebensweg;
- dein Recht, deine Gefühle zu zeigen;
- dein Recht auf ein eigenes Triebleben;
- dein Recht auf Gedankenfreiheit;
- dein Recht auf eigene Gefühle;
- dein Recht, im eigenen Leben Regie zu führen;
- dein Recht, selbst für den eigenen Körper, die eigene Seele und den eigenen Geist verantwortlich zu sein;
- dein Recht, eigenen Interessen nachzugehen;
- dein Recht, eigene Hobbies zu pflegen;
- dein Recht auf Freiheit;
- dein Recht auf Freizeit;
- dein Recht auf Wohlleben;
- dein Recht auf einen eigenen Lebensstil;
- dein Recht auf eigene Zeitstrukturierung;
- dein Recht, Zeit für dich selbst zu beanspruchen;
- dein Recht auf eigene Beziehungen;
- dein Recht auf einen eigenen Freundeskreis;
- dein Recht auf eine eigene Meinung;
- dein Recht auf eine Meinung, die von allen anderen abweicht, nicht konform ist;
- dein Recht auf Ruhe;
- dein Recht auf Urlaub;
- dein Recht auf körperliche, seelische, geistige Unversehrtheit;
- dein Recht auf freien Aktionsradius;
- dein Recht auf die freie Wahl der Wohnform;
- dein Recht auf freie Wahl des Wohnortes;
- dein Recht darauf, Mitgefühl und Herzlichkeit allen Menschen zu zeigen;
- dein Recht auf freie Wahl der dir gemäßen Partnerschaftsform (getrennt wohnen, Häufigkeit der Treffen, Zusammenwohnen, gemeinsames Schlafzimmer, getrennte Schlafzimmer etc.);
- dein Recht, allein zu sein;
- dein Recht, zu reisen;
- dein Recht, so viele Kinder zu bekommen, wie du möchtest;
- dein Recht auf freie Entfaltung der Persönlichkeit;
- dein Recht auf eine eigene Entwicklung;
- dein Recht auf ein eigenes Revier (eigenes Zimmer oder eigene abgeschlossene Wohnung).

Die fünf Sprachen der Liebe

Welche Sprache spreche ich?

Der amerikanische Psychologe Gary Chapman hat herausgefunden, dass wir in der Liebe bestimmte Sprachen sprechen, die ein zukünftiger Partner z.B. versteht oder nicht spricht. Das ist deshalb so wichtig, weil wir – passen die Sprachen nicht zusammen –, sonst aneinander vorbei lieben. So wie einer deutsch und der andere chinesisch spricht. Da ist es schwer, in bestimmten Bereichen zusammenzukommen und sich zu treffen.

Eigentlich geht es dabei um die Frage: *Was brauche ich, um mich geliebt zu fühlen?* Und: *Wie habe ich als Kind Liebe gelernt, was verstehe ich unter Lieben und Geliebt-werden?* Zum Beispiel möchte jemand oft gestreichelt und angeschaut werden. Einem anderen ist das ganz unwichtig – wesentlich ist ihm vielmehr, berufliche Unterstützung vom Partner zu bekommen. Wieder ein anderer möchte mit dem Partner möglichst viele Stunden beim Candle-Light-Dinner oder vor roten Sonnenuntergängen verbringen, um so seinen inneren Liebes-Tank zu füllen ... Die fünf Kanäle, durch die Liebe sich ausdrückt – oder eben die fünf Sprachen – sind:

1. Lob und Anerkennung,
2. Zweisamkeit – gemeinsam verbrachte Qualitätszeit,
3. Geschenke, die von Herzen kommen,
4. Hilfsbereitschaft,
5. Zärtlichkeit/Erotik.

AUFGABE 22: DEINE LIEBESSPRACHE?

Frage dich, welche Liebessprache du selbst sprichst. Was brauchst du vom anderen am allermeisten, um dich geliebt zu fühlen? Oder andersherum: Was nimmst du dem anderen am meisten übel, wenn es nicht gegeben oder verweigert wird? Was brauchst du in der Liebe wie die Luft zum Atmen? – Lege dich auf ein, maximal zwei Liebessprachen fest.

Du kannst nur dann eine harmonische Paarbeziehung leben, wenn du dir bewusst einen Partner, eine Partnerin suchst, die ebenfalls deine Liebessprache spricht. Sonst müsste – genau wie bei einer Fremdsprache auch – einer oder beide diese Sprache erlernen. Das macht Arbeit, kostet Zeit und Energie. Willst du das wirklich? Darum suche dir lieber gleich jemanden, der dir ähnlich ist – dann hast du mehr Energie für Genuss und Lust der Liebe!

Vergeude auch deine Energie nicht damit, jemanden in der falschen Sprache zu lieben, z.B. mit Schmuck zu überhäufen, wenn die Liebessprache nun mal nicht „Geschenke“ ist, sondern „Qualitätszeit“. Schenke besser denen, die sich von Herzen darüber freuen! Frage dich also: Welchen Partner mit welcher Sprache möchte ich anziehen?

Die Ebenbürtigkeit

Die Paarbeziehung geht nur dann gut, wenn sich beide als ebenbürtig und gleichwertig anerkennen. Der Unterschied zwischen Mann und Frau ist immens, aber das hat nichts mit ihrem Wert zu tun und auch nicht mit einer Rangfolge.

Die Emanzipationsbewegung der Frauen ist gut und richtig. Sie muss sein. Doch ein schlimmes Phänomen hat sie auch mit hervorgebracht. Anstatt die weibliche Macht zu nehmen, haben Frauen angefangen, bessere Männer zu werden und sich mit maskulinen Eigenschaften auszustatten. Es wurde als politische Machtfrage interpretiert, als Wettkampf: „Wer ist stärker? Wer gewinnt, Frau oder Mann?" So funktioniert aber keine Liebe: *In der Liebe ist der Gewinner der Verlierer.* Wer meint, in der Mann-Frau-Beziehung triumphieren zu wollen, hat schon verloren.

Darum, bitte, seht es nicht mehr als die Frage von Macht. Mann und Frau sind gleich machtvoll, nur ist die Art ihrer Machtausübung eine jeweils vollkommen andere. Männer machen es nach außen und durch Leistung. Frauen machen es nach innen und durch Nicht-tun, durch Lassen und durch das Aussenden bestimmter Gefühle. Die weibliche Macht ist das Gegenteil der männlichen Macht. Sie erreicht ohne zu kämpfen, sie verwirklicht, ohne sich anzustrengen. Die weibliche Macht ist indirekt und unsichtbar, aber die Wirkungen sind noch größer als bei der vordergründigen, anerkennungs-orientierten Macht der Männer. Männer brauchen Anerkennung von außen. Wenn Frauen das versuchen, verlieren sie den Schatz ihrer Weiblichkeit. Sie können ihren Wert nur von innen schöpfen.

Viele Männer machen den Fehler, dass sie Frauen zu „besseren Männern" erziehen wollen, ihnen zum Ebenbild. Nur geht das nicht. Das andere als anders stehenzulassen und es fast religiös zu verehren ist die heilige Aufgabe. Dann – und nur dann – wird der Mann reich beschenkt. Mehr als er aushalten kann.

Viele Frauen machen ihrerseits den Fehler, aus dem Mann eine „bessere Frau" machen zu wollen. Sie versuchen ihn zu erziehen, nach ihren Werten von Mitgefühl, Verständnis, Weichheit etc. Das geht schief, denn es ist ein Mann, ein Wesen vom anderen Planeten. Die Liebe und das Glück können fließen, wenn Frau einfach nur über Mann staunt und ihn „sein" lässt.

Über die „Affenliebe"

Zur Ebenbürtigkeit gehört auch, dass der Mann z.B nicht seine Frau als Tochter sieht und meint, sie maßregeln und belehren zu müssen. Ebenso darf die Frau den Mann nicht als Vater sehen, dem man gehorcht oder gegen den man rebelliert. Auch geht es nicht, wenn die Frau den Mann als Sohn sieht und meint, ihn nacherziehen zu müssen, seine Manieren zu verbessern oder ihm helfen zu müssen, beruflich voran zu kommen. Oder wenn der Mann die Frau als Mutter sieht, die ihn emotional non-stop versorgen soll und die ihm immer Geborgenheit gibt. Das ist leider alles „Affenliebe", keine menschliche Liebe. Menschliche Liebe funktioniert nur langfristig, wenn sich zwei Gleiche begegnen, nur um der Liebe willen und des Austausches und der Sexualität willen.

Es ist so wichtig für die Paarbeziehung, dass wir uns aus der Kindrolle lösen. Wenn wir uns als Erwachsener einem Erwachsenen gegenüber wie ein Kind verhalten, dann ist das unangemessen, eine Lüge – ein Nicht-Anerkennen der Tatsachen, das krank macht.

Der Stufenweg des Vollzuges der Liebe

Wenn ihr über die Zeit des Verliebtseins hinaus seid (ich wünsche allen Leserinnen und Lesern meines Buches möglichst langen Genuss im Paradies!!), braucht die Liebe, um nicht zu sterben, nach außen sichtbare Schritte. Ein Baum, der nicht mehr wächst, der stirbt. Echtes Wachstum wird immer in äußeren Veränderungen sichtbar. Alles andere ist das, was wir uns einzureden vermögen. Damit alle von außen sehen können, dass es ein Paar ist, das sich entwickelt, sollten beide nach vorne gehen und z.B. als nächste Stufe zusammen ziehen in eine gemeinsame Wohnung oder ein gemeinsames Haus. Komischerweise funktioniert dies besser, wenn die Frau dem Mann folgt, als umgekehrt. Oder ihr nehmt eine ganz neue Wohnung, ein Haus. Oder das Paar verlobt sich oder heiratet rituell – ein weiterer Schritt. Oder beide bekommen Kinder. Oder beide starten ein gemeinsames Projekt, beruflich oder sozial. Wenn hingegen einer der beiden vor dem nächsten anstehenden Schritt zurückschreckt, ist das oft das Ende der Beziehung.

Der Goldberg

Wir alle bekommen am Anfang einer Beziehung einen Goldberg geschenkt. Das fühlt sich im Verliebtsein auch so an: Scheinbar unendliche Möglichkeiten und Kräfte tun sich auf, wenn wir „den Richtigen", „die Richtige" endlich gefunden haben! Dennoch ist dieser Goldberg begrenzt und seine Fülle hängt davon ab, wie wir in der Beziehung agieren. Wenn wir nichts mehr geben oder vom anderen nichts mehr annehmen, wird der Goldberg kleiner. Auch durch Verletzungen und übertriebene Rache wird der Berg aufgezehrt. Wichtig dabei: Ab einem bestimmten Punkt des Abtragens kann der Berg nicht mehr vermehrt werden und die Beziehung stirbt. Darüber sollte sich jeder bewusst sein, der an der Demontage der Liebe arbeitet. Das ist der Ernst der Liebe. Irgendwann gibt es kein zurück mehr, nur noch Abschied. Überlege dir in der Beziehung, ob du wirklich „abbauen" willst. Und wenn, dann tue es bewusst, stelle dich dem Schmerz.

Das „Fehlkonzept" von Animus und Anima

Der bekannte Psychologe und Autor C.G. Jung hat erklärt, dass jeder Mann eine sogenannte „innere Frau" besitze, die er entfalten solle. Genauso habe jede Frau einen „inneren Mann", den sie entwickeln solle, um eine volle, integrierte Persönlichkeit zu werden, d.h. man würde somit erst dann beziehungsfähig, wenn man nur die fehlenden Anteile genügend in sich entwickelt hätte. Dann brauche man den anderen nicht mehr so, sei unabhängiger, also beziehungsfähiger – so in etwa lautet die Lehre. Hört sich logisch an, aber funktioniert für Paarbindungen überhaupt nicht.

Wer alles in sich selbst finden möchte bleibt allein, da es keinen Grund mehr gibt, sich mit dem anderen Geschlecht abzumühen. Die bindende konstante Kraft entsteht erst durch *Zustimmung zur Abhängigkeit.* Das Modell, das wir in unserenYaDu-Seminaren vertreten, ist das der gegenseitigen demütigen Ergänzung. Der Mann erbittet das von der Frau, was ihm fehlt und nimmt es mit Liebe und Dankbarkeit. Die Frau erbittet das von dem Mann, was ihr fehlt und nimmt es mit Liebe und Dankbarkeit entgegen. Darin liegt alle Schönheit und die Fähigkeit zur Bindung.

Das Intime ehemaliger Beziehungen als Geheimnis wahren

Mache es dir in einer neuen Beziehung zur Regel, auch in privatesten Gesprächen nichts von dem Intimen deiner ehemaligen Beziehung einem neuen Partner mitzuteilen. Das ist nicht vertrauende Offenheit, sondern Missachtung des ehemaligen Partners, dem es sicher missfällt, wenn intime Details an für ihn Fremde weitergegeben werden. Außerdem führt es dazu, dass die neue Partnerin, der neue Partner, dir nicht mehr vertraut – er/sie befürchtet insgeheim, du würdest das „Eigene" nach einer eventuellen Trennung auch irgendwo „zu Markte tragen". In einer Zeit der schamlosen Enthüllung von Intimität in den Massenmedien ist es wichtig, den Menschen zu sagen, dass sie Taktgefühl, Pietät, Loyalität und Rücksichtnahme wieder sinnvoll leben dürfen.

Die Liebe – kein Spiel, oder: Über das Abnehmen der Innigkeit der Bindung mit jeder Trennung

Trenne dich nicht leichtfertig und achtlos. Es könnte deine Fähigkeit zur Bindung überhaupt verloren gehen, wenn du schon zu viele gebrochene Lieben hinter dir hast. Ihr könnt nie mehr so verschmolzen sein, wie in einer ersten Beziehung. Die Liebe und das Glück können in einer späteren Beziehung noch steigen, aber nicht mehr die Intensität der Bindung. Trenne dich erst, nachdem du aufrichtig alles, wirklich alles, versucht hast, um eine angeschlagene Beziehung zu retten.

Investiere nicht in „untergegangene Schiffe"

Auf der anderen Seite: Halte nicht zu lange an Beziehungen fest, die sich nur noch im negativen Bereich aufhalten. Wenn es über längere Zeit mehr als 50% Schmerz und Krankheit in einer Beziehung gibt, statt Glück und Gesundheit, dann ist es eher heute als morgen Zeit zu gehen. Die ewige Hoffnung und die Beziehungssucht wirken dann als Selbst-Zerstörung für beide Beteiligten. Oft kann es auch an körperlichen Krankheiten und Misserfolg im Beruf abgelesen werden, dass die Beziehung faul, d.h. nicht mehr im Wachstum befindlich ist und beendet werden sollte: *„Lieber allein, als in schlechter Begleitung!"* (italienisches Sprichwort)

Achtung – Gefahr bei Hunde-, Katzen- und Pferdebesitzern!

Bitte, ich mag Tiere, hatte als Kind selber eine Menge Haustiere und reite gerne! Alles eine prima Sache. Sei dennoch vorsichtig bei Menschen, die Tiere als Partner pflegen. Das ist Ersatz für geliebte Menschen aus der Vergangenheit, die unerreichbar sind. Diese Frauen und Männer sind besetzt von einer familien-systemischen Verstrickung. Sie trauern oft einem verflossenen Partner hinterher. Das Haustier besetzt dann ihr Herz.

Meist werden Haustiere angeschafft, wenn man von jeglicher Partnerschaft oder Beziehung die Nase voll hat und hinsichtlich dieses Themas vollkommen resigniert ist. Manchmal sind es auch die „ach so süßen" Kinder von Alleinerziehenden, die diese Funktion erfüllen. Da hat dann von außen kein Partner eine Chance.

Eigentlich gehören Tiere ins Tierreich, nicht ins Menschenreich. Kinder fühlen sich mit Kindern am wohlsten, nicht mit Erwachsenen! Wenn du als Alleinerzieher dich mit Gleichaltrigen am wohlsten fühlst, dann bist du gesundet. Wenn du also eine langdauernde vollwertige erfüllte Liebesbeziehung willst, dann halte dich fern von obiger Personengruppe: reine Energie- und Zeitverschwendung! Geh und suche dir Menschen, die frei sind für eine Bindung.

Geben und Nehmen im Ausgleich halten

Der Versuch, eine angeschlagene Beziehung zu retten, ist das Bemühen, das Schwungrad von Geben und Nehmen wieder in Gang zu bringen. Das erlebte Glück in einer Paarbeziehung hängt nur ab von der Menge des „Umsatzes" von Geben und Nehmen. Wenn du also wieder mehr Glück willst, versuche Folgendes: Erbitte etwas vom anderen, das dir guttut oder gebe selbst was aus freien Stücken, was dem anderen guttut oder was er sich wünscht. Dann kann das Schwungrad wieder voll in Gang kommen. Bedenke deshalb: Keine Beziehung verträgt ein Gefälle zwischen Geben und Nehmen – diese „Rechnung" muss immer ausgeglichen sein (z.B. über ein Jahr gesehen).

Die kleinen Sünden

Liebe gedeiht, wenn sich die Partner gegenseitig etwas Wichtiges zugestehen: Jeder hat das Recht auf ein paar Sünden. Auch ein Seitensprung ist manchmal förderlich und nützlich für die Weiterentwicklung einer Beziehung. So etwas ist auch nie der wahre Grund für eine Trennung.

Die Ausrichtung auf eine dritte Kraft

„Frau – Mann – und was dann?" habe ich mal als Buchtitel gesehen. Außer: erstens Frau und zweitens Mann braucht es also auch noch ein Drittes, das ist eben eine Kraft, die beide verbindet und führt. Das kann Berufliches sein oder es können Kinder sein. Die alte Rollenverteilung funktioniert nur dann noch, wenn sie von beiden Partnern angenommen wird. Er versorgt sie mit Geld und Geschenken und gewährt ihr Schutz, sie versorgt ihn mit Nahrung, frischer Kleidung, sorgt für eine behagliche Wohnung und lässt ihn sexuell gewähren. Oder beide haben ein gemeinsames Geschäft. Das hat für die Beziehung etwas stark Verbindendes im Guten. Neben diesen traditionellen Modellen braucht es vielleicht aber noch neue Arten von Partnerschaft, da die meisten Zeitgenossen das „alte" Rollenverständnis nicht mehr sonderlich wollen. Die Menschheit kommt an diesem Punkt in eine neue experimentelle Phase.

Die dritte Kraft ist diejenige, die den Mann und die Frau und beide gemeinsam auf ihrem Weg führt, wenn sie darauf vertrauen. Wir können nämlich sonst mit unserem begrenzten Ich oft nicht den richtigen Weg erkennen. Die Ausrichtung auf eine größere, höhere Kraft im Ur-Grund allen Seins ist etwas Verbindendes, Kräftigendes. Ein motivierender spiritueller Leitsatz für ein Paar lautet: *„Ich liebe dich und mich und das, was uns beide führt."*

Aufgabe 23: Sich auf eine Aufstellung vorbereiten

Der erste Schritt hierzu lautet: *Informationen aus der eigenen Familiengeschichte sammeln.* Wer nach diesem Kapitel das Gefühl hat, es sei jetzt die Zeit reif, um eine Familienaufstellung zu machen, der kann sich folgendermaßen darauf vorbereiten, nachdem er/sie sich bei einem Aufsteller angemeldet hat.

Zu deiner Ursprungsfamilie gehören Mutter und Vater, alle deine Geschwister, die Geschwister der Eltern (= Onkels und Tanten), die Großeltern, selten auch noch die Urgroßeltern. Geschehnisse und Schicksalsschläge, die bei diesen Personen in der Vergangenheit stattgefunden haben, sind relevant für die Aufstellung. Mit zum sogenannten System gehören auch ehemalige Partner der Eltern vor oder während der Ehe, Menschen, die in besonderer Weise für Familienmitglieder Platz gemacht haben oder auch Täter, wenn es zu Gewaltverbrechen kam. Diese Personen und Ereignisse sollte die aufstellende Person sammeln durch Nachfragen in der Familie und stichwortartig aufschreiben. Dazu gehören: Scheidungen, uneheliche Kinder, psychiatrische Erkrankungen, Enterbungen, Unfallverletzte oder Unfalltote, Suizid-Versuche, Fehlgeburten manchmal, Abtreibungen (aus der Sicht der Eltern), im Krieg Gefallene oder Vermisste, aus der Heimat Vertriebene, politisch Verfolgte, Kriminelle, Körper- oder Geistig-Behinderte, Vergewaltigungen, sexueller Missbrauch und Inzest. Darüber hinaus sollte man über eine bevorstehende Aufstellung nicht nachdenken, sondern sie auf sich zukommen lassen. Die Lösung ist eh immer überraschend.

Den ehemaligen Partner würdigen

Wie bereits in der Einführung beschrieben, geht es jetzt um den Weg, einen Abschied von einem ehemaligen Partner gelingen zu lassen. Genauso wie du in deiner Wohnung einen Platz brauchst, um einen Gast zu beherbergen, so braucht deine Seele, dein tiefes Herzgefühl, Raum, um eine neue Liebe wirklich einladen zu können.

Schwierig wird es nämlich, einen neuen Partner anzuziehen, wenn der Platz im eigenen Persönlichkeitssystem von Vater oder Mutter, vom verflossenen oder verstorbenen Partner, von einem Freund bzw. einer Freundin oder einem Haustier besetzt ist. Das Unterbewusste ist hier der Meinung: „Wir haben ja schon einen Partner, also brauchen wir den Anziehungsmechanismus nicht in Gang zu setzen." Im folgenden sind einige Wege beschrieben, wie es gelingen kann, den Raum für einen neuen Partner zu schaffen.

Trennungsphasen

Wenn wir uns trennen, sind gewisse Phasen zu beobachten und zu durchlaufen:
1. *Wut und Hass:* ohne Wut und Hass würden wir nicht wegkommen;
2. *das Gefühl, befreit zu sein;*
3. *Trauer:* das ist die Reinigung des Herzens von der alten Liebe;
4. *Alleinsein;*
5. *sich neu definieren und orientieren;*
6. *Dankbarkeit für das Gewesene und Einsicht über den Entwicklungsschritt;*
7. *eine neue Beziehung.*

Wenn du eine der Phasen nicht gelebt oder übersprungen hast, wird es schwierig mit der Lösung des Themas: *deinen richtigen Partner finden!*

Wenn in Phase 1 keine Wut und kein Groll erlebt werden, heißt das, dass man nicht geliebt hat oder sich das Wutgefühl nicht zugesteht. Gleichgültigkeit kann ein besonders starkes Gefühl von Verachtung zeigen. Darum schimpfe in dieser Phase bei Freunden, Bekannten und Verwandten über den Partner, wie schrecklich er/sie ist, was er/sie dir alles angetan hat ... Schiebe ihm/ihr *alle* Schuld zu ... Das ist so natürlich und menschlich. Stehe zu dieser Phase, gönne sie dir und gehe durch sie hindurch.

Anschließend wird oft eine besondere Leichtigkeit, Beschwingtheit und Euphorie zu spüren sein, zumindest zeitweise. Ja, du hast Freiheit gewonnen, du brauchst keinen

Erwartungen mehr zu entsprechen, du bist wieder die eigene Herrin, der eigene Herr und du kannst mit viel neuer Freizeit viel „anstellen" – es gibt keine Besitz- und Eifersuchtsgefühle mehr, du kannst hemmungslos drauflosflirten, du brauchst dich im Tagesablauf nicht anzupassen, brauchst keine Absprachen mehr, kannst kommen und gehen wann immer du willst, hast wieder ein eigenes Revier, eine eigene Wohnung, kurz, du kannst jetzt endlich wieder tun und lassen, was du willst. Die erlebte totale Freiheit stimmt natürlich nicht wirklich, aber es fühlt sich für eine gewisse Zeit so an. Und es ist gut so.

Die Phasen zwei und drei können auch umgekehrt oder gleichzeitig ablaufen. (Auf die Phasen 4 bis 7 wird an anderen Stellen des Buches noch eingegangen.)

Danach ist es so ungeheuer wichtig, die Trauer über den Verlust zu spüren. Jede Trennung erinnert uns an *alle* Trennungen unseres Lebens, besonders die erste und größte Trennung, die von der eigenen Mutter ... Das kann oft sehr großen Schmerz auslösen. Nicht nur den Schmerz, dass dieser ehemals geliebte Mensch, an den wir uns so gewöhnt hatten, nun weg ist, sondern auch die noch unverarbeiteten Schmerzen des Abschieds von allen ehemaligen Partnern. Je nachdem, wie wir vergangene Trennungen erlitten oder gemeistert haben, wird es uns jetzt bewusst, ob wir über ein gutes „Trennungs-Repertoire" verfügen, auf das wir quasi als Referenz zurückgreifen können, oder ob wir in Panik geraten, weil wir vergangene Trennungen schon alles andere als gut bewältigt haben.

Da wir allesamt Schmerzen vermeiden wollen oder davor Angst haben, hat die Seele jetzt Schwerstarbeit zu vollbringen: *„Trauer kann man nicht wegschaufeln wie einen Trümmerberg. Das geht nicht. Und das ist auch gut so."* (Herbert Grönemeyer)

Das falsche Ego wird mit allen Flucht- und Sucht-Tendenzen nach der Trennung auf den Plan kommen. Viele greifen zum Alkohol am Abend, um dieses unterträgliche Gefühl zu betäuben, andere arbeiten wie verrückt oder machen Weltreisen und anderes verrücktes Zeug, das einen Kick verspricht, um nicht stillzuhalten, in sich zu gehen und diese „göttliche Operation" der Trennung zweier Seelen im eigenen Geist und Körper geschehen zu lassen durch einen „unsichtbaren göttlichen Chirurgen", der uns heilen möchte.

Ein Trennung ist nie „sanft" in dem Sinne und nie nur „ein bisschen", sondern hat, wenn wir uns dem Ernst stellen, etwas Endgültiges und Brutales – so wie es mir einmal ein Therapeut sagte: „Entweder die Tür ist auf oder sie ist zu. Halb auf oder einen Spalt breit auf ist auch auf." „Übersetzt" bedeutet das nichts anderes als: Um Trennung zu vollziehen, muss die Tür definitiv zugemacht werden – also keine Besuche, keine Briefe, keine Telefonate über längere Zeit. Sonst macht man sich selbst etwas vor, zum (egoistischen, aber wenig hilfreichen) Trost. Bedenke: Dieser falsche Trost verlängert das Leiden und verstrickt dich weiter. Mir hat z.B. eine Partnerin, die in einer Nacht-und-Nebel-Aktion ausgezogen war, auf einen Abschieds-Zettel geschrieben: „Lieber ein Ende mit Schrecken als ein Schrecken ohne Ende ..." Bitter, aber wahr.

Die Trennung aus einer Liebesbeziehung, das Gefühl des Verlassen-Werdens ist der größte seelische Schmerz, den es für einen erwachsenen Menschen gibt. Dieser Verlust ist wie Sterben. Wer sich diesem inneren Sterbeprozess nicht stellt, indem er den gemäßen Schmerz zulässt und abtrauert, wird nicht neu geboren. Menschen, die diese Aufgabe nicht bewältigt haben, wirken oft wie 10 oder 20 Jahre gealtert und erstarrt und verknöchert. Oder es wird jemand sarkastisch. Das alles ist Ausdruck eines „verschlossenen“ Herzens.

In Sizilien tragen die Frauen nach dem Tod ihres Mannes auch heute noch länger schwarz als anderswo. Das ist ein Ritual, das den Tatsachen Ausdruck verleiht und der Seele hilft. Auch wir brauchen heute gemäße Trauer- und Abschiedsrituale – nachfolgend sind einige aufgeführt, die weiterhelfen.

Aufgabe 24: Der Abschiedsbrief

Schreibe diesen Brief nicht zu früh. Nach einem halben Jahr oder nach einem Jahr ist das angemessen. Dieser Brief bringt nichts, wenn du noch in der Groll-Phase bist. In diesem Brief schreibe dem ehemaligen Partner alles, für das du dankbar bist, was du in der Beziehung bekommen und gelernt hast. Schreibe, was du am anderen geschätzt hast, wo er/sie dir ein Vorbild war. Schreibe, dass du alles, was du gegeben hast, gerne gegeben hast und nichts davon bereust. Schreibe, worunter du gelitten hast (neutral, ohne Schuldzuweisung). Schreibe, was du nicht mehr bereit warst zu ertragen, warum du gegangen bist. Schreibe, was du dem anderen wünschst und mit auf den Weg gibst für seine /ihre Zukunft. – Übergebe diesen Brief am besten persönlich, z.B. bei einem gemeinsamen Abschiedsessen in einem Restaurant (ein Ritual).

Aufgabe 25: Das Abschiedsgeschenk

Das ist als Symbol zu verstehen und soll deshalb nur eine *kleine* Gabe sein. Überreiche dem anderen z.B. – auch wenn es auf den ersten Blick vielleicht etwas albern daherkommt – einen Apfel und bitte den anderen, zum Abschiedstreffen auch ein kleines Geschenk mitzubringen, das sichtbarer Ausdruck ist dafür, was man dem anderen für seine Zukunft wünscht. Du kannst z.B. sagen: *„Diesen Apfel schenke ich dir als Ausdruck dafür, dass ich dir für deine zukünftigen Beziehungen Fruchtbarkeit in Körper, Seele und Geist wünsche.“*

Aufgabe 26: Das Weinen mit offenen Augen

Das ist vielleicht die *wichtigste* Übung zu dem Thema. Vollziehe sie unbedingt!

Für viele ist es nicht einfach, sich Zeit zum Weinen zu geben. Wir schämen uns oft der eigenen Tränen. Die Kollektiv-Neurose der Gesellschaft will Trauer entweder ignorieren („Trauer macht keinen Spaß“) oder Trauer soll möglichst schnell weggetröstet werden. Das alles verhindert die seelische Heilung einer Wunde, die Trennung nun mal bedeutet: ein blutendes Herz ...

Sei für das Trauern am besten allein, setz dich aufs Sofa oder auf dein Bett und heule einfach los, mit offenen Augen ... Wenn die Trauer jedoch im Alltag hochkommt, z.B. vormittags im Büro, während du mit Kollegen im gleichen Raum vor dem PC sitzt, und du meinst, du kannst jetzt nicht einfach losheulen, dann nimm dir nach Feierabend Zeit zum Trauern. Wenn du allerdings zu den Arbeitssüchtigen gehörst, die nie Zeit haben, dann stelle dir einen Wecker (15 Minuten) und sage dir, ich habe jetzt eine Viertelstunde Zeit, bis der Wecker klingelt, um zu heulen, zu weinen, zu trauern!

Das besondere an der Trauer: Je mehr du dich ihr überlässt, desto schneller geht sie vorbei. Das Verdrängen der Trauer dehnt sie auf Jahre aus (oder sogar bis ans Lebensende) und raubt deinem Leben auf lähmende Weise sehr viel Energie. Und bedenke immer, wenn du mit offenen Augen weinst: *Trauer ist das Tor zur Liebe!* Durch sie wird Liebe ausgedrückt und durch sie machst du dich frei und offen für eine neue Liebesbeziehung.

Warum weinen mit offenen Augen?

Sehr wichtig beim Trauern ist die Unterscheidung zwischen sogenannten „*Primär*gefühlen" und „*Sekundär*gefühlen". Sekundärgefühle nähren sich aus alten Gedanken, die wir körperlich spüren, die aber neurotisch sind, d.h. krankmachend und überflüssig. Man kann sie auch Kreislaufgefühle nennen, da sie immer gleich sind und es verändert sich dadurch nichts im Leben. Diese überflüssigen und schwächenden Sekundärgefühle können nur mit geschlossenen Augen aufrecht erhalten werden, da sie sich aus inneren alten Erinnerungsbildern speisen. Wenn du Sekundärgefühle aufkommen spürst, solltest du diesen Prozess unterbrechen und in die Gegenwarts-Wahrnehmung zurückkommen. Du kannst diesen Energieräubern Paroli bieten und sagen: „Stop! Das ist mein altes Gefühlsraster, das mir bisher nur Misserfolg und Leid gebracht hat! Ich lebe jetzt diese Energien anders aus!"

So schützt du dich auch vor übertriebenem und nutzlosen, weil schwächendem Selbstmitleid. Selbstmitleid schadet dir, weil es die Verleugnung deiner wahren Fähigkeiten und Talente als Erwachsener festschreibt. *Enthalte dich dem Selbstmitleid!*

Ein Primärgefühl hingegen ist eines, das auch bei geöffneten Augen weiterwirkt und nicht – im Gegensatz zum Sekundärgefühl – verschwindet. Halte die Augen offen, schau irgendetwas an, das dir gerade vor Augen ist, und spüre in voller Tiefe, lass das Gefühl vollkommen zu und weine, auch laut, wenn es kommt. Aber achte vor allem darauf, dass du dabei tief atmest. Ausgedrückte Primärgefühle reinigen und stärken. Sie machen dich in der Seele gesund und klar. Wer nicht *tief* weinen kann, kann auch nicht tief lieben. Das ist das Tor!

Wenn beim Öffnen der Augen oder bei geöffneten Augen das Gefühl verschwindet, dann heißt das, es sollte auch nicht ausgedrückt werden. Geh an die Arbeit oder mache etwas, das dir Spaß macht ...

Aufgabe 27: Das Einhalten des Trauer-Jahres

Alle Familien- und Paar-Therapeuten sind sich einig darüber, dass es nach der Trennung aus einer Paarbeziehung nicht wirklich ohne eine Zeit des Abstands und Allein-Seins geht. Wer von einer Beziehung gleich in die nächste „schlittert", baut sein Haus auf Sand. Er wird vor allem alte Fehler und Muster wiederholen. Er zieht meist Partner mit fast den gleichen seelischen Eigenschaften und Konstellationen an. Die Zeit der Rückschau, des Auswertens und der Neu-Vision wird übersprungen, und diese Erfahrungen fehlen dann später. Das wirkt sich in Beziehungskonflikten und Unerfülltheit aus. Viele Menschen fliehen aus der Einsamkeit in eine unbefriedigende Partnerschaft – und was finden sie? Aggressionen, Kämpfe, Verletzungen, ständige Gedanken an Trennung. Warum so viele wechselnde Beziehungen und Unerfülltheit? Ihr habt es in den meisten Fällen nicht gelernt, euer Herz zu öffnen, auf euer Herz zu hören und euch von eurem Herzen leiten zu lassen. Eure Partnerwahl ist in den *meisten* Fällen von Ängsten bestimmt. Ängste führen aber nicht zum richtigen Partner, sondern in Sackgassen, denn Ängste wollen überwunden werden. Und wie überwindest du am besten deine Angst? Indem du ihr in die Augen siehst! Wer nicht allein sein kann, was eine aktive positive erwachsene Leistung ist, für den ist oft die Angst das Hauptmotiv der Partnersuche. Deshalb geraten so viele an die falschen Partner. Nicht an Partner, die sich das Herz gewählt hat, sondern an solche, die von einer Not diktiert wurden. Das vordringliche Ziel war dann eben nicht, den *richtigen* Partner zu finden, sondern der Einsamkeit zu entkommen.

Nach langjährigen Beziehungen reden manche Therapeuten sogar davon, dass die Zeit des Trauerns und Alleinlebens die Hälfte der Zeit des Zusammenlebens dauern solle. So weit will ich nicht gehen – doch ein Jahr, das sind vier Jahreszeiten, zwölf ganze Monate, sind in meinen Augen unumgänglich, um wieder ein *freies Herz* zu haben und eine ungetrübte, unverfälschte Wahrnehmung zu gewinnen, welchen Partner man wirklich will und wer für einen gut ist. Du solltest dir in dieser Zeit innerlich auch ein neues Modell des Zusammenlebens erschaffen.

Es gibt natürlich „Schlauberger", die sagen, *„Ja, ich war doch während der Beziehung schon getrennt, wir hatten keinen Sex mehr, jeder hatte sein Zimmer, sein eigenes Leben ...* ", und aus diesem Grund meinen sie, schnell wieder in die nächste Beziehung gehen zu dürfen. Das ist Selbstbetrug. Die bekannte Therapeutin Anne Wilson Schaef spricht in diesem Zusammenhang von *Beziehungs-Sucht.*

Die Trennungsjahr-Uhr tickt definitiv erst ab dem Tag, wo einer das gemeinsame Dach verlässt, sprich, wo getrennte Wohnungen da sind. Das sexuelle Beisammensein ist natürlich auch wesentlich. Solange der Sex noch weitergeht, ist die Trennung nicht wirklich vollzogen. Dass man aber zwei- oder dreimal noch miteinander schläft, nach der offiziellen Trennung, ist ein natürlicher Teil des Abschiedsprozesses, damit die Seele mehr und besser versteht: „Es ist vorbei." Wenn ihr die Kraft habt, widersteht dem aber, weil durch die Sexualität das Band jedesmal wieder aufgenommen und verstärkt wird, was später wieder zu erneutem Schmerz, zu viel Verwirrung und weiterer gedanklicher Anhaftung an den Partner führt. Das Trennungsjahr ist auch deshalb so wichtig, weil der andere durch die Häufigkeit der sexuellen Verschmelzung noch in der Aura hängt, d.h. im Energiefeld der Person mit seiner Energie noch anwesend bleibt.

Richtig vollzogen ist eine Trennung, wenn das ehemalige Paar sechs Monate nicht mehr unter einem Dach lebt. Als ich jung war, hat ein indischer Yogi mir einmal erzählt, dass erst dann die Mann-Frau-Beziehung voll gelöst ist, wenn man nicht mehr von dem ehemaligen Partner träumt. Das können Träume in der Nacht sein oder Tagträume.

Das Trennungsjahr und die Single-Phase sind psychologisch gesehen eine wichtige Entwicklungsstufe, um mehr Selbstständigkeit, Unabhängigkeit und Freiheit zu erlangen, um klarer zu erkennen, wer man ist und was man vom Leben erwartet. Auf der anderen Seite sollte das Alleinsein auch nicht zu lange dauern. Die Gefahr besteht dann, dass man sich selbst nur noch als Mittelpunkt der Welt sieht und kaum Korrekturen von außen erfährt.

Nutze die wertvolle Zeit des Alleinseins für:
1. persönliche Pflege,
2. zum Wiederfinden der Freude im Sein,
3. und dafür, den Schmerz zu spüren, etwas verloren zu haben, und somit abtrauern zu lernen.

Aufgabe 28: Der grundlegende Würdigungsprozess

Auch diese Aufgabe ist sehr wichtig und grundlegend. Jeder, dem Trennung gut gelingt, wird das bewusst oder unbewusst durchlaufen.

Wichtig für eine gute Trennung ist als erstes, dass man im Nachhinein keine Schuld sucht. Das verhindert das Spüren des Schmerzes der Trauer und verhindert oder verzögert damit das Auseinandergehen. Das kann für einen oder mehrere ehemalige Partner durchgeführt werden. Du gehst dazu in dein stilles Kämmerlein, setzt dich hin und siehst das Gesicht eines ehemaligen Partners vor deinem inneren Auge. Mit einem sicheren Tiefengefühl sagst du ihm/ihr innerlich folgende Sätze – entweder laut ausgesprochen oder nur gedacht. Dabei schaust du in der Vorstellung dem anderen tief in die Augen. Gib dir für jeden Satz viel Zeit, vorher und nachher.
1. *Ich habe dich sehr geliebt und du hast mir sehr viel gegeben. Ich behalte es mit Achtung und Liebe. Ich habe dir auch viel gegeben und du darfst es behalten und achten und dich zurückerinnern mit Liebe.*
2. *Ich danke dir für all das Gute, was ich von dir bekommen habe.* (Lasse dir das Gleiche auch vom anderen sagen und höre es innerlich, spüre deine Reaktion.)
3. *Alles, was ich dir gegeben habe, habe ich dir gerne gegeben.* (Lasse dir das Gleiche auch vom anderen sagen und höre es innerlich, spüre deine Reaktion.)
4. *Worauf ich noch sauer bin, ist ...* (Drücke hier aus, wenn Unrecht getan wurde, aber formuliere es als dein Gefühl, nicht als Vorwurf „Du hast ...“ – sage vielmehr: „Ich habe unter ... gelitten.“ Erbitte einen Ausgleich, wenn der andere dir noch etwas schuldet.)

5. *Wenn ich dir noch etwas schulden sollte, will ich es ausgleichen. Dann darfst du dir von mir auch noch etwas wünschen.*
6. *Für das, was zwischen uns schief gelaufen ist, übernehme ich meinen Teil der Verantwortung und ich überlasse dir deinen.* (Lasse dir das Gleiche auch vom anderen sagen und höre es innerlich, spüre deine Reaktion.)
7. *Das Schönste, was wir gemeinsam geschaffen haben, ist/sind ...* (z.B. Kinder oder ein berufliches Projekt oder ...).
8. *Und jetzt lasse ich dich in Frieden ...* (gehen, ziehen).

Wenn du merkst, dass dir die Sätze nicht über die Lippen gehen wollen, oder es sich unecht oder unehrlich anfühlt, dann brauchst du noch ein bisschen Zeit oder du solltest dir z.B. mit einer Familien-Aufstellung (die Paarbeziehung ist die Gegenwartsfamilie) Unterstützung holen.

Aufgabe 29: Das gute Verzeihen

Ich schreibe hier extra ‚*das gute Verzeihen*', weil es auch das schlechte Verzeihen gibt. Verzeihen funktioniert dann nicht als Methode zur Ablösung und Abschiedsbewältigung, wenn es vorschnell geschieht und somit als Idee aus dem Kopf kommt und nicht im Körper als Gefühl wahrgenommen wird. Das vorschnelle Verzeihen ist oberflächlich, manchmal sogar arrogant und anmaßend, bleibt ohne sichtbare Wirkung.

Frühestens ein halbes oder ein Jahr nach der Trennung kannst du folgende innere Übung für dich machen oder in einer kleinen Gruppe. (Wir führen dies immer als Ritual in unserem „YaDu-Zwei"-Seminar durch.)

Vergebungs-Prozess – der ehemalige Partner als Schattenbruder, Schattenschwester

Die Übungsbeschreibung (jeder für sich allein):

1. Auf ein Blatt Papier alle Eigenschaften des ehemaligen Partners schreiben, die dich an ihm gestört haben.
2. Ein mich zutiefst verletzendes Verhalten meines ehemaligen Partners in mein Gedächtnis rufen (möglichst detailliert).
3. Ein ähnliches Verhalten aus meiner Vergangenheit, in dem ich mich genauso einem Menschen gegenüber verhalten habe, erkennen und wahrnehmen.
4. Erkennen, dass hinter meinem Verhalten große Angst (Werte zu verlieren) stand. Diese wurde von meinen Elementalen (vitalen Gefühlskräften) genutzt, um mich zu Verhaltensweisen zu zwingen.
5. Ich bin bereit, mir zu vergeben, da ich jetzt einsehe, dass meine Elementale und Ängste mich gezwungen haben, so zu handeln. Ich vergebe mir für meine Unwissenheit.
6. Ich bin jetzt bereit, die Angst (vielleicht dieselbe) auch im Anderen als Ursache seines Verhaltens zu erkennen.
7. Ich bin jetzt bereit, auch ihm zu vergeben (für seine Unwissenheit).

Aufgabe 30: Die Ehescheidung

Immer wieder beobachte ich, wie Singles lange nach der Trennung immer noch verheiratet bleiben, den Ehevertrag nicht auflösen. Das ist halbherzig und krankmachend. Stehe zu deiner Entscheidung zu gehen, mit allen Folgen. Dann kannst du auch eine neue Liebe genießen mit allen Folgen, nämlich Glück und Erfüllung! Sich rauszureden mit finanziellen Vorteilen, Bequemlichkeit, den Kindern zuliebe etc. macht dich klein und nimmt dir die Würde. Vor allem aber versperrt es den Weg zu einem neuen guten Partner, weil ein potenzieller neuer Partner unbewusst spürt: „Der/die ist noch dem alten Partner verbunden und hält ihm insgeheim die Stange, ich bekomme keinen vollwertigen Platz."

Und das ist wahr. Gehe also morgen zum Anwalt und reiche die Scheidung ein, wenn du bisher ein Zauderer warst. (Am billigsten ist es übrigens, wenn nur einer einen Anwalt nimmt und ihr alles selbst verhandelt ohne Anwalt und Gericht – faire und gewaltfreie Kommunikation zahlt sich aus in Euro und Cent!)

Den ehemaligen Partner des Geliebten/der Geliebten würdigen

Auch hier sehen wir noch einmal ein wichtiges Gesetz: *Wenn das Gewesene nicht erst anerkannt und bereinigt ist, kann Zukünftiges nicht darauf aufbauen.* Familien-systemisch sehen wir die Vergangenheit nicht als Hemmschuh, aus dem man sich lösen muss, sondern als das Fundament, die Basis für das Leben im Jetzt und nach vorne. Eine gut gelöste Vergangenheit ist die Absprung-Rampe für künftigen Erfolg in der Paarbeziehung.

Aufgabe 31: Sich verneigen vor dem ehemaligen Partner des Geliebten/der Geliebten

Damit eine neue Liebe gelingen kann, mache dir klar, dass die Voraussetzung dafür ist, dass ein ehemaliger Partner deines Geliebten vorher gegangen ist und Platz gemacht hat. In einer zweit-, dritt-, xst-Beziehung ist es deshalb wichtig, dass man die Vergangenen würdigt, sich ihnen gegenüber nicht arrogant oder hochmütig verhält. Zum Scheitern ist eine neue Beziehung immer dann verurteilt, wenn du in einer Haltung bist wie: „Ätsch, jetzt komme ich, ich bin die/der Bessere" oder: „Gut, das der/die weg ist, jetzt zeige ich dir, dass ich der/die bessere bin!"

Ein heilsames Ritual ist hingegen: Als innere seelische Übung, sich vorzustellen, dass du von Angesicht zu Angesicht dem ehemaligen Partner deines/deiner Geliebten gegenüber stehst und ihm/ihr tief gefühlt und ehrlich in die Augen sagst: „Du kamst vor mir und ich komme nach dir. Ich kann kommen, weil du gegangen bist. Ich danke dir, dass du Platz gemacht hast. Ich würdige dich. Ich nehme es als ein Geschenk, so dass ich jetzt den neuen Mann/die neue Frau haben darf. Bitte segne uns, dass die Beziehung gelingt." – Dieses zutiefst würdigende Verhalten pflanzt eine Grundhaltung des Respektes und der Achtung in die Seele. Und es bringt Frieden und Kraft für eine neue Beziehung. Verhalte dich also den ehemaligen Partnern deiner Geliebten/deines Geliebten gegenüber immer demütig und respektvoll.

Der Mut, dazwischen zu treten

Das ist der zweite Schritt – nach der Demut. Nach der Trennung von einem Partner stehen beide bildlich gesehen mit Abstand voreinander oder seitlich. Ein neuer Partner, der dazukommt, braucht den Mut, sich zwischen den ehemaligen Partner und seine(n) neue(n) Geliebte(n) zu stellen und dem alten Partner der/des neuen Geliebten in die Augen zu sagen: „Jetzt nehme ich sie/ihn“ oder: „Ich möchte sie/ihn haben.“

Aufgabe 32: Zeit für den neuen Partner freihalten

Manche Singles haben ihr Leben so eingerichtet, dass für einen Partner keine Zeit mehr zur Verfügung stehen würde. Sie haben unbewusst eine Arbeit gewählt, bei der sie erst spätabends vom Büro nach Hause kommen, oder sich so viele Dinge aufgehalst, dass sie selbst zeitlich kaum über die Runden kommen. Oder die Freizeit wird mit all zu vielen kulturellen Aktivitäten und Beziehungen zu unzähligen Freunden zugestopft, dass wirklich keine Zeit mehr bleibt für eine Liebesbeziehung zu einem Menschen. Auch hier sagt das Unbewusste: „Wenn du selbst mit deinem Leben kaum zurecht kommst, wie willst du denn dann noch Zeit haben, dich einem Partner zu widmen? Außerdem brauchst du doch nach all den Anstrengungen auch noch etwas Zeit für dich, damit du etwas entspannen, dich erholen, wieder Kraft schöpfen kannst für den nächsten Tag.“ Es geht also darum, das Unbewusste mittels bestimmter Maßnahmen davon zu überzeugen, dass jetzt ein Partner kommen kann. Dies kann hier nur durch eine neue Zeitstrukturierung geschehen, bei der für die Pflege der Partnerschaft tatsächlich einige Stunden übrig bleiben.

Zum Schluss

Wenn du spürst, dass auch nach längerer Zeit und der Anwendung aller oben beschriebenen Methoden der Abschied vom ehemaligen Partner nicht gelingt, suche fachliche Unterstützung bei einem Therapeuten oder Familien-Aufsteller. Oder arbeite es praktisch durch in einem unserer YaDu-Seminare (Kontakt-Adresse im Anhang).

4. Goldener Schlüssel: „Die klare und positive Vision eines guten Partners"

In diesem Kapitel geht es um deine Zielklarheit und darum, das Wunschbild deines Mannes, deiner Frau zu erschaffen und es im Inneren zu installieren. Du lernst, wie du die eigenen Herzenswünsche in Bezug zu einem guten Partner spüren, in Worte kleiden und schriftlich niederlegen kannst – und du wirst den gewünschten Partner visualisieren. Du erfährst weiterhin, wie du mit Hilfe deiner positiven Vision deinen inneren Magneten im Bauch aktivierst, der den Partner in Kürze mit Sicherheit anzieht.

Stell dir vor, er ist da!

Die meisten Menschen sind sich nicht bewusst darüber, wie sehr sie von ihrem Unbewussten gesteuert werden. Daher sind für ihre Partnerwahl oft ganz andere Gründe entscheidend als die im Bewusstsein vorgegebenen Motive von Liebe und Zuneigung. Dieses Kapitel hilft dir, mehr Klarheit zu gewinnen und daher mehr Anziehungskraft für „den Richtigen!" zu erzeugen. Ich unterstelle dir, dass dein neuer Partner nicht eine ähnliche Konstellation wie dein ehemaliger Partner haben soll. Darum ist es so wichtig, sich eine neue Vision zu erschaffen, bevor man loszieht und sich in die nächste Beziehung stürzt.

Innere Bilder haben die Macht, Wirklichkeit anzuziehen und zu erschaffen. Gedanken und Bilder sind Mächte, die – obwohl unsichtbar – viel Kraft haben, das Gewünschte zu manifestieren. Wer weiß, was er will, bekommt nicht mehr das Verkehrte. Wer weiß, wohin er will, kommt nicht mehr am falschen Platz an.

Jeder wahre Ruf, der von Herzen kommt, wird in diesem Universum erhört. Das ist ein geistiges Naturgesetz, dass hundertprozentig funktioniert. Glaube es nicht, probiere es selbst aus. Ich sage dir gleich zu Beginn dazu zwei magische Formeln:

1. Finde heraus, was für eine Frau/einen Mann du willst!
2. Finde heraus, warum das sein muss!

Wir fangen mit Stufe eins an. Entscheidend ist die Klarheit: „Welche Eigenschaften soll mein Traumpartner haben?" Sei dabei sehr konkret und gehe auch in Einzelheiten, selbst wenn sie banal erscheinen mögen, wie z.B. die Haar- oder Augenfarbe. Wenn du weißt, was du willst, kannst du von vornherein für dich falsche Partner ausschliessen. Dennoch können Begegnungen mit anderen Partnern auf deinem Weg sehr hilfreich sein, um (besser) zu erkennen, was du *nicht* willst – Erfahrungen, die dich in der Konsequenz noch genauer zu deinem Idealbild hinführen können.

Ähnlichkeit und Ausgleich

Suche dir einen Partner, der dir möglichst ähnlich ist und der dich ausgleicht im Sinne von Ergänzung: jemand, der das hat, was dir fehlt! Du wirst diese Eigenschaften zwar sowieso selbst ausprägen müssen, das kann dir langfristig keiner abnehmen, aber der andere kann dich darin anregen und dir Vorbild sein, er kann es dir vorleben. Eigene Mängel jedoch kann der Partner aber nur in bestimmtem Maße ausgleichen. Bedenke: Wenn dieser Prozess zu stark wird, geht die Beziehung schief. Der „nur geliehene Ausgleich" funktioniert nicht. Deine Vision sollte also beinhalten, was du an dir selber liebst und was du zum Ausgleich suchst.

Aufgabe 33: Das Ausschließen der Falschen

Anhand der folgenden Liste wird dir vielleicht noch einmal eindrücklich klar, was du *nicht* mehr willst. Das stärkt später deine positive Vision und gibt dir die nötige Klarheit und Vorsicht beim Verlieben:

- → verheirateter oder bereits gebundener Partner (schon vergeben);
- → Partner, der weit entfernt wohnt (Phantasie- oder Wochenend-Liebe);
- → viel zu alter Partner (Elternersatz);
- → viel zu junger Partner (Kindersatz);
- → Partner, der aus einer früheren Beziehung ein Kind hat (wenn du selbst kinderlos bist);
- → Hysteriker als Partner (überdreht);
- → Raucher als Partner (benebelt);
- → Kiffer als Partner (abwesend);
- → Partner mit einem Manko (Handicap);
- → Choleriker als Partner (Pulverfass);
- → Versager als Partner (Niete);
- → Verschuldeter als Partner (Fass ohne Boden);
- → Trinker als Partner (Flasche);
- → Partner, der sich auf einer anderen Bewusstseinsebene befindet (zurückgeblieben);
- → Partner als Zeiträuber (rücksichtslos);
- → Beziehungssüchtiger als Partner (Klammeraffe).

Wer noch mehr ins Detail gehen möchte, lese sich zusätzlich folgende Liste (zumeist) falscher Partner genüsslich durch – der Partner/die Partnerin als: Egoist; Aggressor; Fan von Ski-, Auto-, Motorradrennen etc.; Sportwagenfahrer; Partner, der Ärger verursacht; Partner mit zu schwachem oder zu starkem Triebleben; Sicherheitsfanatiker (z.B. Partner, der überversichert ist); Sammler (Briefmarken, Bierdeckel, Münzen u.a.); Revierverletzer (einer, der die Grenzen des anderen verletzt); Partner, der Geld als Lock-, Macht- oder Druckmittel verwendet; Quasselstrippe; Partner, der ständig Zeitung liest, im Internet herumsurft, Nachrichten oder Quizsendungen schaut; Heimwerker; Intellektueller; Computerfreak; Technik-Begeisterter; Madonna (= Gegenpol zur Hure); Partner, der an der Familientradition festhält; Partner mit Problemkind; Katzenhalter; Partner, der sich ständig verletzt fühlt; Partner, der dauernd irreale Gefühle hat (z.B. Depressionen); Partner, dem man ununterbrochen Aufmerksamkeit schenken muss; Partner, der ohne Musikberieselung nicht auskommt; Partner, der an einer Verhaltensstörung leidet; Angeber, Prahler, Blender; Partner, der viel handelt, aber dabei viel falsch macht (Leichtsinns-Delinquent); Partner, der primär für sich alleine lebt; verschrobener Künstler; Spieler; Sauberkeits- und Ordnungsfanatiker; Amateur-Psychoanalytiker; Kritiker; kränkelnder Partner, Hypochonder; Nahrungsapostel, Ernährungsfanatiker; Workaholiker; der sich im Detail verlierende; Partner mit „Niveau“ und „Ambiente“; Partner, der seinen Geschmack dogmatisiert; „Hure“; Pornoleser; Kavalier (nur als Rolle); Diplomat (nur als Rolle); Partner, der alles strategisch angeht; Schaumschläger; Partner, der ständig Propaganda für sich selbst macht; dominanter Partner; Machtstreber; Guru-Anhänger; Hundehalter; Unterdrücker; Partner, der Erwartungsdruck ausübt; Zwangsneurotiker; religiöser Fanatiker; Anhänger einer bestimmten weltanschaulichen Richtung oder einer bestimmten Philosophie; Intoleranter (z.B. Ausländerfeind); Partner, der mit herkömmlicher Schulbildung glänzen will; Partner, der unentwegt Bildung (Oper, klassische Literatur, klassische Musik etc.) konsumiert; Maßregler, Richter; Strafvollzieher; Wichtigtuer; Moralapostel; Rechthaber; Streber nach Ehre, Ruhm und Anerkennung; Partner, der auf Distanz geht (kommt nur zweimal die Woche oder nur gelegentlich); Seitenspringer; Emanze; Abenteurer; Partner, der nervt; Süchtiger (Raucher, Trinker, Drogenabhängiger); Chaot; Spinner; komischer Kauz; Träumer; Illusionist; Alternativler (im Sinne einer neuen Einheitskleidung und eines neuen Einheitsverhaltens) ... – ich glaube das reicht.

Noch kurz zur Vergangenheitsbewältigung: Je weltfremder, irrealer oder fanatischer ein Partner etwas auslebte, desto mehr fehlte mir das Prinzip in der realen Form. Der Partner zeigte dir durch das, was er aus deiner Sicht übertrieben auslebte, welche Entwicklungsprozesse ich zu absolvieren habe, welche Anlagen ich ausbilden müsste. – Leider werden in fast allen Beziehungen jedoch die verborgenen Hinweise des Partners nicht dankend angenommen, sondern es wird im Gegenteil ein Feindbild aufgebaut, das es zu bekämpfen gilt.

Aufgabe 34: Dein Wunschzettel

Wir beginnen hier mit einer Übung, die viel Spaß macht und die dich einen großen Schritt weiterbringt zum richtigen Partner! Hierfür solltest du dich nicht im Alltagsbewusstsein aufhalten, sondern in einem Wohlgefühl, in Entspannung, in einem Gemütszustand, in dem dein Kopf frei ist und du völlig frei träumen darfst.

Nur so – wenn der Verstand nicht die Intuition überlagert – kannst du deine tiefsten Wünsche und Ziele erspüren, das, was du mit Leidenschaft und Hingabe wirklich willst; nicht deine künstlichen Ego-Wünsche, sondern deine ehrlichen Herzenswünsche. Es geht also um die Frage: „Was glaube ich, welcher Partner wirklich gut ist für mich und mein Herz und mein Glück?“

Lasse dir zum Bedenken dieser Frage z.B. eine warme Badewanne ein, stell ein paar Kerzen auf und spiele deine Lieblingsmusik vom CD-Player. Dann nimmst du dir ein Blatt Papier und Stift zur Hand. Oder fahre in Wald oder anderswo ins Freie, mache einen einstündigen Spaziergang durch Wiesen, setz dich auf eine Bank, höre dem Gezwitscher der Vögel zu und schreibe dann die Eigenschaften, die dein Wunschpartner haben soll, auf ein Blatt Papier. Oder setz dich in deinen Garten, schaue in den blauen Himmel und schreibe dann. Oder beheize dein Schlafzimmer, mache dir schöne Fantasien bei schöner Musik und schreibe dann deine Liste: spontan und locker alles aufschreiben was kommt, ohne über Sinn oder Vernunft des Geschriebenen nachzudenken ... – und wenn es 50 Eigenschaften sind! Traue dich dabei, mutig, ehrlich, vielleicht verrückt zu sein – keiner braucht sich dafür zu schämen. Also mache zuerst die offene Brainstorming-Liste – man kritzelt wahllos alles zu dieser Fragestellung in den Sinn Gekommene hin, *ohne zu bewerten.* Lasse dazu hinter jeder Eigenschaft etwas Platz zum Schreiben. Peter, ein Kursteilnehmer meiner Seminare „Den richtigen Partner finden!“, hat beispielsweise folgendes notiert:

- ➜ *Sie sollte sexy sein, d.h. sollte oft Lust auf Sex haben, so wie ich;*
- ➜ *sollte ein gutes Herz und Mitgefühl haben;*
- ➜ *soll sensibel und zärtlich, aber auch temperamentvoll und kräftig im Bett sein;*
- ➜ *sollte einen Kinderwunsch nicht ausschließen;*
- ➜ *sollte heiraten nicht ausschließen;*
- ➜ *sie soll jünger als ich sein;*
- ➜ *sollte viel Energie haben, vital und gesund sein;*
- ➜ *sollte körperlich ausdrucksstark sein;*
- ➜ *sollte einen Orgasmus haben können;*
- ➜ *empfindungsfähig und gefühlsstark;*
- ➜ *sportlich – eine gute Figur mit festem Gewebe;*
- ➜ *weibliche Rundungen;*
- ➜ *gepflegte Erscheinung;*
- ➜ *sollte Schönheit ausstrahlen, unabhängig vom Alter;*
- ➜ *fleischige Lippen zum schönen Küssen;*
- ➜ *groß, mindestens 1,70 Meter;*
- ➜ *dunkelbraune oder schwarze Haare, am besten lang;*
- ➜ *dunkler Hauttyp;*
- ➜ *braune Augen;*
- ➜ *ein knackiger Hintern, am besten Kugelform oder Birne;*
- ➜ *gebildet, nicht dumm;*
- ➜ *ausdrucksfähig – ich möchte mich mit ihr gut unterhalten können;*
- ➜ *hübsch im Gesicht;*

- *eine angenehme, nicht zu hohe weiche Stimme;*
- *weiblich, was Frisur und Kleidung angeht;*
- *soll sich geschmackvoll kleiden und gerne schmücken;*
- *soll gut und gerne kochen;*
- *soll gute Hände haben und gerne massieren;*
- *soll offen sein für viel Zärtlichkeit, um zu geben und zu empfangen;*
- *soll hingabefähig sein – mir in Wohnort und Haus folgen;*
- *soll meine männliche Kompetenz anerkennen und sich gerne davon führen und beschenken lassen;*
- *soll meine beruflichen Ziele unterstützen und meine Selbstständigkeit akzeptieren;*
- *soll häuslich sein und ordentlich – noch wichtiger, soll Haus und Wohnung ästhetisch mit Freude einrichten und gestalten;*
- *soll abenteuerlustig sein und gerne reisen und mit mir in Urlaub fahren;*
- *soll mich fordern, mir auch Widerstand bieten, ein Gegenüber sein, mir nicht alles durchgehen lassen;*
- *sollte Lust haben auf Ausgehen, Tanzen und Kultur;*
- *sollte gerne und mit Genuss essen;*
- *sollte mein Zigarren-Rauchen tolerieren;*
- *sollte sich als Frau mädchenhafte, alberne und verspielte Anteile erhalten haben;*
- *sollte „verrückte" und spontane Anteile auch leben;*
- *sollte meine Kinder aus der Vorehe akzeptieren;*
- *sollte wohlhabend sein und ein gutes Elternhaus haben;*
- *sollte eine gute Beziehung zur eigenen Mutter haben;*
- *sollte optimistisch sein und an das Gute in sich und im Menschen glauben;*
- *sollte eigenes Selbstwertgefühl besitzen.*

... uff, das waren jetzt 45 Punkte! Vielleicht geben dir Peters Vorstellungen noch einige Anregungen, was DIR wichtig ist. Doch jetzt: Beginne mit dieser Aufgabe – und viel Spaß beim Träumen und Schreiben ...

Aufgabe 35: Die Kraft-Aufladung deiner Vision

Ergänze nun bei jeder Eigenschaft, die du niedergeschrieben hast, ***warum*** das für dich so sein muss, d.h. die **Begründung** dafür, weshalb dir der Punkt so wichtig ist. Diese Begründungen für deine Wünsche dienen zu zweierlei: Zum einen haben die Wünsche dann mehr Schubkraft sich zu verwirklichen, wenn du weißt, warum dir diese oder jene Eigenschaft gerade so sehr wichtig ist. Diese Erkenntnis dient dir dann später, wenn du mit der Vision arbeitest, als Hebel, der die Verwirklichung deiner Ziele noch schneller herbeiführt, kurzum: Es motiviert dein inneres Bewusstsein.

Die Begründungen selbst können eher negativ oder eher positiv formuliert sein – das ist jetzt bei der Aufgabe weniger wichtig. Auch hier meine Bitte, die Begründungen nicht zu bewerten – auch wenn manche der Begründungen für *dich* vielleicht haarsträubend sein mögen und Grund genug, solch einen „Kerl" auf Abstand zu halten ...

Es folgt nun nochmals Peters Liste mit den von ihm angefügten Begründungen:

- ➜ *Sie sollte sexy sein, d.h. sollte oft Lust auf Sex haben, so wie ich,* weil mir Sex im Leben als Ausgleich am meisten Erfüllung und Entspannung gibt, um aus meinem Verstand herauszukommen und gedankenfrei in der Gegenwart zu sein.
- ➜ *... sollte ein gutes Herz und Mitgefühl haben,* weil sie mich dann nie hart behandelt, weil sie dann etwas Tröstendes, Mütterliches für mich hat und weil ich mütterliche Liebe als Weichheit empfinde, die mir hilft, aus meiner eigenen Härte herauszukommen.
- ➜ *... soll sensibel und zärtlich, aber auch temperamentvoll und kräftig im Bett sein,* weil ich beides brauche, um mich geliebt zu fühlen und das Kräftige, um Lust zu empfinden und Wildheit und Intensität zu spüren, weil ich grobe Anteile manchmal auch im Sex ausleben möchte, um meine Aggressionen besser auszuleben.
- ➜ *... sollte einen Kinderwunsch nicht ausschließen,* weil ich das als weiblich und mütterlich ansehe, weil ich kinderlieb bin, weil ich noch einen Sohn haben möchte, weil ich über Kinder meinen Selbstwert und männlichen Stolz erhöhe, weil es so für mich Lebenssinn und Daseinsberechtigung gibt.
- ➜ *... sollte heiraten nicht ausschließen,* weil ich das als Form der Hingabe ansehe, weil es eine Entscheidung für die Mann/Frau-Beziehung ist, weil ich Rituale liebe, weil ich Anteile habe, die konventionell sein möchten, angepasst in die Gesellschaftsnorm.
- ➜ *... sie soll jünger als ich sein,* weil es meinen Stolz als älterer Mann nährt, dass ich mir das leisten kann, weil ich vermute, dass die Frau erst später Alterserscheinungen hat, weil ich mich so länger mit der Frau schmücken kann, weil ich körperlichen Verfall verdränge, weil es die verspielten pubertären Anteile mehr gewährleistet, weil es mich leicht macht – ich vermute, dass ältere Frauen mehr Schwere haben und nicht mehr die Unschuld und Naivität, nach der ich mich selbst oft sehne.
- ➜ *... sollte viel Energie haben, vital und gesund sein,* weil ich in meinem Leben selbst für mich so viel Kraft brauche (Anstrengung) und nur ungern eine Frau stützen will, die schwach oder krank ist; weil ich mich mit einer energetischen Frau selber besser spüre, weil sie mir dann nicht oder nur selten zur Last fällt, weil sie mir sicherlich gesunde Kinder schenkt, weil ich erfolgreich sein will – und dafür braucht man auch zusammen sehr viel Energie, weil ich selber Angst habe vor Krankheit und Unfähigkeit.
- ➜ *... sollte körperlich ausdrucksstark sein,* weil ich mit einer frigiden, leblosen Frau nichts anfangen könnte, weil es mich langweilt, wenn das fehlt, weil es mir weibliche Energie bringt und mich anregt, wenn ich selber statisch bin und mich tot fühle.
- ➜ *... sollte einen Orgasmus haben können,* damit ich meine eigenen Orgasmen besser rechtfertigen kann, damit ich Gleichheit und Harmonie fühle, damit ich fühle, dass ich es ihr „besorgen" kann (mein Selbstwert), damit ich eine „intakte" Vorzeigefrau habe, weil ich vermute, dass der Sex dann schöner und vielfältiger ist.
- ➜ *... empfindungsfähig und gefühlsstark,* weil ich dann Befreiung und Ausgleich von eigenen gefühllosen, starren, toten Zuständen (zuviel Arbeit, zuviel Anstrengungen, zuviel Kampf) erfahre.
- ➜ *... sportlich – eine gute Figur mit festem Gewebe,* weil ich dann mit ihr mehr Zeit verbringen kann (wandern, joggen ...), weil ich vermute, dass sie dann länger eine gute ansehnliche Figur behält und dass sie nicht krank wird und mir zur Last fällt.

- … *weibliche Rundungen,* weil ich mir mehr Geborgenheit davon erhoffe, mich mehr einkuscheln kann und Ruhe finden für meine harten und spitzen Anteile.
- … *gepflegte Erscheinung,* weil ich sonst Angst habe, nicht erfolgreich sein zu können, nicht repräsentieren und stolz auftreten kann mit der Frau an meiner Seite.
- … *sollte Schönheit ausstrahlen, unabhängig vom Alter,* weil ich mich selbst als schön empfinde und ein ebenbürtiges Gegenüber an meiner Seite verdient habe, weil ich stolz sein will, wenn ich mit der Frau irgendwo auftauche, weil ich das für meinen Selbstwert brauche.
- … *fleischige Lippen zum schönen Küssen,* weil ich mir so mehr Erfüllung im Sex verspreche.
- … *groß, mindestens 1,70 Meter,* weil ich mir so eine schönere Umarmung verspreche, mehr Körperkontakt und besseres Repräsentieren nach außen möglich wird, weil es ästhetischer und ebenbürtiger aussieht.
- … *dunkelbraune oder schwarze Haare, am besten lang,* weil ich es weiblich finde und mir mehr Weiblichkeit davon für meine Männlichkeit verspreche, weil ich es erotisch finde und lange Haare mehr Gestaltungsmöglichkeiten bieten als kurze.
- … *dunkler Hauttyp,* weil es mich anmacht als Gegensatz und Spannung zu meiner sehr hellen Haut.
- … *braune Augen,* weil es mich anmacht als Gegensatz zu meinen blauen Augen.
- … *ein knackiger Hintern, am besten Kugelform oder Birne,* weil es mich sexuell anmacht und mich ein flacher, schlaffer, knochiger Hintern bei Frauen mehr abtörnt als alles andere.
- … *gebildet, nicht dumm,* weil ich mich sonst schäme, wenn andere es bemerken, dass ich eine dumme Frau nötig habe, weil ich mich auf intellektuell eher anspruchsvollem Niveau gerne mal unterhalte und dieser Austausch für mich geistiger Genuss ist, weil ich mir von Klugheit mehr berufliche Unterstützung verspreche.
- … *ausdrucksfähig – ich möchte mich mit ihr gut unterhalten können,* weil ich gerne gute Gespräche führe und es sonst nicht ebenbürtig ist, wenn der andere kein Wort rauskriegt, weil ich nicht Monologe führen will – Unterhaltung ist für mich Entspannung und Bereicherung; manchmal tut es gut, weil es mich von mir wegbringt (raus aus meinem Denken).
- … *hübsch im Gesicht,* weil ich mich täglich daran erfreuen kann und es mich selbst aufwertet nach außen hin; die Frau ist so für andere begehrenswerter und wertvoller (das zeugt dann auch davon, wie begehrenswert und wertvoll ich selbst bin).
- … *eine angenehme, nicht zu hohe weiche Stimme,* weil mich schrille Stimmen nerven; manchmal brauche ich Beruhigung; ich finde schöne tiefere Stimmen erotisch, es macht mich an, es bringt mich aus dem Kopf raus.
- … *weiblich – was Frisur und Kleidung angeht,* dann kann ich besser meine männliche Frisur und Kleidung entwickeln und tragen.
- … *soll sich geschmackvoll kleiden und gerne schmücken,* weil ich dann entlastet bin, es für sie zu machen, weil ich es erotischer und repräsentativer finde (Stolz).
- … *soll gut und gerne kochen,* weil ich mich dann geborgen fühle, mütterlich behütet, das gibt mir Sicherheit in meinem beruflich unsicheren, bislang eher gefährlichen Leben.

- ➜ ... *soll gute Hände haben und gerne massieren,* weil ich dann hoffe, mehr Genuss zu haben und besser verwöhnt zu werden, Verspannungen in meinem Nacken loszuwerden, meinen Körper besser zu fühlen.
- ➜ ... *soll offen sein für viel Zärtlichkeit, um zu geben und zu empfangen,* weil ich sonst Angst habe zu verhungern und meinen Liebestank nicht zu füllen, weil Streicheln und Umarmungen mich entspannen und bereichern.
- ➜ ... *soll hingabefähig sein – mir in Wohnort und Haus folgen,* weil ich sonst zuviel Energie verliere durch Fahrten und Distanz, ich will erfolgreich sein und energie-ökonomisch leben; ich will die Frau um mich haben im Haus, damit ich auch im Notfall jederzeit jemanden da habe, die mir helfen kann.
- ➜ ... *soll meine männliche Kompetenz anerkennen und sich gerne davon führen und beschenken lassen,* weil ich sonst zuviel kämpfen muss, weil ich meinen Willen durchsetzen will und von meinem Weg und meiner Meinung überzeugt bin, weil ich sonst Rollenverwirrung habe, was unnötige Energie kostet, weil es Ruhe gibt und Sicherheit – jeder ist für einen Bereich zuständig.
- ➜ ... *soll meine beruflichen Ziele unterstützen und meine Selbstständigkeit akzeptieren,* weil ich dann mehr Durchschlagskraft habe, weil es dann weniger anstrengend ist für mich, weil es keine unnötigen Energieverluste gibt, weil ich führen und die Richtung zeigen will.
- ➜ ... *soll häuslich sein und ordentlich – noch wichtiger, soll Haus und Wohnung ästhetisch mit Freude einrichten und gestalten,* weil ich mich dann geborgener fühle zuhause, weil ich zu faul bin, mich für Wohnungseinrichtung zu interessieren, weil ich trotzdem in einem fürs Auge schönen und ästhetischen Zuhause wohnen möchte, weil ich Gäste stolz durch mein Haus führen will.
- ➜ ... *soll abenteuerlustig sein und gerne reisen und mit mir in Urlaub fahren,* weil ich gerne und viel Urlaub mache als Ausgleich zum Beruf, weil ich nicht gerne allein bin, weil mir vieles gemeinsam mehr Spaß macht: Wandern, Essen, Sex.
- ➜ ... *soll mich fordern, mir auch Widerstand bieten, ein Gegenüber sein, mir nicht alles durchgehen lassen,* weil ich sonst Langeweile spüre, weil ich mich selbst dann missachte, weil ich es gewohnt bin, mit Anstrengung und Widerstand zu leben.
- ➜ ... *sollte Lust haben auf Ausgehen, Tanzen und Kultur,* weil ich seit einiger Zeit darauf Lust habe, weil ich so aus meinem „Elfenbeinturm" herauskomme und mich in die Welt mische, weil ich so pubertäre Bedürfnisse nachhole und eine verpasste „Studentenzeit", weil ich ausgehen will, aber trotzdem kein Single sein und zuhause eine verbindliche Beziehung leben möchte.
- ➜ ... *sollte gerne und mit Genuss essen,* weil ich Essen mit Geselligkeit und Geborgenheit verbinde, weil mir alleine das Essen weniger gut schmeckt, weil geteilter Genuss für mich stärker ist.
- ➜ ... *sollte mein Zigarren-Rauchen tolerieren,* weil ich daran Spaß gefunden habe, mich auf diese Weise zu entspannen, weil ich mich mit Zigarren männlich fühle und reif, weil es meine Meditation ist und meine Selbstbelohnung, die mir wertvoll geworden ist.

- … *sollte sich als Frau mädchenhafte, alberne und verspielte Anteile erhalten haben,* weil es mich bezaubert, weil genau das für mich Weiblichkeit ist (unter anderem), weil ich oft zu ernst und schwer mich fühle, weil mir ein Teil der Pubertät abgegangen ist, weil ich so aus meinem sorgenden und planenden Verstand herauskomme.
- … *sollte „verrückte" und spontane Anteile auch leben,* weil ich mehr lachen und in der Gegenwart leben möchte.
- … *sollte meine Kinder aus der Vorehe akzeptieren,* weil ich meine Vaterschaft wichtig nehmen will und auch nicht nur als Bezahlvater die Verantwortung übernehme, weil ich einmal pro Monat ein Wochenende für meine Kinder bei mir zuhause dasein will.
- … *sollte wohlhabend sein und ein gutes Elternhaus haben,* weil mich das aufwertet, weil ich so schneller reich werde, weil ich so mehr darauf vertrauen kann, dass die Frau einen guten Charakter hat, weil die gemeinsamen Mittel größere Projekte in Zukunft erlauben – schöneres Haus, bessere Reisen und Abenteuer, weil eine Absicherung und solide Existenz so schneller geht – glaube ich.
- … *sollte eine gute Beziehung zur eigenen Mutter haben,* weil ich sonst mit Schwierigkeiten rechnen muss, mit weniger Hingabe im Leben und auch sexuell, weil ich keine männliche Frau will, sondern eine weibliche und glaube, dass eine Frau das nur bei der Mutter lernen kann.
- … *sollte optimistisch sein und an das Gute in sich und im Menschen glauben,* weil ich selbst manchmal nicht positiv genug bin und durchaus auch einmal leicht depressiv.
- … *sollte eigenes Selbstwertgefühl besitzen,* weil ich sonst zur Zielscheibe für ihre Unzufriedenheit und Nörgelei werde, weil sie mich später hassen wird, wenn ich ihr Werte vorgegeben habe und sie sich an mir orientiert.

Aufgabe 36: Erstelle deine Hitliste – die Fokussierung deiner Vision

Unterstreiche die ***zehn wichtigsten Punkte***. Schreibe sie dir dann noch einmal getrennt heraus und sortiere sie im nächsten Schritt nach Prioritäten. Der allerwichtigste Punkt bekommt die eins, der zweitwichtigste die zwei usw.

Bei dem so wichtigen Vorgang des Sortierens und Bewertens hilft dir die Frage: *Was darf auf gar keinem Fall fehlen?* Oder anders gesagt: Was wäre ganz schlimm für mich, wenn sie/er es nicht hätte? Und: *Was sind die **drei** allerwichtigsten Punkte,* ohne die es auf keinen Fall geht. Wenn der Partner nur drei Eigenschaften hätte, welche müssten das sein? – Nimm dir für diesen Prozess des Aussortierens ruhig viel Zeit. Jetzt bildet sich in dir die Klarheit. Wäge ab und spüre nach, worauf es dir wirklich ankommt. Wenn du diese oder jene Eigenschaft bei einem Mann/einer Frau siehst, wobei blühst du dann am meisten auf?

Mache die Aufgaben 1-3 am besten an drei verschiedenen Tagen mit ein wenig Muße: am ersten Tag Brainstorming und alles aufschreiben, was in den Sinn kommt, am nächsten Tag die Begründungen für deine Wünsche notieren, am dritten Tag die Hitliste mit Prioritäten erstellen. Du wirst dabei einige erstaunliche Aha-Erlebnisse haben.

Hier die Ergebnisse von unserem Single Peter: Er hat jetzt die Wunscheigenschaften seiner potentiellen Partnerin nicht mehr mit ‚soll/sollte' oder ‚wünsche' oder ‚werde' formuliert, sondern als Ist-Zustand in der Gegenwart. Füge außerdem auch die Begründung mit an. Jetzt muss sie klar, knapp und positiv formuliert sein. Wenn sie bisher negativ war, schreibe also das Gegenteil, also anstatt ‚... damit ich meinen inneren Mangel nicht so spüre' schreibe: ‚... damit ich meine Fülle besser entfalten kann'. Das sind die Hebel für die Zugkraft hin zum Partner mit den Herzens-Wunsch-Eigenschaften:

1. *Sie ist sexy, d.h. sie hat oft Lust auf Sex und Zärtlichkeit, so wie ich* – weil mir schöner Sex im Leben am meisten Glück und Erfüllung schenkt und mich für Beruf und Alltag auflädt und stärkt. Ich fühle mich selbst im Sex am intensivsten.
2. *Sie strahlt Schönheit aus, unabhängig vom Alter* – weil ich mich selbst als schön empfinde und ein ebenbürtiges Gegenüber an meiner Seite verdient habe/am besten zu mir passt. Weil ich mich täglich an ihrem Anblick erfreuen möchte. Weil für mich Schönheit einen künstlerischen, ästhetischen, lebenserhöhenden Wert hat, den ich mit den Augen genieße.
3. *Sie anerkennt/ehrt meine männliche Kompetenz und lässt sich gerne davon führen und beschenken, d.h. sie ist hingabefähig* – weil ich dann in meine volle männliche Kraft komme. Weil ich mich dann meinerseits voll ihrer weiblichen Kraft hingeben kann. Weil dann die Mann/Frau-Beziehung für mich erst Sinn bekommt. Weil es mir Sicherheit und Stärke und Ruhe bringt in der Beziehung, wenn die Rollen verteilt sind.
4. *Sie hat super-viel Energie, ist vital und gesund* – weil ich es auch bin und ein ebenbürtiges Gegenüber mich anspornt und erhöht. Weil wir dann gemeinsam sehr wirkungsvoll und erfolgreich sind. Weil ich mich am liebsten richtig intensiv spüre und so Hochspannung entsteht. Weil ich noch einen gesunden starken Sohn haben möchte.
5. *Sie ist ausdrucksfähig und führt gerne gute innige Gespräche mit mir* – weil ich so meine eigenen Gedanken besser klären kann und es mich zu Lösungen führt, wenn jemand mir aufmerksam zuhört und anregend spricht. Weil mir ehrliche offene Gespräche Herzensnähe zu mir und dem anderen bringen. Weil ich es unterhaltsam und genüsslich finde, geistreich zu reden.
6. *Sie ist gebildet und intelligent* – weil es zu mir passt und sie mich versteht. Weil so bessere Gespräche möglich sind. Weil ich so gute Anregungen für meinen Beruf bekomme und wir erfolgreicher sind.
7. *Sie ist jünger als ich* – weil Jugend mich sehr beglückt im Herzen.
8. *Sie besitzt einen knackigen Hintern – am besten Kugelform oder Birne* – weil mich der Anblick mehrmals täglich erotisiert. Weil mich diese Art von Schönheit niederknien lässt vor dem weiblichen Zauber.
9. *Sie hat lange dunkelbraune oder schwarze Haare* – weil ich es weiblich finde und es meine Männlichkeit anregt. Weil ich die Gestaltungsmöglichkeiten der langen Haare mehr genieße. Weil ich das Haar gerne auf meiner Haut spüre. Es erhöht meine erotische Spannung.

10. *Sie lebt und genießt als Frau ihre mädchenhaften, albernen und verspielten, spontanen, wilden, verträumten und intuitiven Anteile* – weil genau das mich verzaubert und entwaffnet und staunen lässt. Weil ich mich dadurch stets reich beschenkt fühle. Weil es mich lockert und öffnet in meiner männlichen Härte. Es hilft mir, in der Gegenwart zu sein und den Augenblick zu genießen. Weil ich mir gerne den Weg weisen lasse von weiblicher Intuition und sie als Orakel befrage.

Deine Hitliste, die auf diese Weise entstanden ist, sollte dich, wenn du sie wiederholt liest, in ***reines Entzücken*** versetzen. Du hast die für dich richtige Auswahl getroffen, wenn dich die Liste in ein absolutes Wohlgefühl versetzt.

Aufgabe 37: Das Einpflanzen und Pflegen deiner Vision!

Damit du dieses Positivbild verinnerlichst, klebe dir die Hitliste an den Badezimmerspiegel oder lege sie auf deinen Nachttisch und lies sie jeden Tag mindestens einmal – am besten sofort als erstes nach dem Aufstehen morgens und als letztes vor dem Einschlafen abends. Lies dir deine Liste auch laut vor. Schreibe sie immer wieder auf. Wenn du ein visueller, also ein Bilder-Mensch bist, dann visualisiere die Gestalt der Traum-Frau/des Traum-Mannes mit allen Eigenschaften, sieh sie/ihn als Bild oder Foto ganz real und plastisch vor deinem inneren Auge – immer wieder, immer wieder.

Die Vision des richtigen Partners zu pflegen heißt, sie täglich wie eine Pflanze zu gießen und zu düngen. Das geschieht durch regelmäßiges er-innern und zwar emotional. Lege deshalb deine ganze Gefühlskraft und Sehnsucht hinein in die Vision – brenne dafür und sage dir immer wieder: „JA, JA, JAA!" dazu und: „Ich möchte dich, komm zu mir! Ich habe dich verdient!"

Aufgabe 38: Stell dir vor, der richtige Partner ist schon da!

Nimm dir einige Minuten Zeit, lehne dich gemütlich zurück in einem Sessel und lasse folgendes Bild in dir aufsteigen: *Stell dir vor, der richtige Partner ist schon da.* Das ist kein gut gemeinter Slogan, sondern Realität. Ja, dein richtiger Partner existiert bereits, er/sie lebt, ist geboren und hält sich irgendwo nah oder fern von dir auf dieser Erde auf, jetzt, in diesem Augenblick. Ihr habt nur noch nicht zueinander gefunden. Mache dir klar, dass dieser Mann/diese Frau schon geboren ist, so wie du; dass er/sie wie du jetzt irgendwo auf der Welt sitzt, geht, steht, atmet, vielleicht bei der Arbeit oder in der Freizeit, allein und als Single so wie du oder gerade in Trennung von einem ehemaligen Partner. Mache dir weiter klar, dass er/sie auch die Sehnsucht hat, bald den richtigen Partner zu finden, auch manchmal von Einsamkeit gequält ist, sich auch so sehr nach der Umarmung, der Zärtlichkeit mit dem richtigen Partner sehnt, manchmal geil ist und Fantasien hat von wundervoller Sexualität, so wie du. Ja, der richtige Partner für dich existiert schon – du musst dich nur noch bereit machen, bereit sein, ihn/sie zu empfangen, bereit zum vollen Glück, bereit zu starker und intensiver Liebe ... – Atme jetzt dreimal tief durch und öffne wieder deine Augen.

Ja, der richtige Partner ist schon da. Das ist auch deshalb wahr, weil du dir nur wünschen und vorstellen kannst, was du irgendwo gesehen, gespürt und erlebt hast in der einen oder anderen Form. Die Vision existiert also schon in dir – aktiviere sie, mache sie dir bewusst. Der richtige Partner steht bereit und wartet auf dich.

Um die Vision weiter in deinem Unterbewusstsein zu verankern und im Alltag sichtbar werden zu lassen folgende drei Handlungsanweisungen:

a) Hänge einen Kleiderbügel an deine Garderobe mit der Aufschrift: „Reserviert für den richtigen Partner!" bzw. „Reserviert für die richtige Partnerin!".
b) Stelle einen leeren Stuhl in dein Schlafzimmer neben dein Bett, den du freihältst zum Ablegen der Kleider des Richtigen/der Richtigen.
c) Hänge in deiner Wohnung einen leeren Bilderrahmen auf (richtig, einen *ohne* Bild!). Der Rahmen wird freigehalten für das Foto deines richtigen Mannes bzw. deiner richtigen Frau!

Aufgabe 39: Liebesbriefe schreiben!

Als Weiterführung von Aufgabe 38 noch diese wunderschöne Aufgabe: Wenn du ohne Partner bist und allein lebst, schreibe an deinen bereits in der Fantasie bestehenden und auf der Erde lebenden Partner einen Liebesbrief. Denke dabei an keine bestimmte Person und beginne den Brief mit folgenden Worten: „Mein lieber richtiger Partner" bzw. „Meine liebe richtige Partnerin". Beende den Brief dann mit: „In Liebe, dein richtiger Partner" oder: „In Liebe, deine richtige Partnerin". Schütte ihm/ihr all deine Sehnsüchte, Träume, Wünsche aus. Sage ihr/ihm, wie du ihn/sie lieben möchtest, was du mit ihr/ihm erleben und unternehmen möchtest, wohin reisen. Notiere einfach all deine Gefühle. Nimm dafür farbiges stilvolles Briefpapier. Falte den Brief, stecke ihn in ein Couvert und behalte den Brief solange, bis du dir sicher bist, den richtigen Partner gefunden zu haben. Dann schicke diesen Brief oder diese Briefe ihm/ihr oder überreiche sie in feierlichem Ritual mit den Worten: „... diese Briefe habe ich alle an dich geschrieben, bevor du in mein Leben getreten bist ..."

Diese Liebesbriefe drücken die gewünschte Realität aus, sie verstärken die Erschaffung einer neuen Wirklichkeit. Nach dem „so-tun-als-ob"-Prinzip kannst du geistig schon etwas vorwegnehmen, was die neue Realität anzieht!

Der Visions-Turbo

Wie erreichst du es schneller, dass du einen Partner mit möglichst vielen oder sogar allen Eigenschaften triffst, die du von Herzen wünschst? – Das ist eine Übungs-Sequenz für Fortgeschrittene, bei der du stärker an dir selbst arbeitest – dafür werden diese Übungen auch überragende Wirkungen haben. Wenn du ernsthaft daran gehst, klappt es so überraschend schnell.

Bei den Visions-Turbo-Übungen erhältst du auch die sofortige Antwort auf die Frage, wieso deinen bisherigen Partnern bestimmte Dinge fehlten, die dir wichtig waren/sind. Es lässt dich verstehen, warum du bisher „falsche" Partner angezogen hast. Der Visions-Turbo hilft dir auch, wenn du die obigen Aufgaben 33-36 ausgeführt und damit einige Erfahrungen gesammelt hast, aber trotzdem kein Erfolg eintrat, d.h. es kommt nicht der/die Richtige, sondern dir begegnen immer nur die Falschen.

Das Naturgesetz von Geben und Nehmen

Diese Übung basiert auf dem geistigen Naturgesetz von Geben und Nehmen. Das bedeutet, dass du im Leben immer genau dass zurückbekommst von den Menschen, von der Welt, was du selber gegeben hast. Das schlichte Geheimnis liegt darin, dass du die Eigenschaften, die du dir vom richtigen Partner wünschst, selber zuerst in dir erkennst, sie kultivierst und ausdrückst. Ganz wie von selbst kommt dann der Mann/die Frau, die dir genau dies überreich schenkt.

Die großen Wahrheiten sind oft so einfach. Aber die Wirkung ist verblüffend, wenn du dich danach richtest. Was kann dieser klar formulierte Gedanke für dich bedeuten? Schlicht und einfach: Wenn du eine für dich wichtige Eigenschaft bei einem Partner noch nicht findest, dann kultiviere sie in dir selbst solange und drücke sie aus, bis der Partner kommt, der genau diese Eigenschaft hat – und das geht dann manches Mal schockierend schnell. Frage dich also selbst: *Was gebe ich?* Und das kommt zu dir zurück.

Lebe ich erotische Ausstrahlung? Lebe ich Treue und Verantwortung? Lebe ich es, mir selbst Geborgenheit zu vermitteln? Lebe ich Stärke und Integrität? Lebe ich die Fähigkeit zu genießen? Bin ich gebildet? – Die Lösung hierfür ist also, die beim Partner gewünschten Eigenschaften in dir selbst zu erkennen und sie auszudrücken, d.h. sie auch anderen zu geben und sie zu leben; und zwar an Menschen, die sie haben wollen. Gebe diese wertvollen Dinge von dir an Menschen, die damit verantwortlich, dankbar und wertschätzend umgehen.

Wenn er z.B. attraktiv und schön sein sollte, musst du deine Attraktivität selbst entwickeln und sie den Menschen weitergeben. Wer ein paradiesisches Leben und einen paradiesischen Partner haben will, muss zuerst selbst paradiesisch werden, d.h. seine wahren Anlagen und Fähigkeiten ausbilden. Wer mit einem Partner schöne Gespräche führen will, muss zuerst selbst kommunikationsfähig werden, einen großen Wortschatz erwerben, sich Wissen aneignen, aktiv zuhören lernen usw. Wer mit einem Partner gemeinsame Intimität und Vertrautheit erfahren will, muss zuerst mit seinem eigenen seelischen Wesen intim und vertraut geworden sein. Wer mit dem Partner erotische Nächte und leidenschaftliche Gipfelerlebnisse genießen will, muss zuerst sich selbst erotisch entfalten, seine Massage- und Atemkünste ausbilden, Verführungskünste erwerben und herausfinden, wie man sich selbst und dem Partner unbeschreibliche Wonnen bereitet! Wer mit dem Partner Zärtlichkeiten voller Liebe und

Glück erleben will, muss sich zuerst Gedanken machen, wie er selbst seelische Wärme und Liebe entwickelt und ausdrückt, welche Zärtlichkeitsvarianten es gibt, wie er dem Partner Geborgenheit und Zärtlichkeit schenken kann.

Ich könnte diese Liste endlos fortsetzen, fest steht jedoch: Zuerst gilt es die Fähigkeiten und Anlagen auszubilden, um sie dann in der Partnerschaft einsetzen zu können. Je mehr Anlagen dir zur Verfügung stehen, desto fürstlicher belohnt dich das Schicksal. Es verstärkt sich dadurch „dein innerer Magnet im Bauch", der als unwiderstehliche Anziehungskraft auf diejenigen Menschen wirkt, die diese Anlagen dringend brauchen oder die sich damit austauschen wollen. Auch auf dem Gebiet der Partnerschaft wirkt das Prinzip von Angebot und Nachfrage. So erfreut sich derjenige großer Nachfrage, der auch entsprechende Angebote zu unterbreiten vermag. Er ist der Gesuchte und nicht der Suchende. Und nur der Gesuchte hat das Glück, frei unter einem großen Angebot wählen zu können. Der Suchende hingegen muss sich in der langen Reihe derer anstellen, die um die Gunst eines Gesuchten buhlen. Es geht also nicht darum, auf den Partner zu warten, der mich glücklich macht, sondern zu fragen: Was kann ich dem Partner anbieten, was kann ich ihm geben? Dabei gilt es, Vorleistungen zu erbringen, aktiv zu werden, den Anfang zu machen.

Wenn du das gibst, was du selber haben möchtest, immer mehr, immer mehr, immer mehr, kommst du automatisch irgendwann in die Situation, die Hände zu öffnen und genau das zu empfangen. Und es wird schneller passieren, als du denkst.

„Suche nicht, was dir fehlt – finde, was du hast!" (aus Indien)

Nun wieder zurück zur Praxis:

Achtung Falle: der Phantom-Partner

Bei unseren bewussten oder unbewussten Wünschen in Bezug auf einen Partner gibt es eine Gefahr: dass wir alle unsere Mängel oder Defizite über den anderen Menschen lösen wollen. Dem kann dazu in der Realität keiner standhalten. Wenn du z.B. ein Defizit an Freiheit und Unabhängigkeit hast, willst du einen Partner, der ständig da sein soll. Wenn jemand sich nicht entwickeln will, hält er ständig an dem Phantom-Partner, also an dem Bild eines Partners fest, der ihn hundertprozentig ausgleichen soll. Nur diesem künstlich erschaffenen Partner ist er/sie treu. In Wirklichkeit ist das die eigene Mutter oder der eigene Vater in Idealform.

Die Lösung dieses Problems lautet: Eine Vision wird gereinigt durch die Bewusstwerdung und Aufarbeitung eigener Defizite und Mängel (siehe auch Aufgabe 42).

Aufgabe 40: Der Visions-Turbo I – Wer gibt, der empfängt ...

Nimm noch einmal deine Hitliste der zehn wichtigsten Eigenschaften, die dein Partner haben sollte, zur Hand (siehe Aufgabe 34 und 36) oder erstelle sie neu, wenn sie noch nicht vorhanden ist oder aktualisiert werden muss. Schreibe nun hinter jede Eigenschaft des Wunschpartners dahinter, inwieweit du diese Eigenschaft bereits in dir selbst verwirklicht hast und sie lebst. Denke ehrlich darüber nach. Wenn dir auffällt, dass in einem Punkt bei dir selbst noch ein Defizit herrscht, dann treffe jetzt die Entscheidung das zu ÄNDERN! Mache dir eine neue Affirmation zu diesem Punkt und gehe damit in den Alltag und setze die Eigenschaft praktisch um.

Immer wenn du einen Partner triffst, oder bereits mit einem zusammen lebst, der eine Eigenschaft, die dir selber wichtig ist, nicht hat, dann bedeutet das, dass du sie selbst in dir nicht anerkennst und ausdrückst. Das wäre dann deine aktuelle Aufgabe dazu. Wenn du jedoch die Eigenschaft bereits ausdrückst und lebst, aber bemerkst, dass der Partner sie nicht verantwortlich, wertschätzend und dankbar annimmt, dann trenne dich von diesem Menschen – in Liebe.

Wozu motiviere ich dich also – was sollst du tun? Nimm die Liste und setze hinter jede positive Vision die Frage, ob du das selbst lebst und beantworte sie dir anschließend. Bei unserem Beispiel-Single Peter – ihm sei gedankt – sah das dann so aus:

1. *Sie ist sexy, d.h. hat oft Lust auf Sex und Zärtlichkeit, so wie ich.* – Bin **ich** sexy? Habe **ich** oft Lust auf Zärtlichkeit und Sex? Gebe **ich** viel Zärtlichkeit und schöne Sexualität?
2. *Sie strahlt Schönheit aus, unabhängig vom Alter.* – Strahle **ich** Schönheit aus, unabhängig von meinem Alter? Bin **ich** anmutig?
3. *Sie anerkennt/ehrt meine männliche Kompetenz und lässt sich gerne davon führen und beschenken, d.h. sie ist hingabefähig.* – Glaube **ich** an meine männliche Kompetenz? Anerkenne **ich mich selbst** dafür? Bin **ich** hingabefähig? Kann **ich** in Hingabe dem Weiblichen dienen?
4. *Sie hat super-viel Energie, ist vital und gesund.* – Habe **ich** super-viel Energie, bin **ich** vital und gesund? Drücke **ich** Energie nach außen aus?
5. *Sie ist ausdrucksfähig und führt gerne gute innige Gespräche mit mir.* – Bin **ich** gesprächsbereit und kann zuhören? Drücke **ich** mich ehrlich und offen aus?
6. *Sie ist gebildet und intelligent.* – Bin **ich** gebildet und intelligent? Verhalte **ich** mich intelligent?
7. *Sie ist jünger als ich.* – Kann **ich** die entsprechende Reife bieten und Souveränität und Kompetenz? Kann **ich** meine fehlende Jugend ausgleichen durch andere Stärken und Geschenke, was ich für die Partnerin tue?
8. *Sie besitzt einen knackigen Hintern* – am besten Kugelform oder Birne. – Habe **ich** einen super durchtrainierten tollen Knackarsch?
9. *Sie hat lange dunkelbraune oder schwarze Haare.* – Habe **ich** die smarte elegante Männer-Kurzhaar-Frisur? Habe **ich** gepflegte schöne Haare?
10. *Sie lebt und genießt als Frau ihre mädchenhaften, albernen und verspielten, spontanen, wilden, verträumten und intuitiven Anteile.* – Kann **ich** Albernheit und Verspieltheit leben? Oder: Wenn das die weiblichen Attribute sind, als Polarität, lebe **ich** die männlichen Attribute in Reinform: verantwortungsbewusst, verlässlich, das Wort halten, kampfstark nach außen, klug organisieren, standhaft sein, willensstark und prinzipientreu, klare Ziele, entschlossen und handlungsstark? Drücke **ich** das alles in klarer Weise nach außen aus?

Die Moral von der Geschicht' ist also, dass du letztlich nicht erwarten kannst, dass der andere etwas bietet, was du selber nicht bereit bist zu geben und zu entfalten. Als Schlussfolgerung würdest du also, wenn du eine der oben gestellten Fragen verneinen musst, genau daran arbeiten, das zu entwickeln, und: Es lohnt sich SEHR!

Dabei kann es für dich nützlich sein, aus den obigen Punkten neue Glaubenssätze für dich herauszuarbeiten (und entsprechende Affirmationen zu formulieren) und dich neu zu entscheiden, das zu verwirklichen. Der Wunsch allein reicht jedoch nicht, es braucht eine Entscheidung und den zwingenden Willen, es auch praktisch im Alltag umzusetzen. Davon ausgehend könnten Peters neue Entscheidungen also lauten:

- *„Ich bin sexy und strahle das aus!“*
- *„Ich bin schön, unabhängig von meinem Alter!“*
- *„Ich anerkenne meine männliche Kompetenz und führe mich selbst souverän!“*
- *„Ich gebe mich dem Weiblichen hin und diene ihm.“*
- *„Ich bin gesund und drücke meine Energie nach außen aus!“*
- *„Ich bin ein guter Gesprächspartner – alle sprechen gerne mit mir!“*

usw.

Visions-Turbo II – Vom Schatten zum Licht

Bei der Übung Visions-Turbo I wurde mit den positiven Eigenschaften des Wunschpartners gearbeitet. Nun geht es um die Begründungen, die du in Aufgabe 35 zuordnen solltest – auch sie sind ein idealer Aufhänger für deinen Selbstwert-Aufbau. Denn wenn deine eigenen Schatten nicht mehr unbewusst sind, brauchst du keine Partner mehr anzuziehen, die dir diese Defizite spiegeln. Zum anderen kannst du dann auch deine eigenen Defizit-Muster besser erkennen und kannst so gewisse Eigenschaften in dir, d.h. ohne fremde Hilfe entwickeln. Damit ist es nicht mehr so wichtig, dass die Frau/der Mann als Partner das für dich tut ...

Bei der Eigenschaftsliste kannst du bei jedem Punkt dir die Frage stellen: „Welches Gefühl soll mir diese oder jene Eigenschaft vermitteln? Was fehlt mir ...“ Bedenke also: Wenn du noch keinen Partner hast – mit den gewünschten Eigenschaften –, dann lebst du sie selbst noch nicht oder lebst sie mit der/dem Falschen! Dann musst du dich konsequenterweise trennen von dem Partner, damit du den Raum erschaffst, um den richtigen Partner anzuziehen, der diese Eigenschaften mit dir leben kann und will.

Wenn du zum Beispiel deine Erotik jemandem aufzwingen willst, dann rennst du gegen Wände, das ist Kämpfen. Du musst vielmehr die Präsenz deiner Erotik spüren und offen und bereit sein. Dann steht auf einmal jemand neben dir – mit dieser Person solltest du das dann ausleben, unbedingt!

Aufgabe 41: Visions-Turbo II – Vom Schatten zum Licht

Aus den Begründungen für die Ideal-Eigenschaften des Partners werden ehrlich die Ängste und Defizite abgeleitet, 3-10 Grundmuster herausgefischt und dann dazu die entsprechenden Positiv-Entscheidungen gebildet.

Aus der obigen Übung lassen sich für unseren Beispiel-Single Peter folgende drei Muster/Begründungen herauskristallisieren:

1. *Defizit-Muster:* Ich brauche die Partnerin, um meinen männlichen Stolz zu erhöhen: *Positiv-Entscheidung:* ICH BIN STOLZ AUF MICH ALS MENSCH UND ALS MANN!
2. *Defizit-Muster:* Ich brauche die Partnerin, um leichter und anstrengungsloser zu leben. *Positiv-Entscheidung:* ICH LEBE LEICHT UND ENTSPANNE ÖFTERS. ES REICHT, WENN ICH EINFACH NUR DA BIN.
3. *Defizit-Muster:* Ich brauche meine Partnerin, um mich aufzuwerten und zu schmücken. *Positiv-Entscheidung:* ICH BIN EIN ATTRAKTIVER, SCHÖNER, LIEBENSWERTER MANN!
4. *Defizit-Muster:* Ich brauche meine Partnerin, um mich von zuviel Härte, Starre und Kopflastigkeit zu befreien. *Positiv-Entscheidung:* ICH BIN WEICHER UND MITFÜHLENDER ZU MIR.
5. *Defizit-Muster:* Ich brauche meine Partnerin, damit sie mir hilft, mich pubertär, abenteuerlustig, verspielt, albern, lustig und neugierig zu empfinden. *Positiv-Entscheidung:* ICH LASSE LOS UND SPIELE NAIV. ICH BIN GUT, WENN ICH EINFACH NUR SPIELE UND GENIEßE. ES IST GENUG ZEIT DA, UM EINFACH NUR ZU SPIELEN.
6. *Defizit-Muster:* Ich brauche meine Partnerin, damit sie mir das Gefühl von Geborgenheit und Sicherheit gibt, mich in meiner Lebensangst hält und tröstet. *Positiv-Entscheidung:* ICH DARF VERTRAUEN – ALLES IST GUT!
7. *Defizit-Muster:* Ich brauche meine Partnerin, weil ich nicht alleinsein kann. *Positiv-Entscheidung:* ALLEINSEIN TUT MIR IMMER WIEDER GUT, WEIL ICH ZU MIR FINDE UND MICH SELBST BESSER KENNENLERNE.

Danach arbeite mit den Neu-Entscheidungen, wie oben in Aufgabe 37 beschrieben.

Aufgabe 42: Visions-Turbo III – Schatten-Feedback

Diese Übung gehört zu den zwei bis drei kraftvollsten im gesamten Buch. Sie hat große Macht, neue Realität zu erschaffen. Wenn du sie ernsthaft ausführst, hast du innerhalb einer Woche ungeheuer wichtiges und wertvolles Material gewonnen auf dem Weg zum richtigen Partner.

Für jeden Menschen gibt es zwei Partner: einen, der zur individuellen Neurose passt und einen, der der eigenen wahren Natur entspricht. Welchen möchtest du?

Diese Übung hilft dir, dich von Neurosen zu befreien und dadurch den besseren Partner anzuziehen. Und sie erhöht letztlich dein Selbstwertgefühl. Du erkennst die eigenen Ecken und Kanten besser. Es geht hier erneut um Persönlichkeitsentwicklung, um die magische Kraft, die richtige, die bessere, die für dich gute Partnerin/den für dich guten Partner anzuziehen. Ich gebe zu, dass es durchaus bitter sein kann, diese Übung auszuführen, da hierbei ausschließlich das Negative über dich selbst „rausgekitzelt“ wird. Aber wie wir aus der Medizin ja wissen, sind oft die bittersten Arzneien die besten für die Heilung. Bedenke auch: Es ist etwas völlig anderes, Negativ-Feedback sich selbst abzuholen (*aktiv*), als es im Streit mit einer Person von ihr mit dem „Holzhammer“ (wobei es dann oft unter die Gürtellinie geht) übergebraten zu bekommen (*passiv*).

Die Übung geschieht in Liebe zwischen zwei Menschen und sie sagen sich die „ungeschminkte Wahrheit“. Für den Antwortgeber ist es wichtig, schonungslos und direkt zu sein – das geht manchmal mit „Fremden“, die du noch nicht so lange kennst, besser als mit guten Freunden oder Familienmitgliedern.

Ich empfehle dir: Lerne auch im Leben, dir immer mal wieder Kritik von anderen einfach abzuholen: Kritik an der eigenen Person hilft, sein eigenes Denken immer wieder zu revolutionieren. Kritik von anderen verhilft zu gesunder Selbsteinschätzung. Selbst die besten Manager, die allerbesten, treffen laut einer Untersuchung 50% falsche Entscheidungen! Mit der von mir vorgeschlagenen Vorgehensweise jedoch bleibst du in der Wirklichkeit verwurzelt und bekommst wertvolle Tipps für den weiter einzuschlagenden Weg. Dies gilt – by the way - auch für Styling-Tipps deines Äußeren. Wenn z.B. fünf Leute dir sagen: Ändere deine Frisur!, dann solltest du sie *sofort* ändern! Die Ergänzung zu dieser Übung ist natürlich die „Warme Dusche“, die weiter hinten im Buch beschrieben wird, siehe Seite 115, Aufgabe 56.

Für die Übung kannst du eine Gruppe nutzen (z.B. in einem YaDu-Single-Seminar), oder du machst sie allein mit – hintereinander – sieben Personen des anderen Geschlechts. Das kannst du dann übrigens auch am Telefon machen. Lege dir dazu einen Stift und einige Blatt Papier zurecht.

Du kannst die Fragen jeder Person des anderen Geschlechts stellen, die du *mindestens zwei Stunden* kennst. Es können Freunde/Freundinnen sein, ehemalige Partner/innen, Brüder, Schwestern ... Frage innerhalb von maximal sieben Tagen mindestens sieben Vertreter des Gegengeschlechtes und schreibe dir deren Antworten *wortwörtlich* (keine Stichworte oder sinngemäßen Niederschriften!!) auf. Bitte den anderen, langsamer zu sprechen oder etwas zu wiederholen, wenn du so schnell nicht mitschreiben kannst.

Frage 1: „Bist du bereit, mit mir eine Beziehung einzugehen?“

Bei Antwort *„Nein“* frage weiter: *„Warum nicht?“* (Oder: *„Was würde dich stören, was würde dich davon abhalten ...?“*)

Verlange von deinem Gesprächspartner *ehrliche* Antworten, keine fiktiven. Als sogenannte Ausweich- und Vermeide-Antworten sind *nicht* erlaubt, wie z.B.:

➜ *„... wegen des Alters.“* (Frage in diesem Falle weiter: *„Angenommen, unser Alter passe gut zusammen ...?“*)
➜ *„... weil ich in Bindung/Beziehung bin.“* (oder *„... weil ich noch an einem ehemaligen Partner hänge“*, oder *„... weil ich im Moment keine Beziehung will.“* – Frage in diesen Fällen weiter: *„Angenommen, du wärst frei für eine neue Liebe ...?“*)
➜ *„... weil du nicht mein Typ bist.“* (Frage dann weiter: *„Warum bin ich nicht dein Typ, konkret ...?“*)
➜ *„... weil ich dich bisher nicht gut genug kenne“*, oder: *„... weil ich bisher keinen Kontakt mit dir hatte.“* (Frage auch hier weiter: *„Warum hattest du noch keinen Kontakt zu mir, warum hast du dich von dir aus bisher nicht bemüht, mich kennen zu lernen?“*)

Bei Antwort *„Ja“* frage weiter: *„Was könnte nach ein paar Jahren trotzdem zum Bruch führen?“* Oder: *„Weshalb würden wir uns möglicherweise wieder trennen? Mit welchen meiner Eigenschaften hättest du vielleicht irgendwann Schwierigkeiten?“*

Schreibe die Antworten (in der Regel drei bis fünf Sätze) *wortwörtlich* mit und bedanke dich für die Offenheit.

Frage 2: „Welche guten Ratschläge und Tipps kannst du mir geben, um das dich störende Verhalten abzustellen?“

Oder: *„Was sollte ich deiner Meinung nach tun oder abstellen, um für dich als potentieller Liebespartner attraktiver zu werden?“* Hier bitte praktische Dinge für den Alltag erfragen, die auch umzusetzen sind. Und nochmals: Schreibe jede Antwort immer wortwörtlich mit!

Wenn keine Antworten kommen oder nur schleppend oder sehr allgemein: Bohre weiter, hake nach, fordere den anderen heraus, konkret und direkt und gnadenlos ehrlich zu sein! *Übrigens:* Es gibt bei der Übung nicht das Prinzip der Projektion. Das bedeutet, die Antworten sind immer gültig und 100% richtig. Wer klar und offen fragt, bekommt auch klare und offene Antworten. Vertraue darauf!

Schatten-Feedback-Auswertung

Was mache ich nun mit den erhaltenen Antworten? Zunächst einmal: Lies sie in aller Ruhe durch und spüre den Wahrheitsgehalt. Spüre den Spiegel über deiner Person. *Achtung:* Mehrfach-Nennungen, also Antworten der verschiedenen Personen, die sich inhaltlich wiederholen, sind besonders wichtig, denn sie sagen in jedem Falle etwas Wahres über dich aus (mehrere Menschen können sich wohl nicht irren, oder!?!). Ich erinnere mich, dass mir seinerzeit, als ich die Übung entwickelte und sie in den Seminaren erprobte, immer vorgehalten wurde:

➜ „Du bist zu dominant und beherrschend!“
➜ „Deine Stimme ist so monoton, fast gefühllos.“
➜ „Du kannst eh nicht treu sein, hast immer mehrere Frauen zugleich.“

Die Essenz der Ratschläge in meinem eigenen Beispiel war:

- ➜ mehrere Gänge runterschalten, nicht so schnell leben mit soviel Druck und Anspannung;
- ➜ eine Frau nicht mehr „besitzen" und nicht nach dem eigenen Bild formen wollen;
- ➜ Besinnung auf dich selbst, weg von der Abhängigkeit, hin zum Glück in dir und aus dir heraus – und erst dann, wenn du das gefunden hast (noch mehr), wieder auf die Frau(en) zugehen;
- ➜ wahre Achtung vor der Frau und Treue lernen.

Das waren deutliche Hinweis-Schilder, die mir aber auch konkret die Richtung gewiesen haben ... Zurück zur Aufgabe: Nimm die Essenz der Antworten und formuliere aus den Ratschlägen mindestens drei Aufgaben, die du innerhalb von höchstens 72 Stunden anfängst umzusetzen.

Andere Beispiele für solche Rückmeldungen könnten sein: *„Also in gewissen Situationen bist du schon sehr eigen ..."* Oder: *„Nicht nur ich bin der Meinung, du solltest dein Outfit manchmal überdenken."* Oder: *„In einem Gespräch mit anderen sagst du viel zu wenig (oder zuviel)."* Oder: *„Ich weiß, das hört man nicht gerne, aber du solltest ein offenes Ohr dafür haben: Verlagere den seelischen Schwerpunkt, den du lieber bei negativen Zuweisungen im anderen siehst, in dich selbst!"* Lies dir die Ratschläge jeden Morgen durch und erinnere dich an die Umsetzung. *Wichtig dabei:* ***Die Ratschläge genau umzusetzen ist der schnellste Weg zum richtigen Partner, den es gibt!*** Und: Du musst nicht tatenlos sein, sondern kannst handeln! Das gibt dir deine Macht zurück!

Nach drei, sechs, zwölf Monaten liest du dir diese Punkte noch einmal jeweils durch und fragst dich, inwieweit du dich verändert hast und die konkreten Ratschläge von dir auch umgesetzt wurden und folglich neues Verhalten eingeübt wurde. Wenn nicht, greife die Ratschläge wieder auf. Du kannst übrigens die Übung ein halbes Jahr oder eineinhalb Jahre später erneut durchführen und du wirst dich dann wundern, dass auf einmal die Aussagen sich ändern! (Vorausgesetzt, du hast gut an dir gearbeitet!) Was früher störte, wird nun nicht mehr gesehen, nicht mehr genannt und ist wahrscheinlich aufgelöst bzw. integriert. *Bedenke*: Die anderen sind ein guter Spiegel für deinen Entwicklungsstand.

Aufgabe 43: Visions-Turbo IV – Empowerment

Ich benutze hier diesen englischen Begriff, um die große Kraft und Macht auszudrücken, die diese Übung beinhaltet. Es geht darum, eine neue geistige Einstellung, eine Entscheidung oder auch Vision, ein inneres Ziel aus dem Kopf heraus und in die Zellen des Körpers hineinzubekommen. Anders ausgedrückt, die Affirmation oder Positiv-Vision wird von allen Ängsten, Zweifeln und Einwänden gereinigt, so dass nun ein neues Glaubenssystem in deinem Gefühl installiert ist und du das Gewünschte wirklich erwartest (auch ohne daran zu denken). Manchmal ist positives Denken wie ein Kartenhaus, das über eine seelische Wunde gebaut wurde. Bei unserem Empowerment geht es jedoch um den Zustand einer frohen Erwartung aus der Tiefe deines Wesens heraus. Ist dieser Zustand erreicht, geschehen um dich herum Wunder. Und das grösste Wunder: Der Traumpartner taucht ganz von selbst auf und kommt zu dir, um dich einfach nur ZU LIEBEN!

Wem es gelingt, auch nur ein einziges altes Gefühlsraster zu verändern, zieht bereits eine völlig andere Partnerkonstellation an – entweder es taucht ein neuer Partner auf, bei dem eine angenehmere Stimmung vorherrscht, oder die Lebensqualität innerhalb einer bestehenden Beziehung wird entscheidend verbessert. – Ich muss jedoch ergänzen, dass die Übung sehr anstrengend ist und äußerst harte Arbeit für die Seele. Ich selbst hatte dabei Bauchschmerzen, Herzrasen und Müdigkeitsanfälle ... Es können dabei auch sehr starke ungeklärte Emotionen hochkommen – das alles gehört zu dem inneren Reinigungsprozess mit dazu. Ich habe diesen Prozess mit dem Satz bzw. der Affirmation vollzogen: *„Ich lebe eine durch und durch glückliche Beziehung mit einer strahlenden, jungen, hübschen und herzlichen Frau!“*

Diese Frau – du, liebe Leserin, lieber Leser wirst es mir nicht glauben – kam exakt drei Wochen (genau 21 Tage später) in mein Leben und ich hab mich total verliebt! Diese Frau besaß alle von mir visionierten Eigenschaften und erfüllte alles, wonach mein Herz in Bezug auf ‚Frau‘ brennt.

Doch zuvor musste ich durchs Feuer gehen – Einwände und Zweifel, die in dieser Übung bei mir hochkamen waren, z.B.:
- ➜ *„Ich bin schon zu alt.“*
- ➜ *„Ich habe es nicht verdient!“*
- ➜ *„Meine ehemaligen Partnerinnen gönnen es mir nicht.“*
- ➜ *„Das halte ich nicht aus.“ (soviel Glück)*
- ➜ *„Ich hab Angst, dass es wieder kaputt geht.“*
- ➜ *„Dafür bin ich nicht gut genug.“*
- ➜ *„Das macht mir zuviel Leistungsdruck.“*
- ➜ *„Ob ich sie glücklich machen kann?“*

Bei einer Freundin kamen im Prozess folgende Muster hoch als Reaktionen auf ihre Affirmation *„Ich lebe mit einem Mann, der mich liebt und der von mir entzückt ist – innere und äußere Ekstase.“*:
- ➜ *„Der kommt eh nie!“*
- ➜ *„Ich werde für den Rest meines Lebens allein bleiben.“*
- ➜ *„Mich kann keiner entzückend finden.“*
- ➜ *„Das glaube ich nicht.“*
- ➜ *„Das gibt es nicht.“*
- ➜ *„Das kann nicht sein.“*
- ➜ *„Irgendetwas stimmt mit mir nicht – etwas treibt mir die Männer weg, aber was?“*

Du darfst also gespannt darauf sein, was bei dir während des Prozesses hochkommt. Natürlich werden auch Bestätigung und Bejahung kommen. *Wichtig:* Beende nicht zu früh die Übung, sonst bleibt alle Arbeit nur an der Oberfläche.

Der Übungsablauf:

Als Vorbereitung für die Übung nimm eine Affirmation, also einen positiven, klar und kurz formulierten Satz, der deine höchste Vision in Bezug auf Partner/in ausdrückt. Schreibe diesen Satz auf, lies ihn, spreche ihn, spüre, ob der Satz Kraft hat und dich durch und durch begeistert! Dann ist es der richtige und du kannst ihn in der Übung verwenden.

Als Partnerübung braucht ihr mindestens eineinhalb Stunden Zeit – es kann auch länger dauern. Ihr solltet beide ausgeruht und wach sein. Setzt euch gemütlich voreinander, in vielleicht zwei bis vier Metern Abstand, so dass ihr euch gut in die Augen schauen könnt. In einem Dauerfrage-System fragt dich Partner A immer wieder die gleiche Frage, die du, also Partner B, spontan, ohne nachzudenken sofort mit einem Begriff oder Satz beantwortest, worauf – wie aus der Pistole geschossen – von Partner A wieder die gleiche Frage kommt und du, B, antwortest wieder ...

A fragt B: *„Was ist deine Absicht?"*
Daraufhin antwortet B mit seinem/ihrem *Affirmationssatz*. Dieser Satz soll auch nach einer halben oder einer Stunde Dauer der Übung nicht mechanisch „runtergeleiert" werden, sondern jedesmal neu tief gefühlt und in die Augen des Partners gesprochen werden, so als wäre der Inhalt des Satzes schon eingetroffen.

Als nächstes fragt A an B: *„Was ist die Reaktion?"* (oder: *„Welche Zweifel kommen, welche Einwände kommen spontan?"*). Darauf nennt B seine Zweifel oder die Reaktion. Das kann natürlich auch positiv sein, das wechselt. Habt dabei Ausdauer, wenn am Anfang eine längere Zeit nur positive Reaktionen kommen – das hat nichts zu sagen, macht weiter, nach einiger Zeit kommt auch das Gegenteil.

Zu Ende ist die Übung erst dann, wenn ca. zehn Minuten lang keinerlei Zweifel beim wiederholten Aufsagen des Satzes, d.h. der Affirmation, mehr kommen. Dann ist die Affirmation gereinigt und die Absicht in Körper und Gefühl installiert – dann erwartest du Glück und Erfolg. Du kannst den Satz dann vergessen oder auch dann und wann entspannt wiederholen. Jetzt wirkt die Macht für dich und du kannst ausruhen, brauchst nur noch auf die Geschenke warten, in kindlichem Vertrauen.

Übrigens: Diese Übung ist auch sehr kraftvoll für andere Bereiche des Lebens – so können Ziele und Sätze für Gesundheit, Beruf, Finanzen, mitmenschliche Beziehungen, Familie, Persönlichkeitsentwicklung und Spiritualität wirkunsgvoll „empowered" werden. *Und:* Auch diese Übung gehört zu den kraftvollsten in diesem Buch, du solltest sie in jedem Fall probieren!

Aufgabe 44: Dein Partner-Vertrag

Ein weiteres wertvolles Werkzeug auf dem Weg zum richtigen Partner ist der *Vertrag*, den du mit dir schließt, indem du die gleich folgenden Punkte schriftlich niederlegst. Es ist so wichtig, sich nicht nur vage etwas zu wünschen oder zu hoffen, sondern, sich zu entscheiden und es festzulegen. Solch ein schriftlich fixierter Vertrag hat für das Bewusstsein eine ganz andere, eine nahezu zwingende Kraft: Er ist die Bestellung an das Universum. Was klar bestellt wird, kann auch klar geliefert werden. Es ist darüberhinaus sehr reizvoll und spannend ihn auszufüllen: Du wirst dir dabei bewusster, was du im Leben mit einem Mann/einer Frau WIRKLICH erleben möchtest. Diese Aufgabe ist ein Geschenk, das du dir selber oder einem anderen machen kannst.

Weiterhin ist der Partner-Vertrag auch eine Aufgabe für den Flirt mit einem Mann/einer Frau in fortgeschrittenem Stadium. Diese Aufgabe ist sehr hilfreich, wenn du dir schon sicherer bist, mit der Person eine dauerhafte Beziehung eingehen zu wollen. Das gegenseitige Abklopfen der Erwartungen und Vorstellungen von der Partnerschaft bringt dir schnell Klarheit und schafft viel Nähe, wenn ihr die Übung zu zweit ausführt. Arbeitet dann die Liste vollständig durch und vergleicht sie. Wo sind die Übereinstimmungen? Wo sind Differenzen und wie wollt ihr damit umgehen?

Achtung: Sei so konkret wie möglich in den Antworten. „Glücklichsein“ oder „die Liebe leben“ sind viel zu allgemein und taugen nichts. Was *genau* macht dich glücklich? Wie im Einzelnen willst du die Liebe leben? Wie sieht das praktisch für dich aus? Stelle dir all das so genau wie möglich vor und schreibe es auf. Was du dir nicht vorstellen kannst, wirst du auch nie haben.

Schreibe oben über das Blatt in dicken Lettern: **VERTRAG** – dann *deinen Namen.* Unten, am Ende des Vertrages, notierst du dann: *Ort, Datum, Unterschrift.* Und jetzt folgen nun die bereits zu Beginn dieser Übung angekündigten Punkte, die du jetzt schriftlich definieren sollst:

1. das ideale Aussehen deines Partners;
2. dein eigenes ideales Aussehen;
3. der ideale Charakter deines Partners;
4. dein idealer Charakter deinem Partner gegenüber;
5. was du von deinem Partner im Laufe der Zeit bekommen möchtest ...;
6. Was bist du bereit, für den Partner im Laufe der Zeit zu geben?
7. Was willst du auf keinen Fall für den Partner tun oder aufgeben?
8. deine Vorstellungen von einer gemeinsamen Familie (Kinder/keine Kinder);
9. deine Vorstellungen vom Wohnen (gemeinsam/getrennt?);
10. Gibt es Vorstellungen über gemeinsames Arbeiten oder ein Projekt?
11. deine Vorstellungen von gemeinsamen Unternehmungen (wie oft, was genau, wo?);
12. deine Vorstellungen von Solo-Unternehmungen (wie oft Freiraum, mit wem?);
13. deine Vorstellungen vom gemeinsamen Urlaub;
14. welche Interessen und Hobbies der Partner idealerweise hat;
15. deine Wünsche und Vorstellungen bezüglich des Freundes- und Familien-Kreises;
16. deine Wünsche und Vorstellungen bezüglich der Finanzen (getrennt oder gemeinsam?);
17. deine Wünsche bezüglich deiner Weiterentwicklung (sportlich, künstlerisch, spirituell etc.).

Setze die Liste nach eigenem Belieben fort.

Wichtig: Es wird nicht erwartet, dass du selbst (oder ein Partner) das alles schon unmittelbar erleben oder dem anderen bieten kannst. Wichtig ist nur, die Vorstellungsbilder in deiner Seele zu erwecken. Das ist der entscheidende erste Schritt zur Manifestation. Menschenkontakte brauchen auch Raum für Spontanität und das Ungewisse ... die gewisse Magie, den anderen noch nicht ganz zu kennen und gleichzeitig das Geheimnis des anderen Geschlechtes zu wahren. Wenn du den einen oder anderen Punkt der Liste nicht erläutern oder ausführen möchtest, dann liegt es genau in diesem Wunsch nach Unbekanntheit bzw. Geheimnis. Lasse auch dafür entsprechend Raum.

Ebenbürtigkeit gewinnt!

Umso mehr Gemeinsamkeiten beide Partner von vornherein mitbringen, umso höher ist die Chance für eine langdauernde erfüllte Liebe. Denn verändern, bessern oder „nacherziehen“ kannst du deinen Partner nicht. Halte also bei der Partnersuche nach Ebenbürtigkeit Ausschau. Wenn der Partner so wie er jetzt ist, dir nicht recht ist, dann geh.

Es bringt nichts, eine Beziehung auf Hoffnungen statt Tatsachen aufzubauen. Natürlich wird sich jeder in einer Beziehung ändern und verwandeln, so oder so, manchmal schneller, manchmal langsamer, dann streckenweise garnicht ... das ist natürlich. Aber du darfst auf eine gewünschte Veränderung des anderen keine Beziehung aufbauen. Dann baust du auf Sand. Denn es ist ein psychologisches Gesetz, dass sich nur durch Akzeptanz etwas verändern kann. Das hört sich paradox an, ist aber wahr. Wenn dein Partner einen Druck spürt, anders sein zu sollen, zu müssen, wird er sich – wie aus Trotz – erst recht nicht verändern. Im Gegenteil, auf einen anderen Menschen Druck auszuüben und ihn mit Macht zu manipulieren, zementiert sogar meistens das unerwünschte Verhalten und den negativen Charakterzug. Zudem ist es sehr energie-aufwendig und bringt nur kurzzeitige Verhaltensänderungen. Menschen können sich also nur von innen heraus verändern, weniger durch äußere Beeinflussung. Denn jeder Mensch möchte von seinem Partner in Wirklichkeit immer spüren und hören: „So wie du jetzt bist, bist du in Ordnung.“ „Ich liebe dich so, wie du bist, nicht wie du sein solltest!“ Kannst du das von deinem Partner nicht sagen, vergiss es – es ist nicht der richtige Partner für dich. Trenne dich. Habe so viel Mut und Selbstachtung, für den richtigen Partner Platz zu machen!

Manchmal sind wir in der „Wahnvorstellung“ des Verliebtseins blind für Diskrepanzen in Bezug auf Lebensstil und Interessen des Partners. Schaue auf das, was ist, nicht auf das, was sich noch entwickeln soll oder könnte. Kläre deshalb schon ganz zu Beginn eines Flirts – in den ersten drei Treffen – die Eckdaten ab. So ersparst du dir später sehr viel Schmerz. Vertraue darauf, dass es auf dieser Erde für dich den genau passenden Partner mit genügend vielen Gemeinsamkeiten gibt.

Aus meinem Bekanntenkreis kenne ich verschiedene deutsche Frauen, die immer wieder mit Afrikanern Beziehungen eingegangen sind, die mit unausweichlicher Regelmäßigkeit schmerzlich wieder auseinandergebrochen sind. Die Kluft, die sich nach der Verliebtheit auftat, in Sprache, Kultur, Rollenverhalten, Tradition, Religion etc., war einfach zu groß. Diejenigen, die es sich schwerer machen möchten, bevorzugen also oft ausländische Partner. Das ist auch ein Verzicht. Wenn Glück jedoch auch Leichtigkeit für dich bedeutet, solltest du es dir bei der Partnerwahl nicht unnötig schwer machen. Mann und Frau sind schon von Natur aus weiß Gott verschieden genug!

Dass die Liebe angeblich alles überwinden würde, ist eine frühkindliche naive Vorstellung, die der Realität des Erwachsenen-Lebens nicht standhält. Nach der Verliebtheit folgt das Akzeptieren der Realität des Anders-Seins des anderen, so wie sie ist.

Man könnte an dieser Stelle einwenden, dass es doch das Sprichwort gibt: „Gegensätze ziehen sich an!" Das ist wahr, was die körperlich-erotische Seite des Zusammenkommens von Mann und Frau angeht. Dafür ist dieser Magnetismus, die Polarität des Andersartigen sehr wichtig. Doch was die seelischen und geistigen Eigenschaften angeht, so funktioniert laut psychologischen Langzeitstudien nur das Prinzip: „Gleich und gleich gesellt sich gern." Warum?

Die Liebe „auf den *ersten* Blick" und die Liebe „auf den *zweiten* Blick"

Das Phänomen der Verliebtheit ist ein biologisch-hormoneller Rausch, der die Vernunft und den Verstand ausschaltet. Körperlich und seelisch schweben wir auf „Wolke 7". Wir erhoffen uns alles Schöne von dem Partner und sind ganz sicher, dass er es uns schenkt, was er/sie in der Regel am Anfang auch tut. Wir fühlen uns, als hätten wir den Gott oder die Göttin gefunden (was für Männer und Frauen eigentlich die erhoffte ideale Mutter ist, die mit allem rundum nährt). In diesem Taumel von geistigem Wahnsinn beginnen wir stets unsere Liebes-Beziehungen. Und das ist auch gut so. Denn wenn „der liebe Gott" oder die Natur es nicht so eingerichtet hätten, würden Mann und Frau höchstwahrscheinlich garnicht zusammenkommen.

Nun, nach spätestens anderthalb bis zwei Jahren des-illusioniert sich die Traumwelt des Verliebtseins (spätestens – bei manchen auch schon früher). Dann, wenn der Gefühlsnebel sich gelichtet hat, stehen wir plötzlich enttäuscht vor dem Abgrund der Tatsachen, die uns als Mann und Frau trennen. Uns wird auch oft schmerzlich klar, was uns als Menschen trennt, was „fremd" bleibt. Oder, wie meine Mutter immer so schön sagt: „Nach der Verliebtheit beginnt die Liebe." Oder auch nicht ...

Denn das, was man im Rausch der Verliebtheit noch übersah oder leicht tolerieren konnte, wird im rauhen Beziehungs-Alltag dann oft zu unüberwindlicher Barriere, zu böser Kränkung und trauriger Abwendung. Diese Barriere könnte man natürlich mit viel Liebe überwinden, aber das kostet viel Kraft. Diese Kraft fehlt dann in anderen Lebensbereichen – und einer der Partner oder beide zehren sich aus. Es ist einfach sehr anstrengend und führt zu endlosen Konflikten, Streitigkeiten und Unverständnis, wenn wir krampfhaft jemanden lieben wollen, der ganz anders ist als wir selbst. Der Ausweg aus dieser Falle lautet, auch den Verstand zu Beginn der Verliebtheit einzuschalten und zu prüfen, ob es genügend Gemeinsamkeiten gibt, ob also eine Ebenbürtigkeit gegeben ist. Wenn du diese Frage mit JA beantworten kannst, gib dich dem Liebestaumel wieder hin und koste ihn aus, so lange er währt!!!

An dieser Stelle noch ein wunderschönes Zitat zu dem Thema aus dem Kinofilm „Corelli's Mandoline":

Vater zur Tochter: „Verliebt zu sein ist eine Wahnvorstellung, die vorüber geht. Es bricht aus wie ein Vulkan und legt sich dann wieder. Wenn es vorüber ist, musst du eine Entscheidung treffen. Du musst herausfinden, ob eure Wurzeln dermaßen miteinander verschlungen sind, dass allein die Vorstellung einer Trennung unerträglich ist. Denn das bedeutet Liebe in Wirklichkeit. – Liebe, das heißt nicht Begeisterung und Atemlosigkeit und ist nicht der Wunsch, sich alle zwei Sekunden zu vereinigen. Es geht nicht nur darum, nachts wach zu liegen und sich vorzustellen, dass er jede Stelle deines Körpers küsst. Nein. Das, was ich da schildere, ist die Verliebtheit – es ist etwas, das wir uns alle einzureden vermögen. Liebe jedoch ist das, was am Ende noch vorhanden ist, wenn das Feuer der Verliebtheit erloschen ist. Das klingt nicht sehr aufregend, nicht wahr. Es ist aber aufregend."

Die Liebe-auf-den-zweiten-Blick wird durch die Ordnung bestimmt. Stimmt die Ordnung zwischen den beiden Menschen, kann es auch gutgehen. Der wichtigste Teil der Ordnung ist die Ebenbürtigkeit. So wie Wasser in einem Tonkrug gehalten und transportiert werden kann, so braucht die Liebe (= das Wasser) die Ordnung (= den Tonkrug), um nicht zu zerfließen und schnell wieder verloren zu gehen. Die Ordnung ist wichtig für das Weitertragen und die Dauer der Liebesbeziehung. Wir sollten also beides beachten.

Andererseits: Wenn die Ordnung da ist, und beide „verknallen" sich nicht ineinander, bringt das auch nichts. Es endet in einer Bruder-Schwester-Beziehung, die kraftlos bleibt. Wenn jedoch beide verliebt sind, aber einfach überhaupt nicht zueinander passen, ist ebenso der Untergang vorprogrammiert!

„Sich-Mühe-geben allein nützt garnichts"

Diesen Satz las ich einst auf einem Malpapier bei einer Freundin: Ich war geschockt! Ich hatte mir doch immer soooo sehr Mühe gegeben in der Liebe. Ich hatte mich so fürchterlich angestrengt, um es gut zu machen, um gut genug zu sein für den Paradiesgarten der Liebe. Dennoch zerbrach Liebesbeziehung um Liebesbeziehung. Da ist Gott ganz ungnädig ... Tja, Unwissenheit schützt vor Strafe nicht. Die Lösung hierfür lautet – ich wiederhole mich –, wirklich mit Klarheit und Unterscheidungsvermögen hinzuschauen und die Frage zu stellen: „Sind wir die Richtigen füreinander? Passen wir zusammen? Ja oder Nein?"

Die Venus-Liebesfalle

Diese Überschrift, liebe Leserin, lieber Leser, sollte sinnvollerweise „die Venus-Verliebtheitsfalle“ heißen. Dieser so schöne Rausch ist leider genauso gefährlich wie verführerisch. Es lohnt sich, dass wir uns mit dieser Frage noch ein wenig beschäftigen, damit deine nächste Beziehung gelingt.

Wir alle müssen uns darüber klar werden: Romantische Liebe ist nicht gleichbedeutend mit „jemanden lieben“. Sie bedeutet eigentlich „Verliebtsein“. Wenn wir verliebt sind, glauben wir, dass wir den Sinn des Lebens gefunden haben, so wie er sich durch einen anderen Menschen offenbart. Wir haben das Gefühl, endlich ein Ganzes zu sein, endlich die fehlenden Teile unserer eigenen Person im anderen gefunden zu haben. Das Leben scheint plötzlich von einer Ganzheit, von einer geradezu übermenschlichen Intensität zu sein, so dass wir uns weit über die Ebene des gewöhnlichen Lebens hinausgehoben fühlen. Das sind für uns die sicheren Zeichen der „wahren Liebe“. Daher empfinden wir unser Leben als absolut sinnlos, wenn wir nicht verliebt sind, und deshalb ist auch die romantische Liebe zur einzigartigen größten Kraft in unserer Kultur geworden. Dieses psychologische Paket enthält außerdem noch die unbewusste Forderung, dass unser Liebhaber oder Ehepartner uns stets dieses ekstatische und intensive Gefühl verschafft. Mit typischer westlicher Selbstgerechtigkeit nehmen wir auch in Anspruch, dass unsere Vorstellung von „Liebe“, also von „romantischer Liebe“, auch die bestmögliche sei. Wir sind der Meinung, dass jede andere Art von Liebe zwischen einem Paar im Vergleich dazu kalt und unbedeutend sein müsste. Aber wenn wir Westler ehrlich mit uns selbst wären, müssten wir zugeben, dass unsere Vorstellung nicht besonders gut funktioniert.

Trotz unserer Ekstase während des Verliebtseins verbringen wir sehr viel mehr Zeit in einem tiefen Gefühl der Einsamkeit (auch mit Partner), Entfremdung und Frustration über unsere Unfähigkeit, echte Liebesbeziehungen zueinander aufzubauen. Gewöhnlich machen wir andere dafür verantwortlich, wir sagen: Sie enttäuschen uns. Es kommt uns überhaupt nicht in den Sinn, dass vielleicht wir uns ändern müssten: unsere eigenen unbewussten Einstellungen und auch die Erwartungen und Forderungen, die wir an unsere Beziehung mit anderen Menschen stellen. Das ganze Problem ist eine große Wunde in der Seele des Westens. Durch das Heilen dieser psychologischen Wunde erkennen wir uns selbst.

Wir haben die Aufgabe, die rohe, unbewusste Energie der romantischen Liebe, diese verwirrende Ansammlung von Impulsen und Möglichkeiten, in wahre Erkenntnis und echte menschliche Beziehungen zu verwandeln.

Die menschliche Liebe, die im Alltag trägt

Wir alle sind so gefangen von der Vorstellung, dass die romantische Liebe die „wahre Liebe“ ist. Aber das ist ein so tragischer Irrtum. Die meisten von uns kennen verheiratete Paare, die nie durch ein „romantisches“ Stadium in ihrer Liebe gingen. Sie haben vielleicht als Freunde begonnen, haben einander einfach lange gekannt und haben nie eine romantische Art der Zuneigung durchlebt. Sie haben einander ganz einfach geliebt und beschlossen, das Leben miteinander zu bestehen. Oder wir haben Paare gesehen, deren Beziehung mit aufgeregter Romantik begann, sich aber schließlich hin zu dem Punkt entwickelte, an dem sie einander als ganz gewöhnliche Menschen akzeptierten. Solche Paare haben ihre perfektionistischen Vorstellungen aufgegeben und sich einer menschlichen Beziehung verschrieben anstelle einer Vision von romantischer Ekstase.

Wenn wir unser eigenes Leben betrachten und die Menschen um uns herum, dann sehen wir, dass sich romantische Liebe nicht notwendigerweise in Liebe, Bezogenheit und Verpflichtung verwandelt. In unserer Kultur gibt es jede Menge an romantischen Liebesbeziehungen: Wir verlieben uns und wir trennen uns wieder, wenn die Liebe erlischt. Wir durchleben große Dramen, voll von Ekstase, wenn die glühende Romantik die Szene beherrscht, und voll Verzweiflung, wenn die Romantik erlischt. Wenn wir das Weibliche in unserem Leben mehr ehren, brauchen wir nicht mehr die Romanzensucht und den Verliebtheitswahn. Je mehr unser Leben „vermännlicht“ ist, desto anfälliger sind wir für diese Krankheit. Praktisch heißt das: Für ein gutes Verlieben und gute erfüllte Beziehungen ist es wichtig, das Lebenstempo zu drosseln, Pausen zu machen, Zeit für Gefühle einzuräumen, Zeit zum Träumen, sich selbst weniger Leistungsdruck machen, Stress abbauen, Muße und Muse zu pflegen, Musik, Tanz, Berührung, Kunst und Massage. Alles das stärkt den weiblichen Teil unserer Seele und heilt uns so für gute Beziehungen.

Die menschliche Liebe bewirkt, dass ein Mann den der Frau innewohnenden Wert erkennt – und umgekehrt. Seine Liebe veranlasst ihn daher, sie zu ehren und ihr zu dienen und sie nicht für die Zwecke seines Ich zu missbrauchen. Wenn die Liebe ihn leitet, dann sind ihm ihre Bedürfnisse und ihr Wohlergehen ein Anliegen und er ist nicht auf eigene Wünsche und Launen fixiert. Aufgrund ihrer Natur ist die Liebe das genaue Gegenteil von Egozentrizität. Wir gebrauchen das Wort Liebe oft zu leichtfertig. Wir bezeichnen damit jeglichen Anspruch auf Aufmerksamkeit, Macht, Sicherheit oder Unterhaltung von seiten anderer Leute. Wenn wir aber nur nach unseren selbstgemachten „Bedürfnissen“, unseren Wünschen, Träumen und unserer Macht über andere Leute Ausschau halten, dann hat das mit Liebe nichts zu tun. Liebe unterscheidet sich grundsätzlich von den Wünschen unseres Ich und von Machtspielen. Sie führt in eine andere Richtung, sie führt uns hin zu den positiven Eigenschaften, zum Wert und zu den Bedürfnissen der Menschen um uns. Und schließlich können wir sehr zu unserer Überraschung entdecken, dass wir es viel mehr notwendig haben zu lieben, als geliebt zu werden.

Liebe ist das Ehren der Erde

Einer der großen Widersprüche der romantischen Liebe besteht darin, dass sie nie eine menschliche Beziehung hervorbringt, solange sie romantisch bleibt. Sie produziert Dramen, wagemutige Abenteuer, wunderbare, intensive Liebesszenen, Eifersüchte und Betrug. Die Leute gelangen anscheinend nie zu einer richtigen Beziehung miteinander als Wesen von Fleisch und Blut, ehe sie nicht aus dem Stadium der romantischen Liebe heraus sind und einander lieben, anstelle ineinander verliebt zu sein. Das „einfache" Lieben ist oft den Menschen in unserer „Zuviel-isation" zu einfach. Es ist gleichbedeutend mit langweilig oder beschränkt oder dumm. Wir sind daran gewöhnt, nur das zu respektieren, was aufgeblasen, superintensiv, hochgeschraubt, groß oder kompliziert ist. Wir haben leider vergessen, dass *Einfachheit* für das menschliche Leben notwendig ist. Mögen wir wieder lernen, zu dem Ursprünglichen – auch in der Liebe – zurückzukehren! Das heißt: die Erde zu ehren.

Die gesunden Zutaten für einen gesunden Beziehungskuchen

Wir glauben, dass die einzige Zutat, die wir wirklich für eine Beziehung brauchen, das einzige, was keinesfalls fehlen darf, die Romantik sei. In Wahrheit heißen die einzig wesentlichen Zutaten Zuneigung und Verpflichtung. Wenn wir die romantische Liebe suchen, dann werden wir auch die romantische Liebe bekommen, aber nicht Verpflichtung und nicht Bezogenheit. Ein Mann ist nur dann wirklich einer Frau verpflichtet, wenn er innerlich bestätigen kann, dass er sich an sie als einen Menschen bindet, dass er auch dann bei ihr bleiben wird, wenn er nicht mehr „verliebt" ist, wenn er und sie nicht mehr im Feuer der Leidenschaft erglühen und wenn er sie nicht mehr als das Ideal der Vollkommenheit und Spiegelbild seiner eigenen Seele betrachtet. Die Menschen heiraten oft nur der Form nach, aber weigern sich, die tatsächliche Bindung einzugehen, wirklich ein totales JA dem Menschen zu geben.

Für eine gute Beziehung brauchen wir also nicht Romantik und Leidenschaft, sondern Zuneigung und Verpflichtung. Liebe sucht das Wohlbefinden und das Glück des geliebten Menschen und nicht ein großartiges Drama auf Kosten des anderen!

Wir können lernen, dass das Wesen der Liebe nicht darin besteht, den anderen dazu zu benutzen, dass er uns glücklich macht, sondern dem Menschen, den wir lieben, zu dienen und ihn zu bestätigen. Die wahre Liebe zeigt sich nur am Geschenk der Opferbereitschaft, das du dem anderen machst. Erst damit zeigst du, dass du wirklich den anderen meinst, wenn du bereit bist, auf die Befriedigung deiner Interessen zu seinen Gunsten zu verzichten. Diese Haltung berührt im Herzen. Und nur dadurch entsteht wirkliche Intimität. Das steigert die Liebe. Prüfe dich deshalb immer wieder, ob du den anderen ohne Wünsche und ohne Ängste sehen kannst. Nur dann entsteht wahre Liebe und damit tiefes Glück, eine Erfüllung, die bleibt. Trainiere und übe dich täglich, den anderen von deinen Wünschen zu reinigen und dich selbst vom Getriebensein durch Ängste.

Die Krankheit des Westens – romantische Liebe statt Religion

Die romantische Liebe ist das größte Energiesystem in der westlichen Psyche. Sie hat in unserer Kultur die Religion und die spirituellen Wege als das Forum ersetzt, auf dem Mann und Frau Sinn, Transzendenz, Ganzheit und Ekstase suchen. In östlichen Kulturen, z.B. in Indien oder Japan, sind die Menschen und Paare noch in die religiöse Tradition eingebunden. Dort finden wir, dass sich die Ehepaare mit großer Wärme lieben, und das oft mit einer Beständigkeit und Hingabe, die uns beschämt. Warum?

Hier wird nicht ein göttliches Ideal auf einen fehlerhaften Menschen projiziert, weil das Göttliche am richtigen Platz, nämlich in der Religion gesucht und verehrt wird. Es kommt hier also nicht zu der Krankheit, die den Westen seit dem Mittelalter und der höfischen Liebe des 12. Jahrhunderts befallen hat: die sehr dramatische, tragische romantische Liebe nach dem Strickmuster des Mythos „Tristan und Isolde". Dieser Mythos hat sich in unser aller Psyche fest eingegraben. Wir westliche Menschen meinen: Liebe, das muss höchste Ekstase sein, wir müssen vor dem/der Angebeteten niederknien und uns in völliger Verleugnung aller anderen wertvollen Lebensbereiche der Liebe opfern. Das ist jedoch ein großer Irrtum. Das, was in jedem Kinofilm, in jedem Roman uns immer wieder nach dem Romeo-und-Julia-Schema eingeimpft wurde, funktioniert nicht für eine Beziehung im ganz normalen Leben. *Merke dir:* Das Romeo-und-Julia-Schema ist sehr spannend, aber auch zermürbend und tötend. Halte also weniger nach der romantischen Liebe Ausschau, als vielmehr nach einer Liebe, die trägt.

Die Verstrickung besteht darin, dass wir in der Liebe zwischen Mann und Frau gleichzeitig eine religiöse Erfahrung und eine Vision der Ganzheit suchen. Und die Moral von der Geschicht': Wenn du dich verliebst, verliere dein Bewusstsein nicht ganz in Blindheit, sondern mache dir klar, ob du den Menschen liebst, mit all seinen Eigenheiten, Fehlern und Schwächen – genauso wie mit all seinen Stärken –, oder ob du aus deiner inneren Welt der Ideale und der Fantasie über den Partner ein Bild stülpst, dem er/sie wirklich nicht entspricht. Die Projektion eines Idealbildes aus deinem Inneren verhindert, dass du jemals den anderen wirklich kennenlernst. Du bist also nicht in einen Mann oder eine Frau verliebt, sondern in ein Phantom, an dem du täglich die Realität misst. Du bist in die Liebe verliebt – genauer gesagt bist du in dich selbst verliebt und verachtest eigentlich das Gegenüber, weil du nie wirklich hinschaust und dich fragst: „Wer ist der andere wirklich?" So wird nur selten die echte Schönheit und der besondere Wert des Menschen, der vor einem steht, wahrgenommen. Der Partner wird als Ikone benutzt, mit deren Hilfe der romantische Mann, die romantische Frau seine/ihre Vision des Ewigen meditiert. Oder wie es in einem Lied heißt: „Du warst stets der Sinn meiner Existenz. Dich anzubeten, war mir Religion." Schön, sehr schön, aber so funktioniert es leider überhaupt nicht, liebe Leserin, lieber Leser. Das Zurücknehmen der romantischen Projektion gibt einem Mann die Kraft, die Frau so zu sehen, wie sie wirklich ist, zu ihr eine Beziehung aufzubauen und sie als Person zu schätzen und nicht nur als Träger seiner verlorenen Seele und seines ungelebten Lebens. Umgekehrt verhält es sich genauso. Eine der größten Notwendigkeiten des modernen Menschen besteht darin, dass er den Unterschied zwischen menschlicher Liebe als Grundlage für eine Beziehung und „romantischer Liebe" als einem inneren Ideal lernt. Es tut der Liebe keinen Abbruch, wenn sie von dem System an Überzeugungen, das der romantischen Liebe zugehört, losgelöst wird. Der Status der Liebe wird sich nur verbessern, je mehr sie sich von Romantik zu unterscheiden beginnt.

Und, ganz wichtig: Du entkommst aus der Venus-Falle, wenn du dem Spirituellen in deinem Leben wieder einen Platz gibst. Egal in welcher Tradition oder Art. Sorge für Zeiten, an denen du meditierst, betest, verehrst. So brauchst du dein Ideal nicht länger auf einen Mann oder eine Frau zu projizieren.

Die Maschinerie der Beziehungs-Zerstörung

Genau diese Venus-Fallen-Krankheit ist es, die so viele Beziehungen und Familien zerstört. In dem Konflikt zwischen romantischer Ekstase einerseits und Bezogenheit/innere Verpflichtung/Stabilität andererseits entscheiden sich immer wieder viele Menschen für die Verliebtheits-Ekstase und gegen die Liebe – und so zerbrechen sehr viele Bindungen auf tragische Weise. Das zieht meist sehr viel Schmerz und Leid für alle Beteiligten nach sich. Dieser moderne Romantik-Wahn zerstört unser menschliches Leben, unsere Beziehungen und Verpflichtungen. Wenn der so verführerische, aber zugleich giftige Liebestrank in unseren Adern pulsiert, tilgt er jedes Gefühl für Gut und Böse in uns, werden zugleich alle Regeln der Loyalität über Bord geworfen, alle Verpflichtungen und Treueschwüre, werden alle gemeinsam getroffenen Entscheidungen vergessen, kurz: Alle Maßstäbe, mit deren Hilfe wir gewöhnlichen sterblichen Menschen unser Leben und unsere menschlichen Beziehungen in Takt halten, werden von einem auf den anderen Tag null-und-nichtig. Wir sind zwischen zwei Idealen hin- und hergerissen: Das eine ist das romantische Ideal, das andere ist das Ideal der Verpflichtung in menschlichen Beziehungen. Wir denken gewöhnlich, das sei ein und dasselbe. In Wahrheit sind es aber Gegensätze. Romantik in ihrer reinsten Form sucht nur eines: Leidenschaft!

Romantische Liebe ist bereit, alles andere zu opfern: Aufgabe, Verpflichtung, Beziehung oder Verantwortung, sie will nur reine Leidenschaft sein und haben. Sie will nur der Leidenschaft frönen, ganz egal, ob dabei menschliche Beziehungen zerbrechen oder andere verletzt werden. Aber der Leidenschaft verpflichtet zu sein ist kein Ersatz für die Bindung einem anderen Menschen gegenüber. In unserer westlichen Kultur sind diese beiden Gefühle durcheinander geraten. Die Archetypen in der menschlichen Seele, die Treue und Bindung heißen, wollen ebenfalls gelebt werden.

Sich aus dem Ver-Lieben wieder zu Ent-Lieben und der wirklichen Liebe zuzuwenden, also auf die Romantik zu verzichten, ist ein schmerzlicher Prozess für die Seele. Wenn wir aber unser Leiden bewusst und willig auf uns nehmen, dann erhalten wir etwas dafür: Es führt zur wahren Wandlung. Bewußt leiden heißt, den „Tod des Ich" zu durchleben, bewußt seine Projektionen von anderen Menschen zurückzunehmen, aufzuhören, die göttliche Welt im Partner zu suchen, und dafür das eigene innere Leben in einem psychologischen und religiösen Akt zu finden. Das bedeutet, dass jeder für sich die Verantwortung für die Entdeckung der eigenen Totalität übernimmt, für die eigenen unbewußten Möglichkeiten. Das wiederum heißt, dass man die alten Formen in Frage stellt und bereit ist, sich zu ändern. All das beinhaltet Konflikt, ein sich-selbst-in-Frage-stellen und ein Aufdecken von Unwahrheiten, die man lieber nicht sieht. Dieser Prozess ist schmerzhaft und alles andere als leicht.

Wenn ein Mann oder eine Frau sich aus der Illusion der Venus-Falle heraushalten möchte, dann bedarf es eines Willensaktes. Nur die heldenhafte Entscheidung, seine Projektionen aufzugeben, allein ist nicht genug. Es wird ihm/ihr nur gelingen, die Phantasie aus der Beziehung, der Ehe, aus dem persönlichen Leben herauszuhalten, wenn er/sie einen Platz für die spirituelle und mystische Welt im Leben schafft. Das geht z.B. durch das Pflegen von Künsten und das Beschreiten eines spirituellen Weges oder durch Gebet. Zum Schluss dieser Gedanken noch der Rat von Shakespeares Cordelia: „Liebe und verhalte dich ruhig."

Dem weiblichen Element in der Seele wieder Raum geben

Für uns alle, Frauen wie auch Männer, ist es hinsichtlich des Zieles, den richtigen Partner zu finden, natürlich wichtig, aktiv zu werden und Verantwortung zu übernehmen. Und es ist genauso wichtig, die weiblichen Werte in einer von männlichen Werten dominierten patriarchalen Welt wieder zu ehren und zu leben. Im Leben eines Single-Mannes, einer Single-Frau kommt irgendwann der Punkt, wo man keine Antwort mehr hat, wo man aufgibt. Man erkennt resignierend: „Ich weiß einfach nicht genug. Ich habe keine Möglichkeiten und Ressourcen mehr, um die unmögliche Situation zu lösen – ich gebe auf." Eine der großen Stärken des inneren Weiblichen ist die Fähigkeit loszulassen, die Kontrolle des Ich aufzugeben und aufzuhören, ständig Menschen und Situationen kontrollieren zu wollen, die Situation vielmehr dem Schicksal zu übergeben und auf die natürliche Ebbe und Flut des Universums zu warten. Sich dem Weiblichen zuwenden – auch und gerade in der Frage der Partnerfindung – heißt, geduldig zu warten und auf die sanfte Stimme im eigenen Inneren zu hören, denn die Weisheit kommt nicht von Logik oder vom Handeln, sondern vom Gefühl, von der Intuition, dem Irrationalen und Poetischen. Es ist wie in der Kunst.

Aufgabe 45: Trennungs-Check up – Die gute Trennung

Wenn du dich in einer Beziehung befindest, von der du aber nicht weißt, ob du sie halten oder lösen sollst, folgt jetzt ein Angebot für dich: Mit einem Partner zu leben, mit dem man weniger als 50 Prozent Glück im Zusammensein erlebt, dafür aber mehr als

50 Prozent Schmerz, bedeutet alles andere als Liebe – das nennt man *Beziehungssucht.* Wie jede andere Sucht auch, führt sie, wenn sie nicht gestoppt wird, fortschreitend zum Tode. Da die Trennung für Beziehungssüchtige aber das allerschwerste ist und sie oft 30 mental vollzogene Trennungen brauchen, bis sie es wirklich schaffen (ich rede aus Erfahrung) – wie auch Raucher zig mal mental aufhören, ehe sie wirklich aufhören –, kann dir folgende Prüfungsfrage erstaunliche Klarheit bringen und damit die Entscheidung erleichtern: *Nimmt dein Partner das Wertvolle, das du bist, dankbar, achtend und wertschätzend an oder nicht?* Wenn nicht, ist er/sie der/die Falsche für dich und du solltest die Trennung aussprechen und ausziehen aus der gemeinsamen Wohnung oder sie/ihn bitten auszuziehen. Mit der Trennung trennst du dich auch vom eigenen Trugbild des Partners.

Noch eine Hilfe für Beziehungs-Süchtige: Wer zuviel Angst vor einer Trennung hat, weil er/sie sich dann ungeborgen fühlt, sollte sich Zeit für die Frage nehmen: *„Habe ich meine Identität gefunden und kann ich sie auch in meiner Umgebung oder im Beruf schaffen?"* Wenn ich dies berücksichtige, entsteht auch das Gefühl der Geborgenheit, und ein Partner muss nicht mehr dafür herhalten.

Jeder Mensch hat auch das Recht, das Schicksal, das mit einem bestimmten Partner verbunden ist, *nicht* anzunehmen. Genauso wie das Sich-Verlieben etwas Schicksalhaftes hat, das scheinbar von einer höheren Macht gesteuert wird, die unserem Verstand nicht zugänglich ist, so hat auch das Sich-Trennen etwas Schicksalhaftes. Es ist manchmal wie eine Macht, die wir nicht kontrollieren können. Es scheint so zu sein, als ob dann eben diese beiden Menschen sich nicht mehr zusammen entwickeln können und auseinander gehen müssen. Also: Man muss nicht jedes Schicksal annehmen, das am Wegesrand angeboten wird. Man kann es auch jenen überlassen, die diese Erfahrung noch dringend brauchen, um zur Erkenntnis zu kommen.

Aufgabe 46: Ebenbürtigkeit gewinnt! – Der Ähnlichkeits-Test

Die folgenden sehr nützlichen Fragen stammen von Wilfried De Philipp, Jakob Schneider u.a.

Beantworte dir die Fragen offen und ehrlich und stelle sie auch dem potentiellen Partner. Je mehr Übereinstimmungen vorhanden sind, umso mehr Erfolgs-Aussichten hat die Beziehung. Neben dem Sprichwort: „Gegensätze ziehen sich an" kennt der Volksmund – wie schon weiter oben ausgeführt – auch die gegenteilige Version: „Gleich und gleich gesellt sich gern". Jede Partnergemeinschaft weist niemals nur Gegensätze auf, sondern auch zahlreiche Gemeinsamkeiten und Ähnlichkeiten. Diese Gemeinsamkeiten und Ähnlichkeiten sind dann auch die Basis für eine länger andauernde Beziehung, insbesondere auch deshalb, weil sich die Partner dadurch gegenseitig bestätigen und festigen. Auf diese Art und Weise wird die Partnerschaft stabilisiert, man fühlt sich als Paar und hat das wohlige, angenehme Gefühl der Zugehörigkeit und Vertrautheit. Ähnlich wie der andere zu empfinden bedeutet, sich mit ihm zu identifizieren, bedeutet, ihn zu verstehen, bedeutet auch, sich selbst im anderen zu lieben.

Für den Schnell-Check-Up sind die wichtigsten zu vergleichenden Bereiche: Energieniveau, Bildungsstand, Vorbeziehungen, mitgebrachte Kinder, Alter, Rasse, Sprache, Kultur, Behinderungen, Leidbelastung aus der Ursprungsfamilie, Sucht-Krankheiten oder andere schwere Krankheiten in der Ursprungsfamilie, Stärke des Begehrens und Gewährens von Sexualität, Interessen und Hobbies.

1. Sind sich diese beiden Menschen gewachsen in Bezug auf ... – Ebenbürtigkeit, 1. Teil

- Lebensfreude oder Leidniveau;
- Energie, Vitalität, Gesundheit, die jeder mitbringt;
- bisher Gelebtes und entsprechende Bewältigungsmöglichkeiten;
- Kenntnisse und Fähigkeiten, Talente;
- Bildung und Intelligenz;
- Vermögen und Finanzen;
- Geben und Nehmen im Guten wie im Bösen, d.h. kann jeder gleichviel geben und annehmen vom anderen, sowie hinsichtlich der Frage, ob jeder gleich „böse" ist;
- Investition von Vertrauen und Kraft in das Gemeinsame;
- das Alter?

2. Was bringt jeder von beiden aus dem eigenen Leben mit? – Ebenbürtigkeit, 2. Teil

- wichtige Beziehungen aus dem Leben vorher;
- Kinder aus früheren Verbindungen;
- ein Leiden, eine Behinderung oder Gesundheitsbeeinträchtigung;
- Suchtkrankheit;
- spezielles Engagement (zu niedrige oder zu hohe berufliche Ziele können eine Beziehung belasten);
- religiöse, spirituelle Zugehörigkeit;
- Folgen durch schweres Schicksal (einer hat was Schweres erlebt, der andere nicht).

3. Was bringt jeder aus seiner Kindheit, Sippe, Herkunftsfamilie mit? – Ebenbürtigkeit, 3. Teil

- frühe Nöte: z.B. als Kind weggegeben, frühe Trennungen oder Tod von Elternteil, Scheidungen, Krankheit, Krankenhausaufenthalte, schwierige Geburt;
- existentielle Not: Hunger, Krieg, Gewalt, Flucht;
- Traumata durch Schock-Erlebnisse: Unfälle, medizinische Behandlungen, Krankenhaus-Aufenthalte bei Geburt, in der Baby-Zeit, in Kindheit und Jugend;
- Traumata bei nahen Angehörigen;

- früher Tod eines Elternteils der eigenen Eltern;
- suizidgefährdete Familienmitglieder, Heimatverlust, Kriegsschicksale, Kriminalität, Psychosen, Suizid;
- als Einzelkind oder mit Geschwistern großgeworden? (Einzelkinder haben es schwerer, weil sie in dem Partner meist einen Elternteil sehen!);
- Wo steht jeder in der Geschwister-Reihenfolge (Rang: älter-jünger) und in welcher Geschlechtsbeziehung? (Bereits gemachte Erfahrungen können die Beziehung erleichtern!)
- Kommen beide aus geographisch verschiedenen Gegenden mit unterschiedlichen Dialekten?
- Kommen beide aus verschiedenen Ländern mit unterschiedlichen Sitten, Gebräuchen und Wertvorstellungen?
- reiches oder armes Elternhaus; welche und ob unterschiedliche Gesellschaftsschichten? (Romeo & Julia-Effekt).

Bedenke dabei: Die meisten Eheprobleme sind keine Eheprobleme, sondern es wird etwas aus den Herkunftsfamilien ausgetragen – das verhindert, dass die Liebe frei fließen kann.

4. Wie sind beide – Mann und Frau – im eigenen Geschlecht beheimatet? – Ebenbürtigkeit, 4. Teil

- Bindung zu Mutter und Vater (Hat jeder seinen gleichgeschlechtlichen Elternteil „genommen“?);
- Welches Verhältnis existiert zu möglichen Geschwistern?
- Welches Verhältnis gibt es zu anderen Frauen und Männern?
- Sind sexuelles Begehren und Gewähren gleich stark entwickelt?

5. Passen Entwicklungsphase, Lebensstil, Hobbies, Interessen zusammen? – Ebenbürtigkeit, 5. Teil

Mit dem Stichwort *Entwicklungsphase* ist gemeint, dass z.B. eine Beziehung dann schlecht geht, wenn einer von beiden das Thema hat: „Sich-setzen, Familie gründen, Stabilität und Sicherheit“, der andere sich jedoch in der Entwicklungsphase „Ausbrechen, die Welt erleben, Abenteuer und Freiheit“ befindet. Daher die Frage: Passen beide Partner als Schicksalsgemeinschaft zusammen?

6. Können beide die Alltagsgewohnheiten miteinander verbinden?

- Frühaufsteher versus Langschläfer;
- Schnarcher versus Nicht-Schnarcher;
- Wochenend-Arbeiter versus Wochentags-Arbeiter;
- Fitness-Monster versus Sportmuffel ...

Letzte Suchfrage: Bist du dem Tod oder dem Leben näher? – Wenn einer oder beide dem Tod näher sind, kann die Liebe nicht frei fließen.

Die Bedeutung von *Ebenbürtigkeit* und *Ähnlichkeit* für das Gelingen einer Beziehung sei nochmals an einem Beispiel erklärt: Der Psychologe Walter Toman hat den Einfluss auf den einzelnen Menschen und sein soziales Verhalten in Freundschaften, Ehebeziehungen und Familien eingehend untersucht. Nach seinen Ergebnissen sind Liebes- und Partnerbeziehungen umso stabiler, je ähnlicher sie früheren sozialen Beziehungen der betreffenden Person innerhalb der Eltern-Familie sind. Diese Ähnlichkeit der Beziehungen bewirkt, dass beide Partner ihre in der Kindheit eingeübten Verhaltensmuster und Reaktionstendenzen beibehalten und daher letzten Endes besser miteinander auskommen können. Es ist schwierig, wenn beide Partner sich in ihrem Verhalten völlig neu orientieren und auf einander einstellen müssten. Am stabilsten pflegen Beziehungen der Art zu sein, in denen Ehepartner ihre ursprünglichen Geschwisterrollen wiederholen ... – wenn also beispielsweise die ältere Schwester von zwei jüngeren Brüdern selbst wieder einen Mann findet, der jüngerer Bruder einer älteren Schwester ist. In diesem Falle würden sich beide Partner hinsichtlich ihrer „Altersrangerfahrung“ und ihrer „Geschlechtserfahrung“, wie Toman es nennt, ergänzen. Weniger stabil sind dagegen Beziehungen von geschwisterlosen Ehepartnern, da diese im Rahmen ihrer früheren Familie weder Erfahrungen mit gleichaltrigen Partnern des anderen Geschlechts sammeln konnten, noch die Möglichkeit hatten, im Zusammenleben mit Geschwistern bestimmte Beziehungsmuster und soziale Kompetenzen auszubilden und sich daran zu gewöhnen.

Einzelkinder tendieren daher häufig dazu, sich später in der Ehe zu sehr voneinander abzugrenzen, im Partner unbewusst einen Elternteil zu sehen und dem anderen Geschlecht nach wie vor mit Unsicherheit, wenn nicht gar mit gewissen Vorbehalten zu begegnen.

Am Beispiel der Schulbildung und des Milieus gibt es Untersuchungsergebnisse, nach denen es weitaus wichtiger sein kann, dass Partner demselben sozio-kulturellen Milieu entstammen, als dass sie beispielsweise in ihrem Temperament übereinstimmen. Kommen Partner aus sehr unterschiedlichen Gesellschaftsschichten, können die Erfahrungsmuster des Empfindens und Erlebens, die im Feld der sozialen Schicht und der geistigen Atmosphäre des Lebenskreises des Elternhauses gebildet werden, unter Umständen so erheblich voneinander abweichen, dass ständiges unbewusstes Vergleichen, Abwägen, Auswählen und immer wieder notwendiges Überdenken der unzähligen kleinen eingefahrenen Gewohnheitsmuster des Umwelterlebens die Bindung zwischen den Partnern schließlich zerstört. Ähnlich gelagert ist die Situation bei der Schulbildung, die auch auslösendes Moment für Gefühle der Über- oder Unterlegenheit bei den Partnern sein kann.

Passt ihr als Schicksalsgemeinschaft gut zusammen?

Wenn die Entwicklungsphasen nicht oder nicht mehr zusammenpassen, kann es in der Paarbeziehung auch zu Schwierigkeiten kommen. Manchmal ist bei einer gravierenden Veränderung im Berufsleben, z.B. wenn sich einer selbstständig macht oder über Nacht sehr erfolgreich wird, auch eine Veränderung der Partnervision zu beobachten, damit die Veränderung und der äußere Partner zusammenpassen. Der Partner muss also nicht nur der psychischen Struktur entsprechen, sondern auch der Lebensphase. Erst wenn zwei Menschen in einer bestimmten Zeit entwicklungsmäßig zueinander passen, kann eine Verbindung zustande kommen. Sie bilden dann eine Schicksalsgemeinschaft, d.h. ihre Schicksalswege sind miteinander verflochten und beeinflussen sich gegenseitig.

Krasser Altersunterschied

Früher war es so, dass der Mann stets älter war als die Frau, weil er nach Ausbildung und Militärdienst erst dann genug Geld verdiente, um eine Frau und Familie zu unterhalten. Frauen waren jünger, weil die Fruchtbarkeit und das gebärfähige Alter, Gesundheitszustand der Frau und die Kraft, Kinder aufzuziehen, eine wichtige Rolle spielten.

Diese Faktoren haben sich in unseren modernen Zeiten gravierend verändert. Deshalb ist der Altersunterschied aufgrund der wirtschaftlichen Unabhängigkeit der Geschlechter und der deutlich gesunkenen Sterberate bei Geburten nicht mehr ausschlaggebend.

Wenn ein Mann viel älter ist als eine Frau, entsteht unausweichlich die Tochter-Vater-Projektion. Dann wird die Doppelrolle Liebhaber/Vater oft zu einem Konfliktfeld. Viele Frauen hatten nicht viel von ihrem Vater und suchen so einen Zuhörer, der sich in sie einfühlt. Das ist aber nicht die primäre Rolle, die ein Mann für eine Frau haben sollte. Umgekehrt ist es für viel jüngere Männer schwierig, sich – zumindest emotional – der Partnerin gegenüber nicht so wie der Mutter gegenüber zu verhalten. Es wird für den jüngeren Mann schwerer, den Stolz und die Kraft als Mann der Frau gegenüber zu entwickeln. Wenn der jüngere Mann dann auch noch finanziell minderbemittelt ist, wird es schlimm. Deshalb funktionieren gleichaltrige Partnerschaften in der Regel nach wie vor am besten.

Kurzcheck-Liste „Ähnlichkeit gewinnt!"

1. *„Passen wir von der Geschwister-Position zusammen?"*
2. *„Passen wir von der Ähnlichkeit her zusammen (abgesehen davon, dass Mann und Frau verschieden sind) und sind wir vom Wesen ähnlich, d.h. können wir uns ohne Anstrengung verstehen?"*

3. *„Passen wir vom Milieu her zusammen, in dem wir aufgewachsen sind?“*
4. *„Passen wir von der Schulbildung her zusammen?“*
5. *„Passen wir von der Entwicklungsphase her zusammen?“*
6. *„Passen wir von Vorbeziehungen und Kindern her zusammen?“*
7. *„Passen wir von der Intelligenz her zusammen?“*
8. *„Passen wir von der Lebenskraft und Vitalität her zusammen?“ (Power, Gesundheit, Tatkraft)*
9. *„Passen wir vom Sextrieb her zusammen?“*

Hilfen bei mangelnder Ebenbürtigkeit

Folgende Sätze sind hilfreich für Menschen, die sich trotz Unterschieden wegen ihrer Liebe entscheiden, zusammenzusein und zu bleiben:

- ➜ Ich nehme deine Eltern, würdige sie und stimme dem Anders-Sein zu.
- ➜ Was ich mitbringe, ist genug, es reicht. Wo es nicht reicht, kann ich noch ein bisschen dazulernen, das können wir zusammen schaffen.
- ➜ Was du mitbringst, ist genug und es reicht. Ich achte und würdige, was du mitgebracht hast.
- ➜ Zu erleben: Der andere ist anders und bleibt anders, das ist in der Liebe ein tiefer Schmerz – das kann Belastung sein, aber auch Bereicherung, bei entsprechender Haltung.
- ➜ Wenn Eltern verschieden sind, ist das für die Kinder eine große Bereicherung, aber für das Paar ein Schmerz.
- ➜ Die Andersheit des anderen nehmen und spüren. Damit das gelingt, musst du immer auch loslassen, z.B. das, was bei deinen Eltern gegolten hat und in dir lebt. Die gute Haltung ist: *Ich lasse etwas los, um etwas gemeinsames Neues zu schaffen.*
- ➜ Wenn jemand aus einer Paarbeziehung geht – ohne wirkliche Not –, sollen die Kinder bei dem bleiben, der verlassen wird.

Wie Beziehungen trotzdem gelingen können, wo einer der Partner schon Kinder hat und der andere nicht, oder auch bei großem Altersunterschied – der ältere oder der mit Kindern spricht dann:

- ➜ „Ich stehe in deiner Schuld.“
- ➜ „Ich bringe viel mit, mit meinen Kindern und laste dir das schwere Schicksal auf.“
- ➜ „Das Gleichgewicht muss wieder hergestellt werden.“

Es gilt dann im folgenden Schritt, den Partner anzuschauen und ihn zu würdigen:

- ➜ „Ich weiß, dass ich mehr nehme und du sehr viel gibst.“
- ➜ „So gut ich kann, gleiche ich ein wenig aus, durch meine Liebe zu dir und was ich für dich tue.“

Der Partner, der weniger mitbringt (ohne Kinder oder sehr viel jünger) soll dem anderen in die Augen sagen: „Ja, ich stimme dem zu, dass wir nicht immer so nah sein können, als wenn wir die ersten füreinander wären.“ Ein weiteres, gemeinsames Kind kann die Beziehung dann verbessern und der Beziehung mehr Gewicht geben. – Es gibt viele Beziehungen, wo das insgesamt sehr gut geht.

Aufgabe 47 (nur für Männer): Karriere und Finanzen müssen Vorrang haben vor Beziehung!*

Check up deiner Prioritäten und deiner materiellen Verwurzelung: Im Archetyp Mann ist das Streben nach Freiheit als oberste Priorität angelegt. Im Archetyp Frau das Streben nach Beziehung. Natürlich braucht jeder beides, aber die Gewichtung ist verschieden. Dem sollten Männer Rechnung tragen. Das heißt, wenn du als Mann eine Partnerin suchst, prüfe zuerst, ob deine Finanzen stimmen und ob du in einem guten erfüllenden und fordernden Beruf tätig bist. Wenn nicht, streiche das Projekt „Beziehung zur Frau“ solange aus deinem Leben, bis du eine solide finanzielle Basis hast und in einem guten Beruf tätig bist. Das Zusammenleben mit der Frau wäre sonst schon an der Wurzel marode. Zudem kannst du in diesem Fall nur ungenügend Selbstachtung entwickeln – letztlich die Frau auch nicht mit deinen männlichen Qualitäten führen und beschenken.

Wenn du also nie genug Geld hast oder gar Existenznöte: Kümmere dich solange um deine Wurzeln, bis das Konto gut aussieht. Dann, und erst dann ist die Frau das Sahnehäubchen und die Belohnung! Ein Mann braucht eine klare Vision und konkrete Lebensziele, die er auch konsequent verfolgt. Sonst ist er kein Mann. Das Rückgrat wird dir in der Liebe sonst fehlen.

Aufgabe 48 (nur für Frauen): Liebe hat Vorrang vor Beruf und Karriere

Check up deiner Prioritäten und deiner Weiblichkeit: Frauen möchten in erster Linie das Leben genießen und glücklich sein, nicht Macht ausüben.** Deshalb bist du als Frau nicht reif für das Thema „Deinen richtigen Partner finden!“, wenn du beruflichen Erfolg und Karriere an erste Stelle in deinem Leben gesetzt hast. Manchmal stehen auch ein Hund oder ein Pferd an der Stelle, wo vielleicht ein Mann hingehören würde. Du wirst nicht glücklich werden im Garten der Liebe, wenn du nicht zuvor deine Weiblichkeit, deine Hingabefähigkeit und deine Sehnsucht nach Liebe anerkannt hast. Schlage dir die Männer also erstmal aus dem Kopf und beschäftige dich mit Weiblichkeit, mit Schwelgen, mit Intuition und Kunst, träume mehr, lies Romane, lasse dir die Haare lang wachsen, schreibe Tagebuch, gehe auf Parties und Feste, besuche Frauengruppen, die deine Gefühle fördern (nicht Ellbogen und männliche Macht ausbilden), lasse dich einfach öfters einladen und beschenken, beschäftige dich

* Ich weiß, die emanzipierten Frauen werden an dieser Stelle massiv Einwände erheben, aber ich sehe nun einmal Mann und Frau nicht gleich. Gleichwertig ja, aber ansonsten grundverschieden. Deshalb gibt es manchmal Dinge im Leben, die nur für ein Geschlecht zu beachten sind …

** Tut mir leid, wenn ich als Mann das hier sage – wenn dem nicht so ist, bitte belehrt mich, ihr Frauen!

mit deiner Sexualität, mit Selbstliebe, mit deiner Blutung, mit deiner Mutter und trage einfach mal wieder Röcke und Kleider ...

Mehr äußere Power wirst du damit nicht erlangen, aber inneres Glück und eine Macht, die alles bewegt und zu dir zieht – ohne zu kämpfen. Diese weibliche Macht ist weit stärker als die männliche und vor allem: es geschieht durch Entspannung und Hingabe. Trau dich!

AUFGABE 49: KÖNNT IHR EUCH RIECHEN?

Motto: „Riech ich dein Aroma, fall ich gleich ins Koma."

Das ist ein ganz archaischer, biologischer Hinweis auf den richtigen Partner. Am besten ist es, wenn du ganz „geil" wirst durch den Geruch des anderen. Atme bei den ersten intimen Begegnungen den Nasen-Ausatem des Flirt-Partners riechend ein. Rieche auch den Achselschweiß. Schmecke auch beim Küssen den Geschmack des Mundes des anderen. Es sollte zumindest nicht unangenehm sein. Das, was der Geist sich vormachen kann im Rausch der Verliebtheit, das zeigt der Körper dir als untrügliche Antwort darauf, ob ihr auf der sinnlichen Ebene zusammen passt. Man kann aber auch in gewissem Maße einen zunächst fremden Geruch eines neuen Partners mögen lernen (aber bitte nicht vergleichen mit dem ehemaligen Partner). – Was mich persönlich angeht: Wenn ich jemanden überhaupt nicht riechen konnte, war es mir in meinem bisherigen Leben nicht möglich, mit der Partnerin eine Beziehung einzugehen.

Ein *guter* Partner ist besser als ein *vollkommener* Partner

Dazu möchte ich euch kurz die folgende Geschichte von Mulla Nasruddin erzählen: Also, eines Tages saßen Nasruddin und sein Freund in einem Cafe, tranken und sprachen über das Leben und die Liebe. Plötzlich fragte sein Freund: „Wie kommt es, dass du nie geheiratet hast, Nasruddin?" „Nun", erwiderte Nasruddin, „um die Wahrheit zu sagen, habe ich meine ganze Jugend damit verbracht, die perfekte Frau zu suchen. In Kairo traf ich eine wunderschöne und intelligente Frau mit Augen wie schwarze Oliven, aber sie war unfreundlich. Dann traf ich in Bagdad eine Frau, die eine schöne und großzügige Seele war, aber wir hatten keine gemeinsamen Interessen. Eine Frau nach der anderen schien mir die Richtige zu sein, aber dann fehlte doch immer irgendetwas. ... Dann, eines Tages, traf ich sie. Sie war wunderschön, intelligent, großzügig und freundlich und wir hatten viele Gemeinsamkeiten! Sie war tatsächlich perfekt!" Nun fragte Nasruddins Freund ungeduldig: „Was ist geschehen? Warum hast du sie nicht geheiratet?" Nachdenklich schlürfte Nasruddin seinen Tee. „Tja", entgegnete er, „es ist eine traurige Sache. Es schien so, als sei sie auf der Suche nach dem perfekten Mann." – Soweit Nasruddins Geschichte zu diesem Thema.

Viele kranken in der Partnersuche daran, dass sie den „Traumprinzen" oder die „Super-Frau" wollen. So geht die Partnerfindung leider schief. Oder mit anderen Worten: Da du selbst nicht vollkommen bist, wirst du mit Sicherheit auch keinen vollkommenen Partner anziehen (ganz abgesehen davon, dass es vollkommene Menschen nicht gibt!). Anstatt von der idealen, glücklichen Beziehung zu träumen, entwickle deine Fähigkeiten! *Verbringe die schönste Zeit deines Lebens nicht damit, auf die schönste Zeit deines Lebens zu warten!*

Diese überhöhten Ansprüche sind ein Trick des Verstandes, um doch allein zu bleiben, d.h. als Single zu leben. Denn mit diesen Wünschen auf deinen Fahnen wirst du nur enttäuschende und frustrierende Erlebnisse haben. Der richtige Partner ist einer mit genausoviel Stärken wie du und mit genausoviel Schwächen und Fehlern. Du kannst davon ausgehen, dass du immer jemanden triffst, der auf deinem Niveau ist – wenn es zu einer Verbindung kommt. Das nicht wahrhaben zu wollen bedeutet Blindheit für die eigenen Schatten und eitle Selbstüberschätzung. Das Gesetz der Resonanz (Gleiches zieht Gleiches an) ist unfehlbar.

Die völlig irrealen und überhöhten Erwartungen an einen Partner in der Seele westlicher Menschen bewirken, dass wir Leidenschaft um ihrer selbst willen suchen. Wir säen auf diese Weise eine ständige Unzufriedenheit, die niemals die Vollendung erreichen kann, nach der sie strebt. Diese Unzufriedenheit verdunkelt jede moderne Beziehung, hält uns ständig ein unerreichbares Ideal vor Augen und macht uns blind für das Vergnügen und die Schönheit unseres täglichen Lebens. Neulich las ich in der Zeitung folgende Partnerschafts-Anzeige „... Macken solltest du keine haben, denn davon habe ich selber genug ...“ Sorry, ich wiederhole mich: So funktioniert das Leben leider nicht!

In dem Zusammenhang noch folgender Hinweis: Frauen, hört mir bitte mit dem Gejammer auf, es gäbe einfach keine starken guten Männer mehr oder sie seien alle schon vergeben ... Oder ihr Männer jammert, es gäbe nur noch maskulinisierte Emanzen, keine „richtigen Frauen“ mehr ... Schluss mit dem Unsinn! Es gibt eine ganze Menge wunderbarer Frauen und Männer, die sogar noch frei sind. Und es hängt von deinen inneren Entscheidungen ab, ob du sie triffst.

Jedenfalls lautet hier die Lösung, der magische Satz: *„Der gute Mann ist besser als der perfekte Mann“* und: *„Die gute Frau ist besser als die vollkommene Frau.“* Geh mit diesem Satz los in die Welt – und du wirst Erfolg haben!

Aufgabe 50: Selbst-Einschätzungs-Check up

Male eine Skala auf ein Blatt Papier mit einem senkrechten Strich und den Markierungen 1-10 – eins ganz unten, zehn ganz oben. Mit dieser Skala misst du deinen Attraktivitätsgrad. *Eins* würde heißen, überhaupt nicht attraktiv, so wie ein „Penner“ auf der Straße ... *Zehn* heißt: „äußerst attraktiv“, d.h. vom Aussehen her und von den inneren Werten her eine Superfrau, ein Supermann, wie Jennifer Lopez, Robbie Williams, Julia Roberts, Brad Pitt ... Eine *fünf* auf der Skala wäre durchschnittliches Aussehen, nicht besonders schlecht, aber auch nicht sofort auffallend gut, mittelmäßige

Intelligenz, normaler Bildungsgrad, nicht ganz ungebildet, aber auch kein wandelndes Kulturlexikon.

Mankos drücken den Wert auf der Skala nach unten, wie z.B.: Krankheiten (z.B. Diabetes, Schuppenflechte), graue Haare in jungem Alter oder gar Glatze, sehr viele vorherige Partner, Kinder (im Verhältnis zu einem kinderlosen Partner – ansonsten erhöhen Kinder natürlich grundsätzlich!!!), Suchtkrankheiten (Alkohol, Nikotin). Was hingegen auf der Skala erhöht sind: gepflegtes, schönes Aussehen, gute Noten bei Berufsabschlüssen und hochgradige Universitätsabschlüsse, finanzielle Unabhängigkeit, besondere berufliche oder künstlerische Fähigkeiten, seelische Werte, insbesondere viel Mitgefühl für andere, gut zuhören können, soziales Engagement, kommunikative Kompetenzen.

Nachdem du dich entsprechend dieser Vorgabe selbst eingeschätzt hast, machst du folgerichtig ein Kreuz irgendwo auf der Skala. In einem zweiten Schritt kreuzt du an, welchen Attraktivitätsgrad du dir vom Partner wünschst. Jetzt mache zuerst diese Einschätzungen, bevor du weiterliest!

Sollte dein eigener Wert mit dem des Wunschpartners übereinstimmen, ist alles in Butter, aber wenn eine (deutliche) Diskrepanz herrscht, sollten bei dir die Alarmglocken läuten: Es ist an dir, einer aufgeblasenen Selbstüberschätzung die Luft rauszulassen oder auch umgekehrt, aufzuhören, dich in falscher Bescheidenheit klein zu machen.

Bei diesem Test *über*schätzen sich Männer zumeist. Frauen hingegen *unter*schätzen sich oft. Ist der Wert des Wunschpartners höher als deiner, dann kannst du versuchen deinen Wert zu erhöhen oder du mäßigst dich und setzt den Wert des Wunschpartners etwas tiefer an. Bedenke dabei: Mit einem Partner zu leben, der einen höheren Attraktivitätswert als du hat, ist anstrengend. Willst du das? Wenn du jedoch den Attraktivitätswert deines Wunschpartners niedriger ansetzt als deinen eigenen, dann brauchst du – allen Ernstes! – eine Therapie oder ein gutes Coaching, das dir deine inneren Werte und Talente bewusst macht und dein Selbstbewusstsein, dein Selbstwertgefühl steigert. Bedenke hierbei folgendes: Du kannst und du sollst bis an die Grenze gehen und so den für dich besten Partner an deine Seite ziehen!

Nun kommen wir zur Frage *untauglicher Motive* für eine Partnerschaft:

AUFGABE 51: MOTIV-CHECK-UP

Welche unbewussten Motive hast bzw. hattest du bezüglich der Verbindung zum Partner? Sei in deiner Antwort sehr ehrlich und halte fest, wozu du einen Partner brauchst und wünschst?

- zur Unterhaltung;
- zur Versorgung;
- zum Trost;
- um nicht allein sein zu müssen;

- ➜ um nicht allein verreisen zu müssen;
- ➜ den anderen erwählen als Mutter oder Vater (also Mutter- resp. Vater-Ersatz);
- ➜ um einen Vater bzw. eine Mutter für ein Kind aus einer anderen Beziehung zu bekommen;
- ➜ um die Norm, eine feste Beziehung zu haben, zu verwirklichen und damit Anerkennung von den Eltern, den Verwandten, Freunden und Arbeitskollegen zu erhalten;
- ➜ den anderen erobern-, retten-, bessern-, schützen-wollen;
- ➜ sich Vorteile erhoffen, um in „bessere Kreise" zu gelangen;
- ➜ um Karriere zu machen, in ein anderes Land zu kommen;
- ➜ um ein Haus, eine Wohnung, ein Heim zu bekommen;
- ➜ der andere als Haushaltshilfe, um das äußere Leben besser und billiger zu bewältigen (z.B. Einkaufs-, Renovierungs-, Garten-, Behörden-, Büro-, Koch-, Putz- oder Bügelhilfe);
- ➜ um ein Geschäft aufzubauen;
- ➜ um nicht „alles" allein finanzieren zu müssen;
- ➜ um sich aushalten zu lassen;
- ➜ um die Miete für eine zu große Wohnung/ein Haus, die/das man nicht aufgeben will, finanzieren zu können;
- ➜ um ein Haus bauen oder eine Eigentumswohnung finanzieren zu können;
- ➜ um nie mehr arbeiten zu müssen bzw. um sich von der ungeliebten Arbeit befreien zu können;
- ➜ aufgrund geistiger Übereinstimmung;
- ➜ um vom Elternhaus loszukommen (oder von einem ehemaligen Partner);
- ➜ um vor einem derzeitigen/ehemaligen Partner zu demonstrieren, dass man noch begehrenswert ist;
- ➜ um sich mit einem neuen Partner an einem vorigen rächen zu wollen;
- ➜ um das Ego aufzupolieren;
- ➜ um den Eigenwert zu stärken (bei attraktivem Partner oder Partner mit Rang und Namen);
- ➜ um bei etwaiger Krankheit eine Hilfe zu haben;
- ➜ um im Sommer nicht allein zum Baden fahren zu müssen;
- ➜ um jemanden zu haben, der Tee oder Cafe kocht (allein würde man es nicht tun);
- ➜ um andere Paare besuchen zu können – allein würde man sich dort als fünftes Rad am Wagen fühlen;
- ➜ um gemeinsam Weihnachten, Silvester, Ostern und Pfingsten feiern zu können.

Alle diese Motive sind *un*tauglich für eine dauerhafte und zugleich erfüllte Liebesbeziehung. Wenn du deine künftige Beziehung auf eines der obigen Motive aufbaust, wird sie mit einiger Wahrscheinlichkeit schiefgehen! *Merke:* Wichtig ist nur, dass beide sich als Mann-Frau begehren.

In einer Verbindung kann sich das Paar die Frage stellen: „Wie bezeichnest du das, was du mit dem anderen hast, wenn du nicht das Wort »Beziehung« (nichtssagend) benutzt?" Wähle ehrlich einen Begriff und denke darüber nach, was er für dich bedeutet: „mein Mann", „meine Frau", „mein Partner", „meine Partnerin", „mein Freund", „meine Freundin", „Mutter meiner Kinder", „Vater meiner Kinder", „mein Geliebter", „meine Geliebte", „mein Lebensgefährte", „meine Lebensgefährtin" ... Diese Übung bringt dir schnell erstaunliche Klarheit über die wirkliche Natur deiner Verbindung.

Aufgabe 52: Die „Gretchenfrage"

„Möchstest du mit dem anderen langfristig zusammensein, auch wenn er sich niemals – auch nicht im geringsten – ändern wird?" Nur wenn du diese Frage bejahen kannst, ist es der richtige Partner für dich und die Beziehung hat Aussicht auf Erfolg – sonst nicht.

An der Stelle möchte ich den verehrten Lehrer und Familien-Therapeuten Bert Hellinger zitieren: *„Als tiefste Liebe wird erlebt, wenn jemand so wie er ist, anerkannt wird, und zwar als notwendig so. Er kann garnicht anders sein. So ist er richtig. Obwohl er anders als ich und ich anders bin als er, anerkennen wir uns beide als richtig. Das ist die eigentliche Liebe. Nicht dass ich jemanden umarme oder so. Das wäre sehr vordergründig."*

Lieben heißt, den anderen so zu nehmen, wie er *ist – nicht wie er sein sollte.* Wenn wir versuchen, den anderen zu verändern, zu formen nach unserem Bild, wie er/sie sein sollte – das ist keine Liebe. Deshalb lehren wir in YaDu: Suche dir von vornherein den richtigen Partner, der deinen inneren Vorstellungen entspricht, dann brauchst du ihn/sie erst recht nicht zu verändern.

Aufgabe 53: Zeig mir deine Freunde ... (... und ich sage dir, wer du bist!)

Von einer Frau in meinem Leben habe ich mich unter anderem deshalb getrennt, weil ich ihre Freunde unmöglich fand. Ich konnte ihre Freunde einfach nicht leiden und sie mich nicht. Schaue dir also die Freunde der Frau, des Mannes an und spüre, ob du mit ihnen auf einer Wellenlänge schwingst, ob ihr euch gut versteht. Wenn nicht, sollten auch hier wieder die Alarmleuchten blinken: ACHTUNG GEFAHR, FALSCHER PARTNER!

Die Freunde, die jemand anzieht, spiegeln nach dem Resonanz-Gesetz einen Teil deines potentiellen Partners. Du musst die Freunde lieben, wenn du die Frau, den Mann lieben willst! Ähnliches gilt für die Verwandten, denn sie sind Teil des Menschen, den du lieben möchtest.

In obigem Beispiel war für mich mit ihren Eltern praktisch kein Austausch möglich, da ich ihre Sprache nicht verstanden habe. Es war zwar exotisch, aber nicht bereichernd. – Lasse dir also frühzeitig Freunde und Verwandte des potentiellen Partners vorstellen, dann bist du sehr schnell im Bilde, mit wem du es bei deinem Freund oder deiner Freundin zu tun hast. Das hilft gegen die „Verliebtheits-Wahnvorstellung", die uns oft perfekt etwas einzureden versteht, das nicht wahr ist!

5. Goldener Schlüssel: „Die Blüte, die Bienen anziehen möchte, duftet"

In diesem Kapitel diskutieren wir Möglichkeiten, wie du dich attraktiv und begehrenswert für einen möglichen Partner machst. Das beinhaltet zwei Ebenen: die *äußere Attraktivität* (körperliches Erscheinungsbild, Körperhaltung, Gang, Gestik, Mimik, Stimme, Kleidung, Schmuck, Auto, Wohnung) und die *innere Attraktivität* (Ausstrahlung, Selbstliebe, Charakter, inneres Selbstwertgefühl und Umgehensweise mit sich selbst).

Mache mehr aus dir und wachse!

Richte dich auf zu deiner wahren Größe. Sei die Beste, der Beste, der du sein kannst. So findest du mit Sicherheit den besseren Partner. Ja, du hast es verdient, in deiner kommenden Beziehung mehr Glück und mehr Liebe zu verwirklichen als jemals zuvor. Möchtest du das?

Wenn du einen guten Partner finden möchtest, sind äußere und innere Attraktivität gleichermaßen wichtig. Ich vertrete hierbei eine ganzheitliche Sichtweise: Wer nur auf innere Werte und „Charakter" schaut, sich aber äußerlich verkommen lässt, muss sich nicht wundern, wenn es für ihn oder sie weniger potentielle Partner gibt. Das Schmücken und „Auf-Brautschau-gehen" ist ein archetypischer Akt, der schon aus der Tierwelt in unseren Genen liegt. Andersherum kann dir die Aufmerksamkeit nur auf äußeres Styling auch nicht den besseren Partner bringen, wenn du nicht auch deine inneren Werte kultivierst und sie ans Licht bringst. Wenn du aber beides tust und beides gleich ernst nimmst, innere und äußere Schönheit, dann bist du auf der Gewinner-Straße.

Fangen wir zunächst einmal mit dem sogenannten *Inneren* an. Wir wissen eh nicht, was zuerst war, die Henne oder das Ei. Fest steht aber: Deine innere Attraktivität wird dramatisch erhöht, wenn du dich ernsthaft daran machst, zwei Bereiche anzugehen:
a) dein Selbstwertgefühl verbessern und
b) deine charakterlichen Schwächen aufarbeiten.

Einige Hinweise über die Schwächen und Wege der Aufarbeitung hast du in der Übung 42: „Schatten-Feedback“ (siehe Seite 83) bereits erhalten. Jetzt geht es weiter:

Einen strahlenden Selbstwert aufbauen

Du machst dich für andere Partner attraktiv und begehrenswert, wenn du deinen Selbstwert erhöhst. Ein Mensch, der von sich überzeugt ist, der weiß, wer er ist und was er will, wirkt von vornherein sicherer und damit auch anziehender für andere. Wenn er/sie den Raum betritt, wird er/sie sofort von allen bemerkt. Menschen, deren Selbstwert gebrochen ist, die übersieht man stets. Das Selbstwertgefühl ist mehr als nur Selbstbewusstsein, das manchmal äußerlich zwar zur Schau getragen wird, aber zusammenbricht, sobald Misserfolge, Schicksalsschläge oder eine Abfuhr in der Liebe dich treffen. Ein großes und *gesundes* Selbstbewusstsein entsteht, wenn du deine Stärken und Schwächen (!) genau kennst.

Das so wichtige Selbstwertgefühl kann durch Kindheits-Erlebnisse zerbrochen oder gestört sein. Die Angst, plötzlich in einer Flirt-Situation die Aufmerksamkeit anderer zu erregen und daraufhin vermeintlich auf Ablehnung zu stoßen, gibt leider oft den Ausschlag, dass man sich aus Selbstschutz abkapselt. Darauf gehe ich nicht weiter ein. Lass uns gleich, liebe Leserin, lieber Leser, weiterschreiten zur Lösung. Das Selbstwertgefühl kann auf zwei Ebenen geheilt werden:

1. durch Bewusstwerden deiner Stärken und der Erfolge, die du in deinem Leben bisher hattest. Darauf kannst du dann als innere Referenz zurückgreifen.
2. durch besseres Aufnehmen von positivem Feedback, von Lob und Komplimenten anderer – und durch das Verankern von Komplimenten in deinem Inneren.

So entsteht auch eine gesunde Selbstliebe. Es ist eine Beziehung der Bestätigung zu dir selbst. Das ist kein egozentrisches Um-sich-selbst-kreisen, kein narzisstischer Ich-Wahn, nein, echte Zuwendung für andere entsteht erst dann, wenn du auch deinen eigenen Wert siehst, anerkennst – und ihn genießt.

Aufgabe 54: Positiv-Eigenschaften-Liste

Schreibe auf ein Blatt Papier 12 deiner Positiv-Eigenschaften oder Stärken auf. Das können körperliche oder innerliche Merkmale sein. Nicht alle Stärken haben sich schon vollständig entfaltet, manche keimen erst auf und kommen langsam ans Licht. Notiere auch solche „Knospen“.

Lies dir diese Liste dann langsam und laut selbst im Spiegel vor und atme ein bis drei Mal *tief* ein nach jedem Punkt. Wenn du die Liste mit einem anderen befreundeten Single erstellst, lese die Punkte dem anderen langsam vor, während du ihn anschaust dabei. Dann könnt ihr die Liste tauschen, d.h. jeder liest die Eigenschaften des anderen vor – am besten jeden Punkt dreimal, damit der andere Zeit hat, den Inhalt zu verinnerlichen.

Aufgabe 55: Dein Erfolgs-Tagebuch

Menschen neigen oft dazu, innerlich an allem Schönen, das sie erreichten oder geschenkt bekamen, vorbeizulaufen: Schreibe deshalb ab jetzt regelmäßig in deinen Kalender, in ein Tagebuch oder ein extra dafür angelegtes Büchlein, jene Ereignisse auf, die für dich bereichernd und erhebend waren. Ich selbst tue das seit Jahren monatlich. So kommt in einem Jahr eine tolle Liste zusammen, die man sich zwischendurch immer wieder einmal mit Genuss durchlesen kann. Da stehen dann zum Beispiel Dinge, wie:

März:

- ➜ *„Abschluss – meine berufliche Fortbildung geschafft."*
- ➜ *„Schöne Flamenco-Aufführung in Köln mit Heike besucht."*
- ➜ *„Wunderschönen Liebesbrief von Ursula erhalten."*
- ➜ *„Mit Heinz und Sieglinde im neuen Restaurant toll essen gewesen."*
- ➜ *„Beruflichen Abschluss geschafft und 6000 Euro Provision zusätzlich verdient."*
- ➜ *„Urlaub auf Kuba: Sonne, Wärme und Menschen genossen."*
- ➜ *„Trennung von Sonja entschieden und durchgehalten."*
- ➜ *„Mit den Kindern einen schönen Nachmittag im Zoo verbracht."*
- ➜ *„Tolles sexuelles Erlebnis in der Küche mit Nicole."*

April:

- ➜ *„Mir eine gute Massage geleistet und genossen."*
- ➜ *„Schönen Geburtstag mit Bernd und Erika gefeiert."*
- ➜ *„Beruflich zur Abteilungsleiterin aufgestiegen."*
- ➜ *„Mir jeden Dienstag Zeit zum Flirten genommen und viel Spaß gehabt."*
- ➜ *„Mich mit meiner Mutter versöhnt."*
- ➜ *„Alle meine Zähne mit Gold repariert."*
- ➜ *„Mein Konto wieder ins Plus gebracht."*
- ➜ *„Mir ein tolles neues Auto geleistet."*
- ➜ *„Kinderlächeln gesehen und beglückt."*

Du führst also stichwortartig alle Ereignisse und Erlebnisse auf, die dich beglückt haben. Egal, ob du etwas durch eigene Anstrengung erreicht hast oder ob dir etwas von außen geschenkt wurde. Auch die „kleinen", die scheinbar selbstverständlichen Dinge – z.B. „einen schönen Schmetterling gesehen" – sollen hier aufgeführt werden. Die Angewohnheit des Glücks- oder Erfolgs-Tagebuches hat auch etwas mit Dankbarkeit zu tun. Unser Selbstwertgefühl und die innere Zufriedenheit steigen, wenn wir für das Geschenkte und Erreichte einfach danken und darüber staunen, wie gut es uns eigentlich doch insgesamt geht. Gewöhne es dir auch an, dich stets selbst zu belohnen für Dinge, die du dir erarbeitet und erreicht hast. Kurzum: Wenn du suchst, wirst du einiges finden, was es aufzuschreiben lohnt.

Selbstwert-Steigerung durch Warme Dusche

Die „Warme Dusche" gehört zu den kraftvollsten Übungen unseres Single-Programms. Es ist eine der effektivsten Übungen, um das innere Selbstwertgefühl zu erhöhen und die Selbst-Liebe zu steigern. Zu zweit oder im Freundeskreis in der kleinen Gruppe ausgeführt, bringt sie sehr viel Nähe, Herzgefühl-Öffnung und setzt untereinander viel Liebe frei.

Die Übung hat zwei Aspekte: Einerseits lernst du, Wertschätzung, Lob und Komplimente, die an deine Person gerichtet sind, besser an- und aufzunehmen. Andererseits lernst du – was so wichtig ist für alle unsere Beziehungen –, einfach öfter andere zu loben und Wertschätzung laut ausgesprochen auszudrücken (jedes „Ich" braucht es einfach, dass man ihm immer mal wieder sagt, was es gut gemacht hat und dass es toll ist, einfach liebens- und bewundernswert).

Wertschätzung und Anerkennung dem anderen gegenüber öfter aussprechen

Sowohl im Flirt-Gespräch als auch in einer späteren Partnerschaft ist es so wichtig, den anderen mit guten Worten immer mal wieder aufrichtig zu loben und im Alltag ehrliche Komplimente einfließen zu lassen wie z.B.: *„Wie machst du das eigentlich, dass du so gut aussiehst?"* Oder: *„Mir ist aufgefallen, dass du gestern Blumen gekauft hast, und damit hast du das ganze Haus verschönert – das bereitet mir viel Freude, ich danke dir!"* Oder: *„Mensch Peter, ich bin so stolz auf dich, dass du die Präsentation gestern gewonnen hast – es zeigt mir, was für ein durchsetzungsstarker und kreativer Mann du bist!"* Oder: *„Übrigens, ich freue mich, dass du die Tickets für unseren nächsten Urlaub zu einem Superpreis besorgt hast – es ist immer wieder schön zu erleben, wie du für uns sorgst und dass ich mich nicht darum kümmern muss!"* Oder: *„Du bist toll Auto gefahren, die ganze Strecke – Danke dafür, dass du mich so sicher und schnell chauffiert hast."* Oder: *„Was ich dir immer mal sagen wollte: So wie du unsere Kinder erziehst und wie sie bei deiner Fürsorge gedeihen, das finde ich toll – du bist eine sehr gute Mutter!"* Und, und, und ... nutze jede denkbare Möglichkeit, andere zu loben für das, was sie Wertvolles getan haben. Das nennt man dann auch eine *Beziehung der gegenseitigen Bestätigung.* Das wirkt sehr aufbauend auf Partnerschaften im Gegensatz zu einer Beziehung der gegenseitigen Erniedrigung und Entwertung. Das Schöne ist auch, dass der andere sich sehr öffnet, wenn er das Lob annimmt. Du hast dadurch die Macht, in Beziehungen privat und beruflich sehr viel mehr Glück zu erschaffen.

Über das Nehmen von Geschenken

Noch schwerer haben es die Deutschen damit, Lob und Anerkennung, wenn sie kommt, wirklich anzunehmen. Zu sehr sind sie mit Pflichtbewusstsein, Selbstkritik, Arbeitssucht und dem Rennen nach dem Glück beschäftigt, dass viele sich nicht mehr die Zeit nehmen, innezuhalten und Gutes wirklich aufzunehmen. Deshalb herrscht auch oft eine Maßlosigkeit im Konsum, ein Über-Konsum-Wahnsinn, weil die Fähigkeit, Kleines und Weniges, das uns zuteil wird, auch aufzunehmen verloren gegangen ist. Das ist wie beim Essen: Wer viel isst und es schlecht verdaut, wird nicht genährt. Wer weniges ruhig kaut, gut einspeichelt und in guter Stimmung zu sich nimmt, braucht weit weniger und ist sehr gut genährt.

In der Übung „Warme Dusche“ soll vor allen Dingen gelernt werden, wie man Lob vollständig annimmt. Jedoch gehen wir mit Lob oft so um wie eine Frau, die acht Monate für ein tolles Designer-Kleid spart, es sich in der Boutique dann kauft und dafür 1200 Euro bezahlt – das Kleid aber leider an der Kasse liegen lässt ... *Beachte deshalb: Immer wenn du Lob oder Anerkennung bekommst, schweige und atme mehrere Male tief ein.* Genieße es. Psychologen haben herausgefunden, dass es mindestens drei bis sieben Atemzüge dauert, bis man etwas im Gefühl richtig aufgenommen hat. Wenn dir also jemand sagt: „Frau Meyer, ich finde es hervorragend und lobenswert, wie Sie letzte Woche die viele Arbeit erledigt haben, als Frau Schulze plötzlich krank wurde. Sie haben für mehr als zwei geschafft!“ Oft erfolgt dann in solchen Fällen eine Antwort, die in etwa lauten könnte: „Ach, Herr Schmitz, das ist doch nicht der Rede wert – andere schaffen noch viel mehr und außerdem weiß ich ja nicht, ob ich auch mal krank werde ...“ – Das ist ein typisches Beispiel für die Abwehr von Geschenken und Nicht-Aufnehmen von Anerkennung.

Oder – ein anderes Beispiel – wenn jemand sagt: „Anja, den Schmuck, den du heute trägst, finde ich sehr stilvoll. Das zeigt mal wieder deinen guten Geschmack, so wie das zu Haar und Kleidung passt ...“ Antwort – wie aus der Pistole geschossen: „Danke, vielen Dank für das Kompliment, freut mich sehr, doch du hast auch immer sehr schöne Sachen an ...“ Bedenke hierbei: *Sofortiges* Bedanken oder auch *„Kontern“ mit Rück-Komplimenten* zerstört den Vorgang des Aufnehmens. In diesem Falle war das Kompliment dann „für die Katz“ – wie man so schön sagt.

Natürlich dürfen – und sollen – wir uns bedanken, das ist auch ein schönes Ritual, aber nicht unmittelbar. *Echter* Dank sollte zeitlich etwas versetzt kommen, also einige Tage später – und dann am besten durch Taten und weniger durch Worte.

Mark Twain soll einmal gesagt haben: „Von einem guten Kompliment kann ich ein halbes Jahr leben!“ Er wusste folglich um die Fähigkeit des Nehmens. Lass uns Mark Twain nacheifern mit folgender Übung, die sehr machtvoll ist. Du kannst sie zu zweit machen, mit Freund oder Freundin, noch besser aber in einer Gruppe von fünf Personen. Sie gehört übrigens zu den schönsten Erlebnissen auf unseren Single-Seminaren.

Aufgabe 56: Warme Dusche

Die Übung dauert zu zweit etwa eine halbe Stunde (2 x 15 Minuten Rückmelde-Zeit), in der Gruppe eine Stunde (je zehn Minuten Rückmelde-Zeit pro Person). Treffe dich folglich mit Freund oder Freundin, oder: Geht die Übung am besten zu fünft an. Zu Beginn macht ihr nun aus, wer von euch als erster die warme Dusche empfängt.

Setzt euch nun dem Empfänger der *warmen Dusche* in zwei bis drei Metern Abstand gegenüber (in der Gruppe im Halbkreis) – mit einer zugewandten Körperhaltung. Dein Körper sollte ehrliches Interesse am anderen ausdrücken. Öffne die Handflächen nach oben.

Haltet während der Rückmeldung Blickkontakt. Sprich laut und deutlich, wenn du etwas sagst. Das steigert die Wirkung und hat die Bedeutung, öffentlich zu dem Gesagten zu stehen.

Sage deinem Gegenüber ehrlich und möglichst detailliert, was du an ihm/ihr magst und wertschätzt. Das kann äußere Merkmale betreffen, indem du z.B. „deine kräftigen, langen Haare“ und/oder „dein Lächeln“ hervorhebst oder es kann eher innere Eigenschaften betreffen, wie sie z.B. in folgenden Äußerungen zum Ausdruck kommen: „Du bist immer so hilfsbereit“, „Mir gefällt es, wie aufmerksam du zuhören kannst – das gibt mir das Gefühl, dass ich für dich wirklich interessant bin“, oder es können auch Handlungen sein, die der andere getan hat, und für die du dankbar bist, wie z.B.: „Ich habe mich sehr gefreut, als du mir heute Nachmittag ein Dessert mitgebracht hast ...“ Melde also auf drei Ebenen zurück: Äußeres, Verhalten und innere intuitiv wahrgenommene Wesensmerkmale, die dir gefallen.

Beginne deine Sätze mit folgender Grundstruktur: „... (Vorname), *ich mag an dir ...* (oder: *mir gefällt an dir ...*, oder: *ich freue mich darüber, dass du ...*, oder: *ich liebe dich, weil ...*).

Beim Ablauf ist es wichtig, dass nach jedem Lob oder einer positiven Aussage eine Pause gemacht wird, damit der Empfänger Zeit hat, um das Gesagte aufzunehmen und tief zu atmen. Zu schnell und zu viele hintereinander geäußerte Punkte führen zur Reizüberflutung, wodurch der andere nicht mehr aufnehmen kann. Der Empfänger darf während der Zeit nichts sagen, sondern das Gesagte nur schweigend entgegen nehmen. Ungefähr zehn Minuten lang wird die Empfängerin, der Empfänger so „geduscht“.

Bei der Formulierung solltet ihr darauf achten, dass immer konkrete Beispiele genannt werden oder Anlässe, damit der Empfänger etwas damit anfangen kann. Das heißt, jedes Lob soll „bewiesen“ werden durch etwas, woran du es festmachst. Es kann so leichter vom Bewusstsein aufgenommen werden. Bedenke auch, dass stets nur *ein* Lob auf einmal von dir geäußert wird. Später kannst du erneut loben – nach der Atem- und Aufnahmepause. Vermeide also „Kombi-Pakete“ von drei bis vier lobenden Würdigungen in einem Satz.

Die Verankerung im Bewusstsein

Dieser Punkt ist entscheidend für die Steigerung des Selbstwert-Gefühls: Am Ende der Übung schließe als Empfänger die Augen, mache dir nochmals bewusst, was für dich besonders wichtig war zu hören. Entscheide, was du davon nehmen kannst und was nicht. Diese für dich wichtigen Punkte schenke dir innerlich nochmals, indem du dir sagst: „Ja, das bin ich wirklich – und noch vieles mehr!“ Und sage dir auch: „Ich bin eine liebenswerte Frau/ein liebenswerter Mann!“ Treffe nun innerlich die Entscheidung, dies niemals mehr zu vergessen. Wenn du dich dazu dann innerlich verpflichtet hast, atme dreimal tief und kehre nun in deinen Kreis zurück bzw. wechselt im Paar die Rollen, *ohne* dich jedoch zu bedanken!

Jetzt kommt der/die nächste an die Reihe, „geduscht“ zu werden. Steht jedoch bitte vor dem Wechsel auf, bewegt die Beine, streckt euch und setzt euch an einen *neuen* Platz.

Ergänzungssätze für die innere Verankerung

- „Ich brauche mich jetzt nicht mehr klein zu machen und ich darf all das Schöne nach außen ausstrahlen.“
- „Durch welche Höhen und Tiefen auch immer – ich lasse mir dies nicht mehr wegnehmen!“

Das Styling deines Körpers und die Steigerung deiner äußeren Attraktivität

Ja, liebe Single-Frau, lieber Single-Mann, hier ist der Spiegel gefragt. Du sollst dich so sehen, wie andere dich sehen. Trainiere es, andere zu erfreuen, indem du schön, sympathisch und anziehend aussiehst, duftest, dich anhörst.

Es gibt Untersuchungen darüber, dass äußerlich schöne Menschen häufiger angesprochen und beachtet werden (auch wenn sie vielleicht innerlich überhaupt keine Werte zu bieten haben). Mache dir das Prinzip zunutze und style dich. Du wirst sehen, das kann eine Menge Spaß machen – ...und es ist meist teuer, aber das solltest du dir wert sein!

Jeder reagiert auf Schönheit

Laut einer Untersuchung (siehe auch *Psychologie heute* April 2001, S. 60ff) reagieren wir alle aus genetischen Gründen auf Schönheit positiv. Schönen Menschen geben wir Vorschuss. Wir halten sie automatisch für gut. Wir halten sie moralisch für besser und intelligenter, wir begegnen ihnen aufgeschlossener als anderen. Uns dafür zu beschuldigen oder die Schönen zu beneiden, wäre falsch. Denn laut Untersuchungen ist unser Sinn für Schönheit ein evolutionäres Erbe. Singles sollten lernen, mit dem Schönheits-Thema „reif“ umzugehen – d.h. wir brauchen uns nicht zum Sklaven der Schönheit zu machen, wir sollten andererseits aber auch nicht dagegen ankämpfen. Lerne es, die richtigen Reize auszusenden durch Selbst-Optimierung. Schwimme nicht zu sehr gegen den Strom. Erzeuge Begehrlichkeit beim anderen Geschlecht.

Ein junger Mann hilft einer älteren Dame über die Straße. „Pling“ – da entpuppt sich die Dame als Fee, die sagt: „Du bist so freundlich und zuvorkommend, du sollst drei

Wünsche freihaben – also wähle gut." Der junge Mann antwortet: „Also, zuerst möchte ich reich sein." Simsalabim – und schon war er Millionär. „Und dann möchte ich das tollste Auto der Welt haben." Simsalabim – und schon stand ein funkelnagelneuer Ferrari vor ihm. „Und dann ... möchte ich unwiderstehlich sein für die Frauen." Simsalabim – und schon fand er sich wieder in einer Pralinenschachtel ... – Tja, so kann es gehen, es gibt aber noch einen anderen Weg, unwiderstehlich für das andere Geschlecht zu werden, und der geht so:

Pflege der äußeren Erscheinung: Du bekommst niemals eine zweite Chance für den ersten Eindruck ...

Liebe Single-Frau, lieber Single-Mann: Es folgt eine recht unappetitliche Check-Liste, die der/die eine oder andere vielleicht überflüssig findet, da das Bewusstsein über die eigene gepflegte Erscheinung eh gut ausgebildet und langjährig kultiviert ist. Dennoch zeigt die Erfahrung in unseren YaDu-Seminaren immer wieder: Die Dinge müssen konkret beim Namen genannt werden, da eben viele Zeitgenossen doch kein Bewusstein dafür haben. Eine Veränderung des Äußeren ist für jeden Single Pflicht, der das bisher im Alltag unbeachtet gelassen hat.

Aufgabe 57: Fremdeinschätzung

Frage mehrere Personen, was sie an deiner körperlichen Erscheinung reizvoll finden und was nicht.

An der Stelle hilft auch die Übung „Schatten-Feedback" – siehe Seite 83. Hierbei sagen dir sieben Personen, wie sie dich finden, auch vom Äußerlichen her. Frage Freunde, was sie von deiner äußeren Erscheinung halten – aber noch viel besser, weil meist ehrlicher und direkter, sind dir fast fremde Menschen, die du interviewst und danach befragst.

Aufgabe 58: Checkliste der äußeren Erscheinung

Motto: *„Auch Schmetterlinge müssen auf eigene Schönheit achten."* – aus Island

Lies dir die nachfolgende Auflistung in Ruhe durch, gestehe dir selbstkritisch noch Schwächen ein ... und gehe die ersten Verbesserungen *noch heute* an (mache an Problemstellen ein Kreuz in der Liste):

➜ **Haare?**
Gut gekämmt? Kein Spliss und nicht verfilzt? Keine Frisur, sondern „Wildwuchs"? Gegenmaßnahme: Frisör wechseln, verschiedene Frisöre ausprobieren, einfach öfters zum Frisör gehen, alle vier bis sechs Wochen; öfters kämmen, zwei- bis dreimal am Tag, besonders vor einer Flirt-Tour, auch zwischendurch Kontrolle auf der Toilette – „Sitzt die Frisur noch?"

Haare zu grau oder zu weiß? Gegenmaßnahmen: einfärben lassen (macht dich um fünf bis zehn Jahre jünger). Ansonsten: Mut zur echten Haarfarbe ist wieder total „in"!
Frühzeitige Glatze? Gegenmaßnahmen: Kunsthaar? Beratung bei Spezialisten.
Schuppen? Gegenmaßnahme: weniger Stress, Arbeitssucht reduzieren, Anti-Schuppen-Shampoos, jeden Tag waschen, notfalls Luftkur und Sonnenkur auf den kanarischen Inseln.
Haare fettig? Gegenmaßnahme: öfters waschen!
Frisur? Die Haartracht ist natürlich individuell und sollte typ-gerecht sein. Du hast als Frau grundsätzlich mehr Chancen bei Männern, wenn du dir die Haare lang wachsen lässt – und als Mann hast du grundsätzlich mehr potentielle Interessentinnen an deiner Person, wenn du einen klassischen Kurzhaarschnitt trägst ...

→ Brille?
Lack ab oder schon älter als fünf Jahre? Entstellt sie zu sehr das Gesicht oder verschleiert sie zu sehr die Augen? Gegenmaßnahmen: neue Brille, lege dir vielleicht gleich zwei bis drei verschiedene zu – es macht Spaß, zu verschiedenen Anlässen in unterschiedliche Rollen und Charaktere zu schlüpfen (möchtest du lieber intellektuell wirken oder natürlich oder sportlich?).
Kontakt-Linsen ausprobieren: Wie der Name schon sagt, helfen sie, besser Kontakt zu bekommen ... deine schönen Augen werden besser sichtbar, du kannst besser mit den Augen ohne Barriere (Fenster dazwischen) flirten! Der Aufwand und die Mühe dafür lohnen sich wirklich – ich spreche aus Erfahrung.
Sonnenbrillen wirken manchmal wirklich cool – damit können auch die Nicht-Brillen-Träger spielen (beim Flirt ziehst du die Brille manchmal ab und hast dann direkten Blickkontakt!).

→ Gesichtshaut?
Ist sie fahl und bleich? Kontrolle täglich im Spiegel, Gegenmaßnahmen: einmal wöchentlich die Sonnenbank besuchen, gute Tages-Feuchtigskeits-Gesichtscreme und eventuell Tönungscreme benutzen; maßvoll in die Sonne gehen (eine Stunde täglich).
Pickel oder Ausschläge im Gesicht? Gegenmaßnahmen: einmal Kosmetik-Behandlung bei Profis machen und sich dabei beraten lassen (auch für den Mann!).
Mitesser oder Pickel oder grobporige Haut? Gegenmaßnahmen: schlechte Gesichtshaut kann auch an Drogenkonsum (Kaffee, Alkohol etc.) und sehr schlechter Ernährung liegen, nachdenken über mehr Selbstliebe ... Einmal pro Woche in die Sauna gehen (Poren-Training).
Zu viele Falten? Gegenmaßnahme: sich weniger sorgen und mehr vertrauen – das Leben meint's gut mit dir (auch ohne kämpfen zu müssen) ... bessere Feuchtigkeitsversorgung der Haut über Cremes oder Aloe Vera sicherstellen. Solltest du jedoch Warzen im Gesicht haben oder sehr unschöne Flecken, lass sie dir operativ entfernen. Ansonsten kein „Rumschnippeln" am Körper! Das ist eine perverse Krankheit, die aus Amerika leider auch zu uns rüberschwappt: Busenvergrößerung etc. ist Unsinn, da viele Männer auch auf kleine Busen stehen ... du sollst deinen Typ nicht verändern

oder jemand anderes werden als du bist, sondern deinen Typ, der von Natur aus schön ist, auf seine Art besser zur Geltung bringen! Mach so das Beste aus dir!

→ Augen?
Langweiliger Gesichtsausdruck? Eventuell beim Frisör Augenbrauen und Wimpern einfärben lassen (heute auch für Männer kein Problem) – hält vier bis sechs Wochen, macht die Augen im Flirt suggestiver ...

→ Ohren?
Härchen wachsen aus Nase oder Ohren? Gegenmaßnahmen: Frisör darauf hinweisen oder selbst mit Bartscherchen alle zwei Wochen die nachgewachsenen Härchen abschneiden.

→ Zähne?
Sind sie vergilbt oder dunkel? Gegenmaßnahmen: mit Aufheller-Zahncreme (z.B. *Rembrandt*) und öfters und länger putzen.
Kaputte oder fehlende Zähne? Abgedunkelte Inlays? Gegenmaßnahme: Inlays polieren oder erneuern lassen; als Service beim Zahnarzt: Zahnstein mit Ultraschall entfernen lassen alle drei Monate; bei Lücken im „Lächel-Bereich" Brücke oder Stiftzahn einbauen lassen und wenn genug Geld vorhanden ist: Komplett-Sanierung mit Jacket-Kronen – wenn du älter bist, trau dich auch zum Komplett-Gebiss, den „dritten Zähnen".

→ Mund?
Rauhe Lippen mit abplatzenden Hautfetzen? Gegenmaßnahme: Fettstift öfter auftragen.
Mundgeruch? FLIRTKILLER Nr. 1!!! Gegenmaßnahmen: mindestens dreimal täglich die Zähne putzen, Zahnseide benutzen, eventuell auch die Ernährung umstellen, mindestens anderthalb Liter Wasser pro Tag trinken und dann: Immer wieder Feedback von einem guten Freund geben lassen, ob der Mundgeruch noch (oder wieder) da ist.
An Tagen, an denen du mit anderen Menschen in Kontakt kommst, bitte wenig oder gar keine Zwiebel essen und keinen Knoblauch!
Zähne putzen am Morgen sofort nach dem Aufstehen ist ein „Muss" für jeden. Nicht wegen der Reinigung der Zähne (ist ja am Vorabend erledigt worden), sondern wegen Mund- und Zungenhygiene, denn fast alle Zahncremes enthalten ätherische Öle, die Duft und Aroma verändern. Benutze Mundwässer erst als letztes Mittel, wenn nichts mehr hilft, denn diese haben den Nachteil, dass sie die gesunde Mundflora zerstören. Neueste Forschungen besagen, dass hartnäckiger Mundgeruch *nicht* aus dem Magen herrührt, sondern von der Zunge.
Belegte, weiße Zunge? Gegenmaßnahmen: Gesamtgesundheitszustand durchchecken, mit Esslöffel oder speziellen Zungenschabern (Bioladen) die Zunge einmal täglich abschaben, bis kein Schleim mehr da ist – die Technik kommt aus dem indischen Yoga.

→ Körpergeruch?
Gegenmaßnahmen: mindestens einmal täglich duschen und Füße, Genitalien, After, Achselhöhlen und Hals abseifen; morgens gutes Deo auftragen unter den Achseln; gutes Parfüm, aber dezent (nur ein Spritzer) auftragen, nichts kann mehr nerven als ein

übertriebener Duftangriff (*Eau de Toilette* ist schwächer als *Eau de Parfum*). Junger Schweiß kann auch antörnen und ist nachgewiesenermaßen ein Aphrodisiakum erster Klasse, aber bitte dezent damit umgehen ...
Blähungen? Nicht furzen in Gegenwart des anderen Geschlechts! Gegenmaßnahmen: weniger Zucker und/oder Hülsenfrüchte (Erbsen, Bohnen, Linsen, Kohl) essen, Ernährung umstellen; bei chronischen Problemen: Fasten, Darm-Sanierung, Hydro-Colon-Therapie.

→ **Parfüms?**
Wo soll man den Duft auftragen? Ganz falsch: der berühmte Tropfen hinters Ohr. Dort ist die Haut viel zu fettig, um die kostbaren Essenzen aufnehmen zu können. Auch an den Handgelenken werden die Parfüms zu schnell abgerieben. Optimale Duftträger sind Hals, Dekolletee, Ellenbeuge, Ohrläppchen und die Kniekehlen. Hier entfalten Parfüms für lange Zeit ihre volle Intensität. Tipp für Allergiker: das Parfum auf Haare oder Krageninnenseite geben, um Hautreizungen zu vermeiden. Für das Einkaufen von Parfüms gilt: die beste Zeit ist morgens, wenn der Duftsinn noch hellwach und nicht abgelenkt von Alltagsgerüchen ist. Vor dem Shopping keinesfalls parfümierte Seife oder Körpermilch benutzen. Auch das trügt den Geruchssinn. Aus demselben Grund nie mehr als drei Parfüms hintereinander probieren und dies nicht am Handgelenk, sondern auf Riechstreifen.

→ **Hände?**
Sind die Nägel a) sauber?, b) kurz geschnitten?, c) gut gefeilt und schön manikürt? Ansonsten folgende Gegenmaßnahmen: einmal pro Woche obiges Procedere durchlaufen – ansonsten Maniküre aufsuchen, die dir zeigt, wie es geht.
Haut der Hände: faltig, hornig, hart? Gegenmaßnahmen: bei trockener Haut täglich gute Handcreme benutzen; bei körperlichen Arbeiten Handschuhe tragen.

→ **Füße?**
Sind sie pilzig oder stinkend? Gegenmaßnahmen: Wenn die Haut sich löst, weißlich aussieht oder es juckt, hast du sehr wahrscheinlich Pilz – in diesem Fall Anti-Pilzcreme zwei bis drei Wochen lang täglich auftragen; Füße trocken halten, nach dem Duschen die Füße fönen; Füße so oft es geht luftig und trocken halten.
Füße sind hart oder kratzig? Hornhaut bis zum Abwinken? Gegenmaßnahmen: Hornhaut abfeilen und Füße täglich eincremen oder fetten bei trockener Haut; Fußnägel sauber, kurz und gut gefeilt halten!! Sich ruhig einmal den Luxus leisten, die Füße von einer Fußpflegerin pflegen zu lassen.

→ **Körperbehaarung?**
Frauen: Achselhöhlen und Beine (manchmal Arme) gut rasieren bzw. Enthaarungscreme benutzen; Damenbart regelmäßig entfernen (Schönheits-Diktat oder -norm hin oder her, es kommt bei der Mehrheit des anderen Geschlechts einfach besser an!). Auch Schambereich nicht zu wild wuchern lassen!
Körperrasur für den Mann: eventuell auch Achselhöhlen, manchmal je nach Geschmack auch die Brust und den Schambereich.

Ungepflegt wuchernder Bart? Gegenmaßnahme: öfter schneiden, auch mal Frisör wechseln und sich neue Design-Tipps geben lassen; ein bis zweimal täglich rasieren (ist für die Frau angenehmer bei zärtlichem Schmusen); bei starkem Bartwuchs unmittelbar vor dem Date noch einmal rasieren; übrigens: Bart ganz weg macht jünger!

➜ Kleidung?

Tipp eins: Mache den Kleiderschrank auf, schaue, was du hast und ziehe heute das Beste an, was du hast! (Die schönsten Sachen hängen „zur Schonung" fast nur im Schrank, eine Schande!) *Tipp zwei:* Trage immer schöne Sachen, auch im Haus, wenn du alleine bist, auch wenn du nicht ausgehst und keinen Besuch erwartest – so verbesserst du die Stimmung für dich selbst ... und – so ist das Leben – es kann immer mal jemand klingeln ... *Tipp drei:* Werfe mindestens drei Sachen weg, die du schon 12 Monate nicht mehr getragen hast ... (Altkleider, Second Hand-Laden). *Tipp vier:* Orientiere dich in der Kleidung an Menschen, die von anderen als attraktiv eingestuft sind.

Garderobe: Wenn du lange nicht mehr auf Einkaufstour warst, gehe in die Großstadt, schau dir die Leute an, besuche die Boutiquen und lasse ein paar hundert Euro springen. Eine Investition, die sich lohnt. Es macht Spaß hippe Klamotten zu tragen und wirkt toll auf das Selbstwertgefühl. Du schüttelst mit alten Kleidern auch alte Erinnerungen und Gefühle ab, wirst ein neuer Mensch ... und du bekommst auch spontan gute Feedbacks. Und: Noch wichtiger als der Schnitt eines Kleidungsstückes ist die Farbe in der Wirkung auf den Betrachter und die Farbkombination. Es gibt Farben, die nicht harmonieren, z.B. passen kalte, blaugrundige Farben (weiß, schwarz, blau, eisfarben ...) nicht zu warmen Farben (maisgelb, herbstbraun, karminrot), auch passen bestimmte Farbtöne einfach nicht zu deinem Teint, dem Grundton deiner Haut (der dir angeboren ist). Zum Beispiel passt nur „Winter-Typen" schwarz und weiß; „Frühjahrs-, Sommer-, Herbsttypen" machen schwarz und weiß dagegen blass und unattraktiv. Farben gehen sofort ins Gefühl. Gegenmaßnahmen: eine Farb- und Stilberatung machen – dies wird auch von manchen Boutiquen angeboten. Dabei werden mit Farbfächer und Spiegel alle Farben durchgetestet.

Also: Entferne sämtliche Kleidung aus deinem Schrank, die als Flirtkiller wirken kann! Ihr Frauen, tragt wieder Kleidung, die die Weiblichkeit unterstreicht – habt Mut zu Kleidern, kurzen Röcken, Strumpfhosen und Kostümen! Ihr Männer, tragt wieder Kleidung, die die Männlichkeit unterstreicht, z.B. körperbetonte Kleidung, die Arme, Oberkörper und Po betont.

Kleider machen Leute. Durch die Kleidung sollten geschlechtsspezifische Reize herausgehoben und leicht unterstrichen werden, aber immer mit Maßen.

➜ Schuhe?

Ausgelatschte, dreckige, ungeputzte und unpolierte Schuhe mit abgelaufenen Sohlen? Gegenmaßnahmen: einfach sofort wegwerfen und neue Schuhe kaufen!

Die Schuhe sind fast das Wichtigste der ganzen Garderobe: wenn die Schuhe daneben sind, ist alles dahin. Tolle Schuhe hingegen geben dem ganzen Outfit den entscheidenden Schub!! Verbinde die Einkaufstour – wenn es deine Finanzen zulassen – mit einem Wochenend-Flug nach Mailand, der Welthauptstadt schöner Schuhe (übrigens in jeder Preisklasse).

→ Unterwäsche?
Alte verwaschene Unterhosen ohne Spannkraft? (sogenannte „Liebestöter") Gegenmaßnahmen: Putzlappen aus den alten Sachen machen und sich mit mindestens zehn neuen Slips und Hemden eindecken; Reizwäsche aller Art, Dessous und heiße Unterwäsche sollten in jedem Single-Kleiderschrank vorhanden sein ...

→ Stil?
Hemd passt farblich nicht zur Hose? Gegenmaßnahme: Farbberatung.
Ungebügelte Kleidung? Gegenmaßnahme: bügeln oder bügeln lassen!
Gürtel passt nicht zu den Schuhen? Gegenmaßnahme: sich beraten lassen und Gürtel austauschen.
Sachen mit Löchern oder Rissen? Gegenmaßnahme: sofort wegwerfen! Das Gleiche gilt für fleckige Sachen oder Hemden mit vergilbten Kragenrändern und/oder Schwitzflecken in den Achselhöhlen, die sich nicht mehr entfernen lassen.
Schild hängt aus der Kleidung? Gegenmaßnahme: Spiegelcheck vor Verlassen der Wohnung.
Zu kurze Hosen? „Hochwasser"-Hosen sind nicht „in": Hose sollte vielmehr eine Falte werfen! Ebenso wenig „in" sind Hosen, die am Arsch zu weit sind oder runterhängen (Ausnahme: Skater-Mode).
Beim Ausziehen immer die *Socken zuerst ausziehen*, nicht zuletzt; beim Anziehen umgekehrt, also Socken zuletzt anziehen – nackter Mensch mit Socken ist verdammt uncool ...
Figur-gerecht kleiden: wenn du einen Wabbel-Bauch hast, keine körperengen halbdurchsichtigen Oberteile (habe ich alles schon gesehen, bei Männern wie bei Frauen) tragen.
Silber- und Goldschmuck nicht zusammen tragen, hier gilt eindeutig: entweder oder.

→ Schmuck?
Aber ja. Stilvolle Ohrringe, schöne Ringe, zauberhafte Armreifen, schöne Haarbänder oder Spangen, Nasenschmuck oder Fußringe, Fußbändchen, verspielte Ketten ... Alles das kann die Frau wirklich aufwerten.
Auch Männer sollten selbstbewusst und dezent Schmuck tragen – Kette, Armband oder Ring; auch eine Zweit- und Dritt-Uhr kann sich besser dem jeweiligen Kleidungsstil anpassen: sportlich oder elegant oder verspielt.

→ Figur?
Übergewicht? Gegenmaßnahmen: Frühstück weglassen und nach 17 Uhr nur noch kleinen Imbiss; jeden zweiten Tag 40-60 Minuten Ausdauersport treiben, der den Kreislauf in Schwung bringt und dich zum Schwitzen: Achtung, die Verbrennung der Fett-Depots beginnt erst ab 35 Minuten Übungszeit – alles was darunter ist, bringt nichts in puncto Abnehmen! Also: Schwimmen, Joggen, Radfahren, Walken, Wandern, Fahrradfahren, Sex ... Unterschätze auch nicht die sehr guten Auswirkungen von Sport auf Geist und Seele, der Anti-Stress-Effekt ist enorm.

Nur die ersten 30 Tage sind schwer, sich diese neue Angewohnheit zu eigen zu machen, danach wird es Hochgenuss, das verspreche ich dir. Die meisten hören zu früh auf und quälen sich, weil sie sich sofort überfordern – d.h. auf die richtige Dosierung kommt es am Anfang besonders an! Beginnt deshalb in kleinen Dosen mit dem Sport nach dem Motto „Mäßig, aber regelmäßig!". (Siehe hierzu auch Kapitel 2, „Der Körper ist der Tempel der Liebe".)
Wenn Übergewicht jedoch seelische Ursachen hat: Beginne mit einer Therapie – löse die tieferen Gründe dafür, dir einen Schutzpanzer zuzulegen und einen Schutzwall um dich herum aufzubauen; oder möglicherweise lernst du einfach, den Zustand zu akzeptieren und dich rund schön zu finden. Dann können auch andere das Mollige an dir lieben! Wieder kommt es auf die Einstellung dazu an.
Verdecke unattraktive Rundungen durch lockere legere Kleidung. Bei vorhandener Top-Figur: hab ruhig Mut zu hautengen Sachen, die deine Stärken noch hervorheben – beim *Mann* eine gewölbte Brust, bei der *Frau* z.B. eine Wespentaille.
Zu klein geraten: ziehe hochhackige Schuhe an und Kleidung mit senkrechter Linienführung im Muster (macht größer und schlanker); in der Tat wollen die meisten Frauen einen Mann, der größer ist als sie.

Wie steht es um deine dritte Haut?

Wer in seinem Garten einen Frosch anziehen möchte, muss vorher die Lebensbedingungen schaffen, unter denen sich Frösche wohlfühlen. Er muss ein Biotop für Frösche schaffen, also einen Teich anlegen, für Wasserpflanzen wie zum Beispiel Seerosen sorgen und vielleicht noch Schilf und Moos anpflanzen. Für dich und auf deine Partnersuche bezogen bedeutet dies: Schaffe Platz für den richtigen Partner, sowohl in deinem Persönlichkeitssystem als auch räumlich.

Auch deine Wohnung oder das Haus, in dem du lebst, gehören mit zu deinem Gesamterscheinungsbild und zählen für potentielle zukünftige Liebespartner. Unbewusst schlussfolgern sie nämlich: „So wie sie/er seine Wohnung pflegt, so pflegt er/sie auch sein Inneres." Genauso das Auto, wenn du eins fährst. Halte die Dinge sauber und aufgeräumt. Manche Frau hat einen Mann allein wegen einer (schlampigen) Wohnung nicht genommen! Also: Schöne Bilder, ein gutes Kuschelsofa, Zimmerpflanzen, keine Berge ungespülten Geschirrs, keine überlaufenden Mülleimer und ein Auto, das mindestens alle vier Wochen durch die Waschstraße kommt, machen ordentlich Pluspunkte im Flirt!

Aufgabe 59: Haus-Rundgang und Auto-Inspektion

Mache sofort einen Check-up, ob Wohnung und Auto wirklich für deine zukünftige Flamme einladend ausschauen. Wenn nicht, sofort Hand anlegen! Erschaffe ein wunderbares Liebesnest. Stelle dir vor, sie/er ist schon da und ihr liebt euch im neuen Ambiente – deine Wohnung ein Liebestempel!

Platz schaffen in der Wohnung

Dass manche Singles noch nicht auf einen neuen Partner eingestellt sind, zeigt sich auf sehr direkte Weise, wenn jemand beim Besuch eines möglichen Partners nicht einmal einen Kleiderbügel für dessen Mantel oder Jacke frei hat, weil die Garderobe rappelvoll mit eigenen Kleidungsstücken behangen ist. Mag es zunächst nur symbolischen Charakter haben, so ist es dennoch sehr wichtig, für den Partner einen Platz in der eigenen Wohnung freizuhalten.

Aufgabe 60: Kleiderbügel: Reserviert für Sie/Ihn

Teile dem zukünftigen Partner einen Platz in der eigenen Wohnung zu. Hänge an einen Kleiderbügel an der Garderobe das Schild „Für meinen richtigen Partner". Lege die ganze Zeit über in dein Badezimmer ein frisches Badetuch für den Liebes-Gast und stelle in deinem Schlafzimmer einen freien Stuhl hin, wo sie oder er seine Kleider ablegen kann. Das ist doch einladend, oder?

Die Körperhaltung

Natürlich wirkt im Flirt eine aufrechte Körperhaltung anziehender als eine krumme, eingesunkene. Denn es symbolisiert Stolz und Selbstbewusstsein. Aber was tun, wenn wir einen Buckel-Ansatz am Hals haben, ein Hohlkreuz, eingesunkene Schultern, eine Flachbrust ...? Alles das entsteht durch Überstress, durch Schock-Erlebnisse und Trauma-Erfahrungen, die dann eine Schwächung hervorrufen und einzelne Körpersegmente aus der Balance bringen. In der Tat signalisiert der Körper so nach außen, dass es in der Seele das ein oder andere Defizit gibt.

Aufgabe 61: Dein Kopf – ein Heißluftballon

Während du stehst und läufst, stelle dir vor, dass dein Kopf ein Heißluftballon ist, oder eine Lokomotive, die *nach oben* schweben bzw. fahren und alle anderen Körperteile mit sich locker nach oben ziehen möchte. Jede Bewegung leite ein mit *„locker nach oben"* – und erst dann entscheide dich für eine Richtung. Hebe die Brust, verlängere hinten den Hals, senke das Kinn, senke die Schultern nach hinten unten, dass sie wie ein Sattel auf einem Pferd liegen. Und vor allem: „Blick heben!" Das Heben des Blicks nach vorn und geradeaus bewirkt Erstaunliches – so wird es z.B. möglich, eine depressive Verstimmung und ein „Sich-verkriechen-nach-innen" aufzulösen.

Wenn du langfristig und tiefergehend etwas an der Körperhaltung verändern möchtest, buche 10 Sitzungen *Rolfing* oder *Postural Integration* oder *Rebalancing* und besuche *Feldenkrais*-Kurse oder Kurse in *Iyengar-Yoga* (Kontakt-Adressen findest du dazu im Internet). Dort findest du Profis, die sich auf ein Verändern der Körperhaltung spezialisiert haben, die – wie schon erwähnt – dann oft auch mit besserer seelischer Balance einhergeht.

Dein Gang

Laufe nicht nur aufrecht, sondern bewusst bei jedem Schritt. Setze die Füße leicht nach außen – das signalisiert Offenheit. So hat dein Gehen etwas Erhabenes und Gemessenes. Laufe nicht zu schnell und nicht zu langsam, sondern schreite in einer gemütlichen Spiellaune, wie einer/eine, der/die das Leben genießt und weiß, was er/sie hat und ist. Wenn du nicht zu schnell läufst, kannst du mehr wahrnehmen und verpasst auch keine guten Flirt-Partner und Chancen.

Deine Gestik und Mimik

Mache dir bewusst, dass es für gutes Flirten wichtig ist, die eigenen wohlwollenden Gefühle durch deutliche Gestik und Mimik zu zeigen. Wenn du emotionslos, unnahbar, distanziert, zu cool oder überheblich wirkst, sind das alles Kontakt- und somit Flirt-Killer. Jemand, der keinerlei oder wenig Mimik zeigt, ist nur schwer einzuschätzen. Er wirkt un-emotional oder cool. Wenn es dir schwerfällt, Gefühle nach außen zu zeigen, weil du in der Kindheit schmerzliche Gefühle wegpacken musstest, mache Therapien bzw. belege Workshops und Wochenend-Kurse, die das Expressive betonen wie z.B.: Schrei-Therapie (Cariel/Bonding), Theater- und Clown-Workshops, Psychodrama und Rollenspiel, Gesangsunterricht, Schauspielerei, Improvisations-Theater. Lerne, auf der Bühne zu sein und Gefühle zu zeigen. Lerne im Gespräch, jedes Gesagte mit lebhafter Gestik der Hände, der Arme und des Gesichtes zu unterstützen. Das kommt im Flirt viel besser an als (scheinbare) Leblosigkeit. Lasse Arme und Hände immer „mitreden"!

Deine Stimme

Ich selbst habe eine sehr gute Bass-Stimme und wurde in meinem Beruf und privat im Laufe der Jahre immer wieder darauf angesprochen. In einer Schatten-Feedback-Übung bekam ich jedoch immer wieder zu hören, dass meine Stimme monoton sei und gefühllos und einschläfernd wirke. Das ließ mich aufhorchen und ich fragte mich nach der Ursache. Da kam mir die Erinnerung an die schwere Scheidungszeit meiner Eltern in den Sinn – ich war 12 Jahre alt. Ich erinnere mich an eine höchst emotionsgeladene Atmosphäre. Weil dabei die Negativ-Gefühle zu stark für mich waren, habe ich gelernt, starke Gefühle zwar zu haben, aber nach außen hin völlig ruhig zu wirken (Schutz-Reaktion). So wurde ich der ideale Yogi. Durch eine geeignete Therapie habe ich gelernt, die Gefühle wieder hervorzuholen und sie nach außen wieder meinen Mitmenschen zu zeigen, was dann auch in gefühlvollerer Sprache – natürlich der Sache angemessen – zum Ausdruck kam.

Die Stimme unterliegt wie die Gefühle ständigen Schwankungen. Wenn wir unter Überstress leiden, wird die Stimme höher, piepsiger – wenn wir sehr entspannt und glücklich sind, wird sie tiefer und voluminöser. Wie sich deine Stimme in etwa für andere anhört, kannst du testen, indem du dich mit zwei Meter Abstand vor eine Wand stellst, die Ohren mit beiden Händen nach vorne klappst und die Hände wie Elefantenohren nach vorne hältst und dann laut sprichst.

Das Sprechen im Flirt

Sprich laut genug und deutlich. Bewege beim Sprechen den Mund und das ganze Gesicht, so wird die Artikulation besser. Rede langsam. Zu schnelles Sprechen wirkt nervös und ängstlich. Sprich auch nicht zu laut, das nervt. Sprich nicht zu viel. Idealerweise sollten die Gesprächsanteile beider Flirt-Partner genau 50:50 betragen. Lasse dich während des Flirts nicht zumüllen als Kummerkasten der Nation. Betone die Worte, die dir wichtig sind. Darüber hinaus: Singen, schauspielerisches Stimm-Training und lautes Vorlesen verbessern deine Stimme und Sprache.

6. Goldener Schlüssel: „Das Herz öffnen für wirkliche Nähe und Liebe"

Angst vor Nähe scheint eine verbreitete moderne Seuche zu sein. Warum sehnen wir uns nach Intimität und tun, wenn wir sie erreichen, alles, um sie zu zerstören?

Sich zu verlieben ist das Heraufbeschwören des berauschenden Zustands, in einer Welt geborgen zu sein, in der zwei Wesen zu einem verschmolzen sind und in der es vollkommene Versorgung gibt. Es hat zu tun mit unserer Vorstellung vom Garten Eden, in dem wir gelebt haben (im Mutterleib), bevor wir erkannten, dass jeder von uns allein ist ... Und es hat zu tun mit der Vertreibung aus diesem traumhaften Dasein. Wiedererweckte Phantasien und Erinnerungen an den märchenhaften Zustand (= Verliebtsein) rufen unvermeidlich auch Erinnerungen an Enttäuschungen nach sich und lösen Ängste aus: Angst vor Trennung, Angst vor Verlust, Angst vor dem Verlassenwerden.

Nachfolgend geht es um praktisches Training, d.h. wie man lernt, sein Liebesgefühl auszuhalten und zu verstärken und wieder bindungsfähig zu werden. Es geht um die Heilung von Schockerlebnissen aus der Kindheit, die dazu geführt haben, dass wir Liebe mit Angst verbinden, Beschenkt-Werden mit Abwendung und Nähe mit Schmerz – weshalb wir davor oft fliehen ... Trauma-Heilung und unterbrochene Hinbewegung zu wichtigen Bezugspersonen (meist Mutter und Vater) sind somit Schwerpunkte dieses Kapitels. Dazu gehört auch die Diskussion um den Wert von Körperkontakt, Zärtlichkeit und Sich-gegenseitig-halten in Beziehungen. Lerne wieder: *„Liebe ist Vertrauen. Liebe ist Halten und Gehalten-werden."*

Das Problem: Die Flucht vor der Nähe

Warum wir gerade das abwehren, was wir so innig begehren, kann drei Gründe haben. Der erste Grund ist eine familien-systemische Verstrickung (siehe dazu 3. Kapitel). Die zweite Ursache kann in einer sogenannten „unterbrochenen Hinbewegung" begründet liegen: Ein Schockerlebnis in Kindheit oder Jugend kann zu einer entwicklungspsychologischen Fehlentwicklung führen. Der dritte Grund ist, dass eine ehemalige Liebesbeziehung seelisch noch nicht abgeschlossen ist (siehe hierzu ebenfalls das 3. Kapitel). Nähe wird dann als Bedrohung erlebt, Fürsorge als Gängelung, Zuwendung als „Käfig-Haltung" und Liebe als Schmerz und Gefahr.

Die „ganz große Liebe" hat in der Tat auch immer etwas mit Schmerz zu tun, weil sie uns wieder in Kontakt bringt mit der ersten großen Liebe unseres Lebens, der Beziehung zu Mutter und Vater. Da es dort menschlicherweise auch Unerfülltheit und „Erziehungsfehler" gab, können solche ungelösten Knoten im Erwachsenen-Leben in die Mann-Frau-Beziehung hineingetragen werden. An der Lösung dieser Probleme arbeiten wir auch in unseren YaDu-Single-Seminaren.

Das Trauern, das Aushalten von altem Schmerz, wenn er hochkommt, das Weinen mit offenen Augen, ist der ehrliche Weg, das Herz wieder zu öffnen, wenn es verwundet ist und verletzt. Eine weitere Möglichkeit besteht darin, innerlich in die Zeit des Schocks zurückzugehen und sich dabei körperlich festhalten zu lassen. Wie das praktisch zu realisieren ist, erfährst du in den Aufgaben und Übungen weiter unten.

Beispiele aus dem Leben

Er war weggelaufen, als es gerade am schönsten war. Einfach so. Eines Morgens – Monika (26) hatte sich gerade aus dem Bett gequält – fand sie diesen Brief: *„Es ist mir zu eng mit dir. Ich kann so nicht leben. Bitte versteh mich."*

Verstehen? Erst konnte sie es garnicht glauben. Das sollte wohl ein Scherz sein. Schließlich war sie erst vor zwei Wochen gemeinsam mit Wolfgang (28) in die langgesuchte Altbauwohnung gezogen. Ein knappes Jahr lang waren sie zwischen Frankfurt und Köln hin- und hergependelt – fast jedes Wochenende hatten sie sich gesehen. Ein knappes Jahr, und jeder Tag davon hatte Hoffnung bedeutet. Hoffnung darauf, dass diese Zeit endlich zu Ende gehen würde, dass man bald richtig zusammensein könnte. *„Mir ist das alles irgendwie zuviel geworden"*, sagt Wolfgang später. *„Ich meine, so eine richtige Beziehung mit gemeinsamem Schlafzimmer, gemeinsam einkaufen gehen und all dem. Ich glaube, ich will mich in Sachen Beziehung noch nicht richtig festlegen."* Und dann kam dieser Satz, den Monika am meisten traf: *„Aber vielleicht passen wir auch einfach nicht zusammen. Vielleicht brauche ich doch eine Partnerin, die mir mehr Freiraum lässt."*

Irgendwie kamen Monika diese Worte bekannt vor. Hatte sie früher nicht schon ähnliches aus Wolfgangs Erzählungen gehört, damals als er von seinen ehemaligen Freundinnen erzählte? *„Die haben immer geklammert"*, oder: *„Ich fühle mich total unfrei"* – so hatte er stets über seine Beziehungen gesprochen. Und immer betonte er einen bestimmten Satz: *„Mit dir ist das nicht so, das ist was ganz anderes."* Auf einmal begriff Monika: Wolfgang fürchtet sich vor Nähe. Und die Beziehung war nur deshalb so lange gut gegangen, weil sie permanent auf Distanz gelebt hatten, weil jeder sein eigenes Leben geführt hatte – mit Ausnahme des Wochenendes eben.

Jeder Single hat Angst vor Bindung – aber kaum ein bindungsscheuer Mann, eine bindungsscheue Frau weiß von seinem bzw. ihrem Problem.

In gewisser Hinsicht haben wir alle Angst vor Bindungen – jeder Mensch. Spätestens dann, wenn wir das Gefühl haben, unser natürliches Grundbedürfnis nach Freiheit und eigenem Revier könnte eingeschränkt oder bedroht werden. Dann fragen wir uns: Wollen wir das wirklich? Denn in unserem Inneren ahnen wir, dass wir nicht nur etwas bekommen werden, sondern auch etwas geben müssen. Es wird von uns erwartet, dass wir verlässlich sind und Verantwortung übernehmen, dass wir Verpflichtungen nachkommen und Erwartungen erfüllen. Meist fällt es uns mit zunehmendem Alter und wachsender Reife leichter, uns so intensiv auf einen anderen Menschen einzulassen. Wir erfahren, dass es eine zutiefst angenehme und lohnende Erfahrung sein kann, etwas von sich herzuschenken, auch wenn wir dabei auf ein Stück Freiheit verzichten müssen.

Beim bindungsängstlichen Menschen ist das anders. Experten vermuten, dass ein Mann oder eine Frau, die als Kind ständig bemuttert wurde, und sich dadurch eingeengt fühlte, später womöglich jede feste Form aus seinem/ihrem Leben verbannen wird. Alles, was ihm/ihr in irgendeiner Weise endgültig erscheint, wird Angst in ihm/ihr hervorrufen.

Wolfgang geriet in Panik, als er gerade dabei war, die Wände der Wohnung zu streichen. *„Als ich mich in unserem zukünftigen Zimmer umsah, wurde mir richtig schwarz vor Augen, so sehr fürchtete ich mich plötzlich vor dem engen Zusammensein mit Monika“*, gesteht er im Nachhinein. *„Ich habe meine Möbel im Flur stehen sehen und gedacht: Mensch, das sind jetzt unsere Möbel. In Zukunft gibt es kein ‚Ich‘ und kein ‚Mein‘ mehr. Alles wird ‚wir‘ und ‚unser‘ heißen. So willst du nicht enden, dachte ich auf einmal. In einer Nacht-und-Nebel-Aktion beschloss ich, mich von Monika zu trennen. Ich habe irgendwie gespürt, dass es wohl falsch war, was ich da tat. Doch ich konnte nicht anders. Ich war wie gelähmt in meinem Handeln. Ich wollte weg, einfach nur noch weg.“*

Bindungsangst wird auch manchmal mit Platzangst verglichen. Es heißt, für einen bindungsscheuen Menschen sei eine feste Partnerschaft wie ein geschlossener Raum, aus dem es womöglich kein Entrinnen gibt. Die Furcht davor, diesen Raum zu betreten beziehungsweise sich auf einen Menschen einzulassen, kann so groß sein, dass alle möglichen klassischen Angstgefühle ausgelöst werden können: Kopfschmerzen, Übelkeit, Nervosität, Herzklopfen, Schweißausbrüche. Solche Reaktionen sollen den Körper mobil machen und ihn auf Kampf oder Flucht vorbereiten. Das Gehirn sendet eine Botschaft an den Körper, die in etwa lautet: „Ich bin in Panik.“ Der Körper antwortet: „Sieh zu, dass du wegkommst!“ und er verhält sich ähnlich, wie bei einem Menschen mit Platzangst, der im Fahrstuhl, in einer Menschenmenge oder einem Kleiderschrank eingesperrt ist.

Was könnte für eine Frau/einen Mann verwirrender sein als ein Partner, der ihr zuerst versichert, er wolle mit ihm/ihr zusammensein, der aber dann – zeitweise oder sogar für immer – verschwindet. „Es ist, als hätte sie zwei Seelen“, sagte einmal ein Mann, der über Jahre hinweg in einer solchen Beziehung der Extreme lebte. Und genau das trifft es. Der bindungsscheue Mensch hat mit mächtigen Dämonen zu kämpfen. Einerseits hat er einen ungeheuer starken Wunsch nach einer Bindung. Doch das Paradoxe ist, dass er sich von dem Menschen bedroht fühlt, der ihn liebt und den eigentlich auch er lieben möchte. Seine Furcht, vereinnahmt zu werden und die eigene Freiheit zu verlieren, ist so groß, dass sie/er schliesslich das Gegenteil von dem tut, was sie/er tatsächlich will. Sie/er entfernt sich, anstatt sich anzunähern. Sie/er sucht Abstand, obwohl sie/er sich in Wirklichkeit nach Nähe sehnt.

Es gibt Frauen und Männer, denen es gelingt, ihre Bindungsängste über einen längeren Zeitraum sehr geschickt zu verbergen. Ludwig zum Beispiel ist – wenn man Sabines Worten glauben darf – „der beste und zärtlichste Liebhaber, den man sich vorstellen kann". Seltsam findet Sabine es nur, dass sich Ludwig immer dann, wenn sie gemeinsam ausgehen, um 180 Grad wandelt. Wenn sie bei Freunden eingeladen sind, sieht er sie manchmal den ganzen Abend lang überhaupt kein einziges Mal an. Und auf die Idee, sie vor den anderen in den Arm zu nehmen, kommt er schon garnicht. Ihre Vorwürfe wie *„Ich wurde schon gefragt, ob wir überhaupt noch zusammen sind"*, tut Ludwig als *„völlig übertrieben"* ab. *„... sie solle doch bitte nicht immer so sehr an ihm klammern"*, meint er lapidar.

Etwas anderes geht in Hans-Peter vor, doch sein Hintergedanke ist derselbe. Um aus der für ihn unerträglichen Beziehungsenge zu flüchten, lässt er sich besonders gern dann auf One-Night-Stands ein, wenn seine Freundin mal wieder eifrig Heiratspläne schmiedet. *„Wenn sie davon spricht, dass sie mit mir aufs Land ziehen und bald Kinder kriegen will, würde ich am liebsten auf der Stelle davonrennen"*, gibt er zu.

Flucht vor Nähe, Flucht vor Bindung, Flucht vor der Ewigkeit – zu Beginn der meisten Beziehungen, die Männer oder Frauen eingehen, scheinen diese Probleme noch nicht einmal ansatzweise vorhanden zu sein. Im Gegenteil. Da sehen Frauen einen Mann vor sich oder Männer eine Frau vor sich, der/die unbedingt Liebe zu brauchen, Liebe zu wollen scheint. Und nicht selten sind es gerade sein/ihr heftiges Werben und seine/ihre rührenden Zugeständnisse, die davon überzeugen: Auf den/die könnte ich mich einlassen. Doch sobald sie/er das tut, sobald der Liebe eine Chance gegeben wird, ändert sich etwas. Plötzlich läuft er/sie davon, der feurige Verehrer von gestern, die Super-Liebhaberin von vor vier Wochen, der Mann, der dich mit treuem Hundeblick angesehen und gemeint hatte, du seist die schönste Frau, der er je begegnet ist – die Frau, die dir gestand, dass du der erste richtige Mann seist, den sie je getroffen hat ...

Die Fluchtarten sind dabei so unterschiedlich wie die bindungsscheuen Menschen selbst. Manch einer versucht sich zu distanzieren, indem er einen unsinnigen Streit provoziert, ein anderer ist auf einmal wie vom Erdboden verschluckt und meldet sich nie wieder. Das Schlimme ist, dass so gut wie kein bindungsscheuer Mann, fast keine bindungsscheue Frau von dem eigenen Problem weiß. Er/sie versteht nicht, was in ihm/ihr vorgeht, er/sie spürt lediglich, dass irgendetwas falsch läuft. Weil der bindungsscheue Mensch nicht das Gefühl haben will, dass er selbst es ist, der dauernd die Chance für die Liebe zerstört, braucht er eine Erklärung, bei der er halbwegs anständig wegkommt. Und da keine Frau und kein Mann perfekt ist, muss er nicht lange suchen, um ein passendes Argument für sein Ausbrechen aus der Beziehung zu finden. Die klassische Reflex-Reaktion lautet: „Ich kann nicht Schuld sein, also muss er/sie es sein." Ergänzend wird geargwöhnt: „Vielleicht brauche ich einen Partner, eine Partnerin, die mir mehr Freiraum lässt." Damit belügen die bindungsscheuen Menschen sich dann selbst ... denn es kann nie genug Freiraum sein ... es ist endlos.

Noch Monate nach der Trennung wollte Wolfgangs Äußerung nicht aus Monikas Kopf weichen. Hatte sie Wolfgang denn jemals eingeengt? Erst spät begriff sie: Es war sein Problem, er hätte es lösen müssen. Um es gemeinsam zu lösen, war es schon zu spät.

Die Lösung

Führe die folgenden aufgeführten Übungen aus, und du erlangst wieder eine natürliche und bereichernde Bindungsfähigkeit, ein offenes Herz, das lieben, sich erfreuen und genießen kann – voll und ganz.

Aufgabe 62: Das Trauma-Rennen

Wenn in deinem Leben sehr starke Gefühle von Bindungsangst, Beengtsein, Panik und extremem inneren Schmerz aktuell hochkommen, gibt es einen Weg, diese alten Kräfte, die aus der Vergangenheit stammen, aufzulösen. Es handelt sich dabei um Emotionen aus Situationen und Bildern deiner Kindheit und Jugend, manchmal auch aus der Babyzeit und Schwangerschaft. Wenn diese Angst in einer Beziehung also hochkommt und du den Druck steigen spürst, die Flucht-Tendenz sich dir aufdrängt in deiner Seele, dann handle sofort!

Wenn dieses Gefühl hochkommt: Lass es zu und spüre es, ziehe dir Jogging-Schuhe an, gehe raus auf die Straße und renne so schnell und so lange du kannst, bis zur völligen Erschöpfung. Der Antrieb deines Rennens muss die Angst sein, so als wäre ein wildes Tier hinter dir her, das dich fressen will. Du rennst die Emotion aus dem Körper raus, und dadurch wird das traumatische Gefühl für immer aus den Zellen gelöscht und kommt nie mehr wieder. So machen es auch die Tiere. Erst dann wirst du liebes- und beziehungsfähig. *Wichtig:* Es muss sofort in der Situation gemacht werden, unmittelbar, wenn das Gefühl hochkommt und solange es dauert. Und: Du musst extrem laufen, gib alle deine Kraft da hinein ... es wird nur fünf bis zehn Minuten dauern. – Ich habe mit dieser Herangehensweise sehr gute Erfahrungen gemacht, es hört sich einfach an, aber es ist ein Schlüssel, der belastete Charaktere erlösen kann. Es kann die Schock-Erfahrung der Vergangenheit aus den Körperzellen löschen, auch ohne sich genau bewusst zu sein, was damals passiert ist – siehe dazu auch das Buch von Peter Levine: „Trauma-Heilung". (Schließlich noch ein Hinweis zu deiner Sicherheit: Du wirst natürlich nur dort laufen, wo es ungefährlich ist – Wald, Park, wenig befahrene Straßen.)

Aufgabe 63: Verpflichtung zur Bindung – Dein innerer Vertrag

Wenn du also zu den Bindungsangst-Typen gehörst und die Phase des Alleinlebens in eigener abgeschlossener Wohnung von mindestens einjähriger Dauer auch schon absolviert hast, dann ist folgende Übung für dich hilfreich: Schließe mit dir selbst einen Vertrag – am besten schriftlich –, in der nächsten Beziehung mit einem guten Mann/einer guten Frau *mindestens sieben Jahre* zu verbleiben, egal was kommt. Das liefert dir enorme Wachstums-Chancen und wird alle deine Knoten lösen. Dieser Vertrag wirkt deshalb so stark, weil du deine größte Angst (gefangen zu sein) konfrontierst und das Gegenteil von dem tust, wozu die Angst dich zwingen will. Ergänzend mache zuvor eine Familien-Aufstellung und Bonding, das Heilen der unterbrochenen Hinbewegung durch Festhalten. Lasse dich immer dann von deinem Partner festhalten, wenn du spürst, dass die Flucht-Tendenzen hochkommen in deiner Seele. Spüre dann alle deine Gefühle, bis es vorbei ist (meist nach höchstens 15 Minuten).

Die Kehrseite der Medaille: ‚Beziehungs-Sucht'

Manche Menschen haben es nicht gelernt, allein zu sein. Kaum waren sie aus dem Elternhaus, gingen sie sofort die erste Beziehung oder gar Ehe ein, um danach, nach jeder Trennung erneut, in eine weitere Partnerschaft zu schlittern. Eine Trennung kommt für diese Menschen aus Angst vor Allein-Sein und Einsamkeit nicht infrage. Sie sorgen höchstens dafür, dass der Partner sich trennen *muss*, durch beziehungs-zerstörendes Verhalten. Da das Motiv für das enge, meist symbiotische Zusammensein die Angst ist, sind solche Beziehungen auf Sand gebaut und deshalb früher oder später zum Scheitern verurteilt.

Aufgabe 64: Das Single-Jahr

Wenn du zu den Menschen gehörst, die auf übertriebene Weise und zu schnell die totale Nähe suchen, dann wird es sehr heilsam sein, zumindest ein ganzes Jahr lang allein zu sein. Nimm das Datum deiner letzten Trennung und entscheide dich, frühestens nach einem Jahr eine neue feste Beziehung einzugehen. Das bedeutet auch, dass du diese Zeit für dich *allein* – also *ohne* Partner – in einer eigenen abgeschlossenen Wohnung lebst. So hast du das erste Mal ganz und gar dein Revier für dich alleine.

Das Allein-Leben ist für jeden Menschen nach tiefenpsychologischen Erkenntnissen eine wichtige Durchgangsstufe in der eigenen Entwicklung. In dem Jahr des Allein-Seins wirst du Höhen und Tiefen ganz besonderer Art kennenlernen. Die *Vorteile* sind: endlich deine eigene Herrin, dein eigener Herr zu sein; den Tag, die Zeit völlig frei einteilen zu können; Ruhe zu finden und über sich selbst nachdenken zu können und so besser zu seinem „Ich" und seiner Persönlichkeit zu finden. Du kannst so ohne Ablenkung den eigenen Weg, deine Ziele, deine Anlagen, deine Berufung, deine Lebensbestimmung erspüren; hast Zeit für neue Hobbys und Interessen, auch Zeit für berufliche Karriere und Festigung. Du erleidest keine Energieverluste mehr durch Beziehungs-Streitereien, Eifersucht etc. Freies Flirten mit jeder Zahl von interessanten Männern und Frauen ist jetzt möglich – du kannst ein Freundschaftsnetz aufbauen, das dich trägt und kannst diese neuen Freundschaften pflegen. Du wirst wirklich in der Zeit erspüren, welchen Partner du nach dem Allein-Sein möchtest und welcher Partner unabhängig von Beziehungssucht wirklich gut ist für dich – du kannst dann frei entscheiden, wieder in Bindung zu gehen oder nicht.

Die *Nachteile* jedoch sind: hin und wieder Einsamkeit und mangelnde Geborgenheit.

Wenn du *wirklich* dabei weiterkommen möchtest, deinen richtigen Partner zu finden, dann führe das Experiment des Single-Jahres unbedingt durch. Wenn du diese Phase noch nicht durchgemacht hast, bist du nicht wirklich beziehungsfähig. Die Wirkung des Single-Jahres ist deshalb so gut, weil du deine Ängste konfrontierst, also das Gegenteil von dem tust, wozu die Ängste dich zwingen wollen. Das wirkt sich sehr heilsam aus.

Aufgabe 65: Das gute Trauern

Wenn wir uns einst ver-liebt haben, müssen wir eine getrennte Liebe auch wieder ver-trauern, d.h. abtrauern. Nur wenn wir diese so wichtige Phase vollständig durchlaufen, können wir wieder frei sein für einen neuen Partner, letztlich aber auch wieder verbunden mit dem eigenen Herzen, d.h. mit Lebensfreude! (Siehe dazu auch das Kapitel „Den ehemaligen Partner würdigen".)

Im Unterschied zu jahrelang gepflegter neurotischer Trauer, einer ständigen Melancholie, einer dauernden depressiven Verstimmung, ist die gute Trauer ein Gefühl, das nicht verschwindet, wenn wir die Augen öffnen. Und: Dieses Gefühl ist zwar schlimm und intensiv, aber es geht auch recht bald vorbei – aber nur, wenn du dich voll darauf einlässt. Unterdrückte oder unter den Teppich gekehrte Trauer kann Jahre und Jahrzehnte dauern und dein Leben lähmen.

Darum achte nach einer Trennung darauf, dass du a) nicht zuviel arbeitest oder dich durch Zigaretten, Alkohol, Fernsehen betäubst und b), dass du dir Zeit nimmst allein für dich selbst, wenn du spürst, dass die Trauer hochkommt. Und sie wird ganz sicher hochkommen, wenn du geliebt hast. Die Trauer ist der Preis einer ehemaligen Liebe. Die Trauer würdigt die ehemalige Liebe. Sie ist etwas sehr Schönes. – Nimm dir also Zeit, setz dich auf ein Sofa oder in dein Bett und lass die Tränen fließen, heule, schreie, lass den ganzen Schmerz so vollständig wie möglich heraus. Spüre den Schmerz total! Und beachte dabei unbedingt: Lass deine Augen dabei geöffnet, damit du nur die hilfreiche Trauer ausdrückst und nicht hinderliche und energieraubende sogenannte „Sekundär-Gefühle". Du wirst bald spüren: Wenn das Gefühl mit offenen Augen bleibt, dann ist es die „gute Trauer". Praktiziere diese Offenheit für Trauer mindestens ein ganzes Jahr lang nach deiner Trennung. Es bringt dich zu dir zurück und heilt ein verletztes Herz.

Die Herz-zu-Herz-Umarmung

Hier lernen Menschen, die Angst vor Herzenswärme fallenzulassen und sich auf die nährende Wärme eines Partners wieder einzulassen: *Was ist Liebe? In der Mitte meiner Brust ist es immer ganz warm, wenn er/sie in der Nähe ist. Das ist Liebe!*

Aufgabe 66: Herz-zu-Herz-Umarmung für Singles

Die Herz-zu-Herz-Umarmung ist eines der schönsten Rituale menschlichen Beisammenseins. Sie kann immer wieder mit viel Energiegewinn ausgeführt werden, egal ob jung oder alt, gesund oder krank, reich oder arm. Die Umarmung ist die wichtigste Form, wie Menschen sich gegenseitig das Bedürfnis nach Zuneigung, Nähe und Zärtlichkeit erfüllen können. In der Herz-zu-Herz-Umarmung tankst du Körper und Seele mit Liebe und Geborgenheit auf. Du fühlst dich sicher und angenommen. Dieses Bedürfnis wird auch *Bonding* genannt, das ist Körperkontakt mit emotionaler Offenheit. Dieses Grundbedürfnis ist unabhängig von Sexualität zu erfüllen. Übe die Herz-zu-Herz-Umarmung täglich mit Freunden und Verwandten. Schaffe auf diese Weise eine neue positive Gewohnheit. Umarme täglich die Liebsten, die du hast!

Herz zu Herz-Umarmung heißt: in Kontakt mit den Mitmenschen sein, Gefühle zulassen, Zeit haben und die Muße des Augenblicks genießen in unserer hektischen, schnellebigen Zeit. *Wie geht das?*

a) Der Körper: Im Stehen bringen zwei Menschen die Körpervorderseite in Kontakt und Umarmen sich mit beiden Händen. Dabei werden folgende Körperteile in engen Kontakt gebracht: Oberschenkel, Becken, Bauch, Brust, eventuell auch die Wangen. Nicht der Pressdruck ist entscheidend, sondern viel Kontakt zu haben. Der Kopf ruht entspannt auf der Schulter des Partners, an der Wange, oder wenn ein Partner viel größer ist, wendet der oder die Kleinere von euch den Kopf zur Seite und legt ihn an die Brust des Partners/der Partnerin. Beide Arme legen sich um den Körper des anderen. Die kleinere Person fasst unter den Schultern des größeren hindurch. Die Hände sind offen, die Handgelenke werden nicht gefasst. Die Handflächen liegen am Rücken des anderen an. Entspanne dich in diesem Augenblick. Lasse die Gesichtszüge schmelzen – so wie bei einem schlafenden Kind.

b) Der Aftermuskel und der Kiefer: Entspanne besonders den Aftermuskel. Er muss weich und locker sein. Achte darauf, nicht unbewusst den Hintern zusammenzukneifen. Lass den Beckenboden locker wie eine Hängematte sein. Ebenso den unteren Bauch loslassen und frei atmen. Lass den Kiefer locker, beiße die Zähne nicht zusammen!

c) Das Grounding: Sehr wichtig ist in der Herz-zu-Herz-Umarmung, dass man den Kontakt zum Boden nicht verliert. Stehe fest, auf beiden Füßen liegt gleich viel Gewicht. Halte die Knie locker gebeugt und den Körper-Schwerpunkt etwas tiefer als gewöhnlich. Deine Oberschenkel schmiegen sich dann auch angenehm an die des anderen. Spüre von Zeit zu Zeit immer mal wieder in die Füße hinein.

d) Die Atmung: Atme frei und fließend. Wenn der Atem eng oder kurz ist, entspanne dich, indem du einige Seufzer durch den offenen Mund kommen lässt. Mit deutlichem Ton auszuatmen befreit! Benutze jede Ausatmung, um den Körper noch mehr zu entspannen. Lasse los. Sei dir deines Atems und dem deines Partners bewusst. Fühle die Atembewegungen an Brust und Bauch. Lausche später auf den Atem des Partners. Wenn ihr synchron, d.h. im gleichen Rhythmus ein- und ausatmet, ist das sehr schön und steigert das Verschmelzungsgefühl und die energetische Aufladung.

e) Töne: Du empfindest noch weitaus mehr Befreiung, wenn du Töne und Laute in der Umarmung zulässt: angenehmes Schnurren oder lustvolles Stöhnen können dabei sehr wohltuend sein. Spannungen oder seelischer Druck fließen am besten über Seufzer nach außen und fallen so von dir ab.

f) Die Aufmerksamkeit: Schau dem anderen in die Augen, bevor du ihn umarmst. In der Umarmung lasse deinen Geist zur Ruhe kommen. Vergiss Gedanken und Gefühle. Lass sie vorbeiziehen, wenn sie kommen. Spüre immer wieder deine Brustmitte und visualisiere, dass mit der Einatmung Liebe in dein Herz einströmt. Einatmen heißt *Nehmen.* Übe dich darin, das Geschenk der Nähe von anderen mit Dankbarkeit zu empfangen. Nähre dich mit Liebe bei jeder Einatmung. Bleibe völlig entspannt.

Wie lange und wie oft soll man das machen?

Ab ca. einer Minute beginnt die Übung zu wirken. Kürzere Umarmungen sind weit schwächer oder wirken gar nicht, wenn sie unbedacht oder verspannt ausgeführt werden. Eine Regel lautet: Eine Herz-zu-Herz-Umarmung sollte mindestens sieben tiefe und langsame Atemzüge dauern. Ausdehnen kann man das unendlich. Andererseits brauchst du es nicht so besonders lange, wenn du dich insgesamt erfüllt und zufrieden fühlst und sehr aufnahmebereit bist. Wenn es dir seelisch schlecht geht, praktiziere die Umarmung so oft wie möglich. Ansonsten im Durchschnitt mindestens einmal am Tag.

Was kann man dabei verkehrt machen?

Umarme nicht zu hastig, lass dir Zeit dabei. Drehe den Körper nicht zur Seite oder weg vom Partner. Gib dem anderen nicht die kalte Schulter. Die ganze Vorderseite muss gleichmäßigen Kontakt haben. Presse den Partner in der Umarmung nicht zu sehr. Spüre, wieviel Drücken angemessen ist. Das hängt vom Partner und von der momentanen Stimmung ab. Es kann eine ganz sachte, leichte Umarmung sein oder eine kräftige. Schiebe dein Becken und Schambein vorwärts. Mache keinen Rundrücken. Gehe auf keinen Fall hoch auf die Zehenspitzen, wenn der Partner größer ist. Ebenso bücke dich nicht hinab, wenn du größer bist. Legt die Körper so aneinander wie ihr dasteht und genießt den Kontakt. Stocke nicht im Atem – das passiert leicht bei Angst vor Nähe. Wenn du Verspannungen oder Unausgewogenheit im Gleichgewicht spürst, verrücke deine Stehposition. Zwinge dich nicht, ruhig zu stehen. Sage dem anderen, wenn etwas nicht stimmt oder die Position unbequem ist oder ein Körperteil schmerzt.

Steigere dich bei der Herz-zu-Herz-Umarmung nicht in sexuelle Gefühle hinein. Vergiss alle Gier. Bei dieser Übung geht es um das *Herz*. Wenn das überfließt, dann wird alles im Leben schöner. Löse dich langsam aus der Umarmung und schaue den anderen an. Versprich dir selbst, die schöne Energie in deinem Körper zu bewahren und weiterzutragen an andere Menschen. Trenne dich in Dankbarkeit. Zu guter Letzt: Versuche nicht Menschen zu umarmen, die das nicht wollen oder können. Finde die richtigen Menschen im richtigen Rahmen für die Umarmung. Brüskiere niemanden.

Die Wirkung

Das Besondere an der Herz-zu-Herz-Umarmung ist, dass sich durch das Zusammenbringen der Energie-Felder die Kraft potenziert. Das ist die Magie der Umarmung. Das glaubst du nicht? Dann probier es aus!

Aufgabe 67: Bonding

Sinn und Nutzen

Diese Übung kann die Angst vor echter Nähe heilen. Durch den Körperkontakt, durch das gegenseitige Halten und durch den freien Ausdruck der Gefühle kann Ganzwerdung geschehen. Die Übung kann im therapeutischen Rahmen ausgeführt werden oder auch im privaten mit Freund oder Freundin. Gegenanzeigen: Wenn jemand psychisch krank war oder ist, sollte Bonding unbedingt nur unter fachlicher Leitung durchgeführt werden.

Der Rahmen

Ihr braucht eineinhalb Stunden Zeit. Wählt einen Raum und eine Zeit, wo ihr nicht gestört werdet. Lüftet das Zimmer vorher gut und heizt, damit ihr nicht friert. Schließt dann die Fenster, dass ihr nicht durch Lärm abgelenkt werdet oder andere durch eure Geräusche stört.

Entscheidet, wer Partner A und wer Partner B ist.

Die Grundposition

A legt sich mit dem Rücken auf eine Matratze und B legt sich oben drauf. Sorgt dafür, dass viel Körperkontakt in Becken, Bauch und Brustbereich da ist. B stützt sich mit den Ellenbogen und Unterarmen über den Schultern von A auf dem Boden ab; B winkelt ein Bein neben dem Körper von A an und fängt damit auch ein wenig von seinem Gewicht ab. Achtet darauf, dass die obere Person nicht den Kopf des anderen festhält, sondern frei lässt. B kann sich zum Abstützen der eigenen Stirn ein Kissen oder eine gefaltete Decke unterlegen. Das bewirkt, dass sich der Nacken von B nicht verspannt. Wenn die Weichteile des Mannes oder die Brust der Frau eingequetscht sind, verrückt euch solange, bis es für beide angenehm und entspannt ist. Die unten liegende Person hält sich die ganze Übungszeit hindurch mit beiden Händen am Rücken der oben liegenden Person fest. Dabei soll A nicht die eigenen Handgelenke packen, sondern die Hände offen halten.

Die Atmung

Der Atem soll vertieft werden und es werden keine Pausen gemacht zwischen Ein- und Ausatmung sowie zwischen Aus- und Einatmung. Atme am besten durch den offenen Mund. A gibt den Atemrhythmus vor und B passt sich daran an. Das nennt man auch „verbundenes Atmen“. Durch diese Atemform wird der Emotionalkörper geöffnet. Gefühle kommen hoch, manchmal auch Erinnerungen. Die Atmung hilft dir, aus den monotonen Kreisläufen der Gedanken herauszukommen und neue Gefühle zuzulassen.

Der Gefühlsausdruck

A darf alle Gefühle auch laut (schreiend) äußern und sich körperlich bewegen, wenn ihm/ihr danach zumute ist. A soll B die ganze Zeit hindurch mit beiden Armen um den Rücken umarmt halten. Das ist wichtig. B soll sich keinesfalls abwerfen lassen, auch wenn A heftig unruhig wird. Egal, was geschieht, die Verbindung muss aufrecht erhalten bleiben. Nur dann geschieht der besondere Selbstheilungs-Prozess. Denn über das ständige körperliche Gehalten-Sein versteht die Seele wieder: „Ja, ich bin geliebt und geborgen!“ Mittels des Körpers fühlt sich die Seele wieder geliebt. Die untenliegende Person drückt sich so weit wie möglich aus. Gefühle sollen in Worten oder Tönen mitgeteilt werden – immer wieder, immer wieder. Dabei sollen vor allen Dingen solche Gefühle geäußert werden, die sonst im Alltag keinen Platz haben oder unterdrückt werden, wie z.B. Lachen, Albernheit, Weinen, Wut, Fluchen, Verzweiflung, Überschwenglich-sein, Verrückt-sein etc. B hört sich das alles neutral und liebevoll zugewandt an, ohne sich mit dem Inhalt zu identifizieren – auch wenn B mit den Äußerungen von A scheinbar persönlich gemeint ist.

Die Rolle des obenliegenden Begleiters

B ist geduldiger und aufmerksamer Begleiter; er schweigt die ganze Zeit. A darf alle Gefühle laut äußern und sich körperlich bewegen, wenn ihm danach zumute ist. A soll B die ganze Zeit hindurch mit beiden Armen um den Rücken umarmt halten. Das ist wichtig. B mischt sich nicht in das ein, was bei A währenddessen passiert. Als B widerstehe der Versuchung, Therapeut zu spielen. Deute nicht, analysiere nicht, beeinflusse nicht durch neugierige Fragen. Lass den Prozess zu. Wenn B etwas sagt, dann höchstens „Atme weiter!“, „Was fühlst du jetzt?“, oder: „Was nimmst du jetzt in deinem Körper wahr, im Becken, im Bauch, in der Brust, in der Kehle?“ *Bedenke:* Anwesend sein und akzeptierend alles anzunehmen ist hilfreich genug.

Die Dauer

Nach 45 Minuten (Uhr/Wecker einstellen) macht ihr eine kleine Pause und tauscht dann die Rollen.

Für wen ist Bonding geeignet?

Für jeden, ob alt oder jung, körperlich gesund oder krank, Mann oder Frau. Dies ist auch eine wundervolle Übung, die zwei Freundinnen zusammen ausführen können, oder zwei befreundete Männer. Da das Sexuelle hierbei keine Rolle spielt, können auch gleichgeschlechtliche Partner Bonding mit sehr viel Gewinn ausführen. Eltern können Bonding auch mit ihren Kindern ausführen (siehe dazu auch die „Festhalte-Therapie“ von Jirina Prekop).

Gibt es auch Situationen, in denen Bonding nicht angewendet werden sollte? Stark neurotische oder psychose-gefährdete Menschen, Schizophrene, oder wegen anderer Leiden in psychiatrischer Behandlung befindliche Personen sollten Bonding nicht in privatem Rahmen, sondern nur nach ärztlicher Absprache mit einem Therapeuten ausführen. Personen mit Asthma oder Herzkrankheiten sollten, bevor sie Bonding ausführen, den Arzt befragen.

Wie oft sollte Bonding geübt werden?

Mindestens einmal pro Woche. Wenn es dir schlecht geht öfters.

Machtvolles Werkzeug

Bonding ist eine der stärksten Methoden für die Gesundung von Körper und Seele. So einfach es ist, so tiefgreifend ist aber die Wirkung, gerade für Menschen, die über Gespräche nicht weiterkommen. Gerade weil die Veränderung des Bewusstseins und die Reinigung verletzter Emotionen mit Hilfe von Bonding sehr schnell vonstatten geht, braucht es längere Zeit, um diese Veränderung anschließend gut in das alltägliche Leben zu integrieren. In 95% der Fälle wird sich eure Beziehung durch Bonding verbessern und es wird dadurch wieder mehr Nähe und gegenseitiges Verstehen zwischen euch aufkommen.

Die Heilung der unterbrochenen Hinbewegung

Menschen, die Bindungsunfähigkeit und Bindungsangst davon abhalten, sich auf eine tiefe und dauerhafte Liebesbeziehung einzulassen, kann durch nachfolgend erläuterten Prozess geholfen werden – doch zunächst möchte ich die Frage beantworten: Was ist mit dem Begriff *unterbrochene Hinbewegung* eigentlich gemeint?

Wir alle hatten in der Säuglings- und Kindheitszeit wichtige Menschen, die uns gepflegt und versorgt haben. In der Regel waren das die Eltern. So haben wir das erste

Mal gelernt, was Nähe und Liebe bedeuten. In der Regel waren so Mutter und Vater die erste große Liebe des Lebens. Da diese Erfahrungen sehr früh stattfanden, haben wir hier auch sehr tief verwurzelt gelernt, was Liebe ist. Diese Erfahrung prägt alle weiteren Erfahrungen zum Thema Liebe im weiteren Lebensverlauf.

Durch den Fluss des Lebens oder auch üble Schicksalsschläge bedingt ist es aber leider so, dass das natürliche Bedürfnis des Kindes nach Liebe, nach Gehalten-werden, Gesehen- und Gehört-werden nicht immer vollständig erfüllt werden konnte. Wenn also bildlich gesehen oder auch tatsächlich das Kind mit ausgebreiteten Armen auf die Mutter zurennt, weil es sich z.B. trösten lassen möchte, da es beim Spielen hingefallen ist, dann wäre es eine Unterbrechung dieser Liebe, wenn die Mutter, bevor das Kind sie erreichen konnte, hinter einer verschlossenen Tür verschwunden ist. Das wird vom kleinen Kind dann unter Umständen als Schreck und Schock erlebt. In der Sprache der Psychologen heißt das „Trauma". Obwohl die Situation sehr harmlos erscheint, kann es aber sein, dass das Kind diese Erfahrung für sich als krankmachend verarbeitet, indem es neue Glaubenssätze über die Liebe bildet, wie z.B. „Liebe ist gefährlich", oder: „Wenn ich liebe, werde ich sicher enttäuscht", oder: „Ich bin es nicht wert, geliebt zu werden – mit mir stimmt was nicht", oder: „Wenn ich Nähe suche, werde ich bestimmt betrogen, verlassen, hintergangen", oder: „Ich bin schlecht, deshalb wird mir die Liebe weggenommen, wenn ich sie am meisten brauche", oder: „Wenn ich liebe, endet das sicher irgendwann in Schmerz."

Ja, liebe Leserin, lieber Leser, das ist verrückt, das ist hart, wenn wir aus diesen so gewonnenen Einstellungen heraus später unbewusst Beziehungen zerstören. Deshalb haben die Therapeuten Daniel Casriel, Jirina Prekop, Bert Hellinger u.a. herausgefunden, wie man dieses Defizit wieder heilen kann. Das geht so: Der Erwachsene versetzt sich wieder in die Zeit, als die Verletzung in der Vergangenheit geschah, geht also in ein Kind-Ich-Gefühl zurück (z.B. Angst, Trauer, Ohnmacht, Hilflosigkeit). Dann hält der Therapeut oder ein Freund die Person körperlich fest in einer innigen Umarmung, stellvertretend für einen Elternteil. Man lässt die Person tief atmen durch den offenen Mund (ohne einen Ton zu machen). Die Person verweilt so lange in der Umarmung, bis der Atem wieder ruhig ist und ein Zustand des Friedens und der Ausgeglichenheit erreicht ist. Das Atmen dient dazu, dass starke Emotionen und Negativ-Energiewellen den Körper verlassen können, denn jedes Gefühl ist im Körper verankert. Das, was so einfach klingt, hat aber sehr tiefe Auswirkungen, wenn dieses heilende Festhalten richtig durchgeführt wird.

Wodurch entsteht echte Nähe zu einem Menschen?

Heute glauben viele Menschen, Sexualität führe zu Intimität – sie irren. Es ist nicht die Sexualität, sondern die *Opferbereitschaft*, denn sie ist es, die zusammen mit der Liebe das Herz öffnet. Opferbereitschaft ist deshalb *der* Weg zur Intimität. Deine Opferbereitschaft signalisiert deinem Partner, dass du bereit bist, auf die Befriedigung deiner Interessen zu seinen Gunsten zu verzichten. Diese Haltung berührt. Sie berührt im Herzen. Und was ist Intimität anderes, als ganz persönlich in der Tiefe deines Herzens berührt zu werden. Opferbereitschaft ist praktizierte Liebe, deshalb beweist sie, dass deine Liebe nicht aus leeren Worten, sondern aus *handfesten Taten* besteht, die dein Partner unmittelbar erleben kann. Das Wort „Opfer“ mag sich für einige Leser unangenehm anhören, nach Selbstverleugnung, Ich-Aufgabe etc.. Nenne es deshalb „Liebes-Geschenk“!

7. Goldener Schlüssel: „Nicht mehr hoffen, sondern tun"

In diesem Kapitel sprechen wir darüber, dass du eine Menge für dein Glück tun kannst und nicht die Hände in den Schoß legen musst. Es geht um deine innere Entscheidung für den guten Partner und die Verpflichtung, gemäß deiner Entscheidung zu handeln. Werde aktiv, beginne dein persönliches *Flirt-Training.* Übe es, leicht und einfach Kontakt zu finden – löse Schüchternheit und Gehemmtheit im ersten Kontakt durch Training für immer auf. Lerne neue Anmach-Strategien und Flirt-Gesprächsöffner, die funktionieren.

Die Schlüssel für erfolgreiches Flirten ...

- gepflegte stilvolle Erscheinung,
- Bodyshaping,
- geschmackvolle Kleidung,
- Gelassenheit durch „Es-dir-gutgehen-lassen" im übrigen Leben,
- Schwingungen bei anderen spüren,
- Wahrnehmungs- und Beobachtungs-Gabe schärfen,
- Geduld und Ausdauer (wie beim Angeln),
- Schwingungen bei sich selbst spüren, verändern und aussenden,
- Spontanitäts-Training,
- Schlagfertigkeits-Training,
- massive Aktion, immer wieder ins Handeln kommen,
- lernen, Abfuhr einzustecken,
- sich immer wieder mit Absicht der Peinlichkeit stellen, der Scham und der Verletzlichkeit,
- Witz und Humor,
- Mut zur Blamage,
- sexuelle Komponente am Anfang rauslassen!!
- der Einsatz deiner Augen (Blick-Training),
- bewusste Körperbeherrschung (keine Verlegenheitsbewegungen und Gesten),
- stolze und selbstbewusste Körperhaltung,
- Stimm-Training,
- Höflichkeit und gute Manieren,
- manchmal: frech, dreist und unverschämt sein!

→ sich immer wieder an neue, ungewohnte Orte begeben und lebenslänglich immer wieder fremde Menschen anprechen!

Und auch hier gilt es, ganzheitlich zu denken: Je lebensbejahender und bewusster du lebst, desto schneller wirst du ein Flirt-Weltmeister. Die innere Zufriedenheit wird einem angesehen und von jedem intuitiv als Flirtbereitschaft verstanden. Schlechte Gemütslage resultiert in erster Linie aus Stress (Überarbeitung, Arbeitssucht – darunter leiden meiner Meinung nach ca. 80% aller Deutschen), Unzufriedenheit mit dem Leben oder Ärger über eine gerade erlebte missliche Situation.

Wer flirten lernen möchte, braucht Zeit und Muße für sich, keinen Stress, keine Arbeitssucht. Und es ist wichtig, andere Tätigkeiten zu opfern, sonst fehlt Zeit zum Flirten. Weniger arbeiten, mehr das Leben genießen - wäre das eine neue Maxime für dich? Lerne, dir Zeit für dich selbst zu nehmen – mit gutem Gewissen. Tue endlich das, was du wirklich möchtest, von innen heraus, statt Wut und Ärger und Neid auf alles Mögliche zu kultivieren. Provoziere gute Laune, egal wo, egal wann und egal mit wem. Werde zum Lebenskünstler und damit zum Flirt-Liebhaber!

Übe dich im Respekt vor den Menschen an sich. Kultiviere dieses Verhalten, nur Gutes über andere Menschen zu denken – das entscheidet maßgeblich über deine Flirt-Ausstrahlung. Werfe alles, was du besitzt, in die Waagschale, dann kommt der Flirt von ganz allein. Zeige ein gepflegtes Äußeres vor, bemühe dich um einen freundlichen und ungekünstelten Gesichtsausdruck und um eine unverkrampfte, offenherzige Körpersprache. Eine reizende Ausstrahlung wird dir die Eingangstür zu anderen Menschen öffnen, ohne dass du auch nur ein Wort sagen musst.

Beherzige, was wir bereits im 4. Kapitel festgehalten haben:
1. Finde heraus, welchen Partner du genau willst. („Wofür brenne ich?!“)
2. Finde heraus, warum das so sein muss (der Hebel).
3. Werde aktiv – gehe unter Menschen, sofort!
4. Stelle fest, was nicht funktioniert (jedes Gelingen braucht Fehler).
5. Ändere deine Vision.
6. Finde Sie/Ihn und erreiche damit das Gewünschte und sei glücklich!

Du möchtest für dich eine neue Wirklicheit hinsichtlich deiner Flirt-Kompetenz erschaffen, deshalb sei dir des Weges bewusst, zuallererst die eigene Einstellung zu ändern, und zwar mit Hilfe:
→ der eigenen Bewertung,
→ mittels Aktionen,
→ durch Konzentration,
→ durch Wiederholung.

Diese vier Prinzipien sind ungemein wichtig zum Erschaffen einer verbesserten Flirt-Kompetenz und damit einer neuen Flirt-Realität.

Den Wahrheitsgrad der Aussage: „Ich bin Flirt-Weltmeister!“ kann ich also erhöhen, indem ich mich anders bewerte, wenn ich selbst ungemein aktiv werde, wenn ich mich konzentriere auf: „Ich bin Flirt-Weltmeister“ und wenn ich den Glaubenssatz immer wiederhole, und letztlich indem ich diese Aussage durch die ununterbrochene Übung immer wieder bestätige.

Bedenke: Wenn es dir bisher gelungen ist, dich aufgrund negativer Glaubenssätze und negativer Affirmationen immer wieder „nach unten“ zu ziehen bzw. dich ziehen zu lassen („Ich werde niemals Flirt-Weltmeister.“, „Es hat keinen Zweck.“, „Ich werde es nie versuchen.“, „Das kann ich nicht schaffen, ich bin nicht attraktiv genug.“), dann wird es dir mit veränderten (positiven) Glaubenssätzen genauso gelingen, „nach oben“ zu kommen.

Daher sowohl die Frage: „Worauf müsste ich mich konzentrieren, was sagen, fühlen, tun und denken, damit der Wahrheitsgehalt der Aussage »Ich bin Flirt-Weltmeister« sinkt ...?“ ... als auch, um die andere Seite der Medaille zu beleuchten: „Worauf müsste ich mich konzentrieren, was sagen, fühlen, tun und denken, damit der Wahrheitsgehalt dieser Aussage steigt?“

Du musst dafür brennen ...

Genau das ist der Punkt! Denn bedenke: Zögerlich lässt sich keine Frau, kein Mann erobern! Wenn es nicht ein unbedingt zwingender Wunsch, eine riesige Herzens-Sehnsucht ist, bald in den Armen des Geliebten, der Geliebten zu liegen, vergiss das Thema erstmal eine Zeit lang. Schenke dieses Buch dann einem anderen Single!

FLIRT TRAINING – Du kannst Freude an Kontakt lernen! Werde Flirt-Weltmeisterin! Werde Flirt-Weltmeister!

Flirt? Was ist das? So, liebe Leserin, lieber Leser, war ich jahrelang drauf. Flirt war kein Thema und ich wusste nicht, wie es geht. In der Pubertät meditierte ich in meinem Zimmer statt zu flirten, schwebte durch kosmische Welten, statt in der Disco, Bar oder Kneipe bis vier Uhr in der Früh rumzuhängen, auf Parties und Feten mich zu besaufen, zu tanzen, und ... eben das erotische Mann-Frau-Spiel zu lernen. Ich war, was das anging, durch und durch schüchtern und verklemmt! Zu den Erziehungsidealen meiner Eltern gehörte es einfach nicht, gut flirten zu lernen und Kontaktfreude mit fremden Menschen einzuüben. Das habe ich mir erst später – verspätet – dann hart erarbeitet. Ja, das war nicht leicht für einen introvertierten Eigenbrötler: kurzsichtig, mit Brille, zuviel denkend, mit den Füßen nach innen laufend, und zudem noch arrogant und hochnäsig! Ich habe in den Jahren gelernt: Du kannst entwicklungspsychologische Mängel der Kindheit im Nachhinein aufarbeiten und in Balance bringen.

Was habe ich nicht geschwitzt und Bauchschmerzen gehabt in meinen Flirt-Trainings ...! Als ich mein Flirt-Training bei Coach Fred Dodson absolvierte, erinnere ich noch ganz genau, wie ich ihm immer wieder folgenden Satz „gefühlt“ in die Augen sagen sollte: „Ich habe viele bereichernde Flirts mit Superfrauen!“ Mein ganzes Unvermögen, meine Angst, meine Ohnmacht kamen dabei hoch. Doch der Einsatz hat sich gelohnt, sehr sogar. Oder als ich mit den Strassenübungen in München beginnen sollte: „Frage zehn Frauen auf der Strasse: ‚Wieviel Uhr ist es?'" – und als ich die erste dann fragte ... und dabei mein Hemd hochschob und die Uhr freilegte an meinem Handgelenk, auf meine eigene Uhr deutend fragte ... wie absurd und gleichzeitig lustig war das alles. Oder im „Cafe Roma", wo Fred mir erklärte, wie man Schwingungen bei sich selbst erzeugt und bei anderen fühlt ... und wie dann eine Frau an unseren Tisch kam, um sich bei Fred Feuer zu holen für ihre Zigarette, obwohl sie kurz zuvor selbst ein Feuerzeug aus ihrer Tasche geholt und wieder weggesteckt hatte ...

Kontakt macht dich reicher!

(und andere auch)

In der Folgezeit erlebte ich tatsächlich so viele tolle Flirts, neue Kontakte, Beziehungen, die mich auch beruflich und geschäftlich weiterbrachten. So führe ich auch heute noch das Flirt-Training immer weiter, denn es ist Kontakttraining im weitesten Sinne. Wie bei allem im Leben braucht auch dies ständige Übung, damit diese Fähigkeit nicht verloren geht. Dazu passt folgende gute Affirmation: „Wenn ich andere anspreche, helfe ich ihnen damit, ihre Angst vor Kontakt und Flirt zu überwinden!" Denn natürlich sehnen sich fast alle Menschen nach mehr Kontakt.

Erfolg durch Beziehungen

Ja, und wie kommt man zu Beziehungen? Durch Kontakte! D.h. um so mehr Menschen du ansprichst, um so mehr Beziehungen entstehen und umso größer ist die Wahrscheinlichkeit, dass bei den Angesprochenen wertvolle, tolle Menschen dabei sind, keine Durchhänger. Beziehungen sind somit Chancen, die dir Türen öffnen in Bereiche, die dir bisher verborgen blieben. Gehe also unter Menschen und sprich Menschen an. Immer wieder, immer wieder, immer wieder, auch und gerade an Plätzen, die dir fremd sind. Das hält zudem ungemein jung!

Flirten ist Glück, das man nicht kaufen kann

Ja, gute Flirter sind vom Glück begünstigt. Sie können sich stets einen Sonnenstrahl in den grauen Alltag holen. Flirten gibt dir einen „Kick" und du kannst oft viele Stunden von einem schönen Erlebnis mit einem schönen Menschen zehren. Du gehst beflügelt deiner Arbeit nach.

Flirten – „Maschen" funktionieren nicht ... oder doch?!

Als ich neulich mit zwei Bekannten über das Flirt-Thema diskutierte, sagte einer: „*Einer meiner Freunde hats drauf – wenn der in eine Kneipe geht, hat der nach einer Stunde immer Kontakt mit drei bis vier Frauen. Wenn ich in die Kneipe gehe, komme ich raus und habe mit keiner Kontakt gehabt. Dann habe ich meinen Freund gefragt, was er denn anders mache als ich, da hat er gesagt: »Das, was du sagst, ist zu klug, du musst sie ganz dumm ansprechen!«*"

Zuerst einmal, vergiss alle Patentrezepte, was du sagen sollst beim ersten Kontakt, beim ersten Ansprechen einer fremden Person. Wenn du dir was vornimmst – also vorweg-denkst, z.B. den Anmach-Spruch: „Sie haben so zauberhafte Augen, da kann ich garnicht mehr wegschauen ..." –, dann bist du nicht mehr spontan und nicht mehr authentisch. Das wirkt dann leider künstlich und verkrampft, von der Ausstrahlung her wird es die Frau/den Mann eher abstoßen als anziehen. Also – ganz wichtig beim Flirten: sei spontan, sei authentisch, sei einfach du selbst, ganz natürlich, ganz locker, ganz entspannt ... in Spiellaune. Bleib immer dran, übe, übe, übe ... denn bedenke: Jahre der Schüchternheit und Angst sind nicht in zwei Monaten für immer und ewig weggewischt.

Einfacher gesagt als getan, aber alle anderen, zu ernsten Ausstrahlungen funktionieren nicht wirklich im Flirt. Du findest dazu Techniken und Übungen in diesem Teil des Buches, aber vor allem gilt: locker bleiben! Und: Üben! Du bekommst im Folgenden von mir Trainings-Möglichkeiten und Tipps, erledige einige der gestellten Aufgaben oder auch alle, so wie es dir Spaß macht.

Im Vordergrund steht dabei dein Auftreten, deine Erscheinung – daher schaue dir die Styling-Vorschläge in Kapitel 5 („Die Blüte, die Bienen anziehen möchte, duftet") und in Kapitel 2 („Der Körper ist der Tempel der Liebe") an. Erst wenn du einige davon beherzigt und umgesetzt hast, bist du fit für folgende Aufgaben:

Aufgabe 68: Was willst du wirklich?

Partnerübung: Diese Übung dauert etwa zweimal 15 Minuten (manchmal reichen auch jeweils zehn Minuten). Im Dauerfragesystem stellt einer dem anderen obige Frage und der andere soll spontan – ohne nachzudenken – in einem Satz antworten. Längere (Denk-)Pausen sind dabei nicht erlaubt, d.h. es folgt sofort wieder die gleiche Frage ... Anschließend werden die Rollen getauscht. Bitte Wecker oder Uhr neben euch stellen. – Ziel dieser Übung ist: a) Spontanität üben; b) die tieferen Motive des Unterbewusstseins eines partner-suchenden Singles ans Licht bringen.

Spontanität

Wenn du stets spontan wärest, wie würdest du dann bei Frauen/Männern ankommen? Und: Wenn du stets offenherzig und ohne Hintergedanken wärest, wie würdest du dann auf Frauen/Männer wirken? – Spontanität ist also, etwas aus dem Moment heraus zu tun, ohne darüber nachgedacht und ohne es vorweggeplant zu haben. Gerade in Gefühls-Situationen wie dem Flirt ist es so wichtig, nicht zu denken ... – sei deshalb unbekümmert wie ein Kind.

Wenn du hingegen ernst bist beim Flirt oder dich gar verspannst, reduziert das deine Schwingung. Sei niemals zu ernst – spiele vielmehr und bleibe bei allem entspannt. *Bedenke:* Der Mensch gewinnt keine Erkenntnis im Zustand des Ernstes, sondern nur im lockeren und heiteren Zustand.

Wenn du einer Frau/einem Mann gegenüber agierst, fühle es, aber denke nicht und wolle nichts.

Eigene Gefühlsstimmungen wahrnehmen und verändern

Wer in der Stimmung „Ich bin frustriert, mir geht's schlecht, nichts funktioniert in meinem Leben" zu flirten versucht, hat wenig Chancen auf Erfolg. Du kannst nur dann im Flirt so offen, ehrlich und einfach mit anderen umgehen, wenn du dich selbst gut leiden kannst. Selbstliebe und Selbstakzeptanz sind die Voraussetzungen für lockeres Flirten. Aus diesem Gleichgewicht heraus bist du fähig, die eigene Empfindung auf andere zu übertragen. Doch was kann man tun, wenn man trotzdem gerade mal „down" ist? Hierzu empfehle ich dir die folgende Übung, denn du hast die Macht, deine Stimmung zu verändern ... wenn du wirklich willst.

Aufgabe 69: Realitätsbruch

Wir wechseln in dieser Übung von einem Negativ-Gefühl in ein Positiv-Gefühl. Versetze dich dazu in eine sehr ernste, schmerzliche, traurige Stimmung und stelle dir eine Situation aus der Vergangenheit vor, die so war. Unmittelbar danach stellst du dir vor, wie Helmut Kohl und Gerhard Schröder nackt zusammen in der Sauna sitzen und über Frauen reden ... Oder stelle dir vor, wie Madonna gerade auf dem Klo sitzt und völlig ausrastet und hysterisch herumschreit, weil sie kein Klopapier finden kann ... Oder wie David Copperfield mit Lady Di Tischtennis spielt ...

Durch das Setzen von amüsanten und absurden Vorstellungsbildern in eine ernst-depressive Stimmung hinein kommst du oft in ein spontanes tiefes Lachen – stelle dir dann gleichzeitig beides vor, das Negativbild und das absurd-heitere Bild. Übe dich darin, dir solche amüsanten Bilder auszudenken: Stelle dir vor, wie deine Mutter flötespielend und umgekehrt auf einem Kamel sitzend um die Hausecke kommt, nur mit Hausschuhen bekleidet!

Realitätsbruch entsteht folglich, wenn wir ein (nahezu) traumatisches Erlebnis und etwas, das verrückt und unsinnig erscheint, unvernünftig verbinden (diesem Prinzip entspräche auch, eine Jeans falschherum anzuziehen). Auch die nachfolgende Übung hilft beim Verändern von depressiven Gemütsstimmungen:

Aufgabe 70: Mobility

Die Hawaiianer haben herausgefunden, dass es für das Verändern festgefahrener innerer Stimmungen wichtig ist, sich körperlich zu bewegen, das Zimmer, den Ort zu verlassen, also einfach woanders hinzugehen. Durch die Gegenwart neuer Plätze und Schwingungen kannst du leichter dein Inneres verändern. Durch Bewegung brichst du den Griff, mit dem die getrübte Stimmung dich gefangen hält.

Aufgabe 71: Etwas Absurdes und Verrücktes tun

Tue etwas, das jede bisherige Routine bricht, z.B. dein Geschirr aus dem Schrank ins Auto räumen und spazieren fahren; sich das Gesicht rot anmalen und in die Stadt gehen; auf der Straße Geld wechseln: Fünf-Euro-Scheine gegen *vier* Euro; sich auf Luxusvillen-Inserate in der Zeitung melden und die Edel-Buden besichtigen ...; den Fernsehapparat auf den Kopf stellen und sich so die (müden) Soups am Frühabend anschauen ...; sich nur einen Schuh anziehen und dann so in die Stadt gehen ... Genug Impulse?!

Bei anderen ihre Schwingungen erspüren lernen und selbst lernen, Schwingungen zu erzeugen und auszustrahlen

Zu Beginn des Flirts steht die non-verbale Kommunikation im Vordergrund. Deshalb beherzige den Hinweis: Lerne etwas auszustrahlen und ein Gefühl rüberzubringen, bevor du jemanden ansprichst. Das wird weit erfolgreicher sein, als „kalt" loszu gehen zum Anmachen.

Aufgabe 72: Self Empowerment

Diese Übung kennst du schon aus dem Visions-Kapitel (Kapitel 4) – hier kommt sie noch einmal in Bezug auf das Flirt-Thema. Sie ist ungeheuer machtvoll darin, eine neue Wirklichkeit zu erschaffen: Das Ziel ist dabei, je einen neuen Flirt-Glaubenssatz und einen neuen Glaubenssatz in Bezug auf Liebe und Beziehung zu installieren. Denn bedenke: Wenn du einen neuen Glaubenssatz in deinem Inneren fühlst und zwingend erwartest, dann kannst du ganz anders in Flirt-Situationen hineingehen. Eine alte Weisheit besagt: *Was du wirklich erwartest, trifft ein.* Das ist der Unterschied zwischen einer Vorgabe bzw. einer Absicht und einer tiefen Erwartung, die in den Zellen verwurzelt ist und nicht boykottiert wird durch Einwände und Zweifel, Ängste und Vergangenheitsgefühle. Andererseits: Solange du den Glaubenssatz noch nicht im Körper fühlen kannst, existiert er nur auf rationaler, intellektueller Ebene. *Bedenke:* Das, wovor du Angst hast, erschafft sich immer wieder – wie auch das, was du erwartest!

Formuliere zuerst zwei Sätze als Absicht, was du bezüglich Flirt erleben möchtest – Beispiele: „Ich erlebe viele bereichernde Flirts mit Super-Frauen." Oder: „Alle Frauen finden mich unwiderstehlich anziehend." Oder: „Wenn ich meinen Fokus auf eine Frau richte, kommt sie wie von einem Magneten gezogen von selbst zu mir." Oder: „Alle Frauen sind reich beschenkt durch das Zusammensein mit mir." Oder zum Thema Liebe ein Beispiel: „Ich lebe eine durch und durch glückliche Beziehung mit einer strahlenden, hübschen, jungen und herzlichen Frau."

Partnerübung:
Partner A sagt Partner B seinen Absichtssatz laut und gefühlt in die Augen. Daraufhin fragt B an A: „ Deine Reaktion dazu?" oder „Irgendwelche Zweifel daran?" oder „Hast du Einwände dagegen". Diese soll A dann spontan und laut aussprechen, sofern welche vorhanden sind – jedoch stets nur in einem Stichwort oder einem Satz. Daraufhin fordert B A wieder auf, umgehend die Absicht zu formulieren – es sollen bei der bis zu einer Stunde dauernden Übung keine längeren Pausen entstehen.

Die Übung endet, wenn es keine Einwände mehr gibt – erst dann ist die neue Einstellung in den Zellen installiert und verankert. Der Glaubenssatz ist installiert, wenn du ihn im Körper als Wohlgefühl wahrnehmen kannst. Die Übung wird deshalb solange fortgesetzt, bis kein Einwand mehr vorhanden ist. (Prinzip: Absicht/Reaktion, Absicht/Reaktion, Absicht/Reaktion – Dauerfragesystem, nur mit einem Satz antworten.)

Aufgabe 73: Was möchte ich beim Flirt nicht mehr erleben?

Hinweis: Die Übung sollte mit einem gleichgeschlechtlichen Partner durchgeführt werden. In einem ersten Schritt wird zunächst von beiden Übungspartnern schriftlich aufgelistet, was man beim Flirt *nicht mehr* erleben möchte. Danach lesen beide ihre eigenen Wünsche und Gedanken laut dem jeweils anderen vor. Anschließend formulieren beide das Gegenteil ... und lesen sich dann die Positivliste gegenseitig vor.

In unserem Beispiel hat Reinhart seine Antworten aufgelistet ... bei dir kann das sehr ähnlich oder auch völlig anders aussehen.

Was möchte ich nicht mehr erleben?	**Was möchte ich erleben? (das Gegenteil)**
Gedankenscheiße	Mein Kopf ist leer und ich nehme nur wahr
Zögern beim Draufzugehen	Direktheit, Spontanität
zu viele Anstrengungen	Gelöstheit, Leichtigkeit, Spiellaune
blöde Antworten von Frauen	freundliche Antworten
Zurückweisung	positive Reaktion
wegschauen und sich abwenden	mich anschauen mit offenem Blick
Gesicht-verziehen der Frau	offene Gesichtszüge
eigene Unsicherheit	Sicherheit und Ruhe oder selbstbewusste Unsicherheit
... dass ich mir blöd und künstlich vorkomme	... dass ich natürlich und ich selber bin
...dass ich alleine stehen gelassen werde	sie sucht meine Nähe

Was möchte ich nicht mehr erleben?	Was möchte ich erleben? (das Gegenteil)
... dass eine Frau ablehnt, wenn ich sie zum Getränk einlade	sie freut sich über eine Einladung
... dass eine Frau wegschaut und von mir wegtanzt	sie sieht mich an und tanzt zu mir
... dass sie zu jemandem anderen geht oder mit anderen weggeht	sie bleibt bei mir und geht mit mir weg

Alles ist möglich beim Flirt, aber es kostet ein wenig Arbeit, es zu lernen. Frage: Ist es dir wichtig genug, um sowohl Zeit als auch Geld in diese Aufgabe zu investieren ... um es zu lernen?

Aufgabe 74: Schwingungen spüren und Schwingungen wechseln

Partnerübung: Die folgende Liste bildet die Grundlage dafür, um sich in das Gefühl des jeweiligen Begriffes bzw. der jeweiligen Aussage hineinversetzen zu können. Wenn derjenige, der sich in die Gefühle hineinversetzen soll, meint, dass er den jeweiligen Begriff oder die jeweilige Aussage fühlt, hebt er den Daumen und schweigt. Der andere muss den Begriff/die Aussage dann erraten – möglichst sogar ohne hinweisende Gesten des anderen, lediglich durch das, was sein Blick aussagt. Während der Übung haben beide Übungspartner die Begriffe-Liste als Hilfe vor sich liegen. Hier nun die Auflistung:

- ➜ „Ich habe keine Erwartungen."
- ➜ „Ich will deine Pussy/deinen Schwanz."
- ➜ „Ich schätze dich als Mensch."
- ➜ „Ich habe Angst."
- ➜ „Ich weiß nicht, was ich sagen soll."
- ➜ „Ich fühle mit dir."
- ➜ männlich /weiblich
- ➜ „Du Schlampe du ..."/„Männer sind alle sch..."
- ➜ traurig
- ➜ „Ich halte dich für sehr intelligent."
- ➜ „Das Leben ist lustig."
- ➜ „Das Leben ist langweilig."
- ➜ Latin Lover
- ➜ „Ich fühle mich verloren."
- ➜ „Ich habe eine Wut in mir."
- ➜ „Du bist dumm."
- ➜ Arroganz
- ➜ Glückseligkeit
- ➜ Liebe
- ➜ Begierde
- ➜ Interesse

Am besten funktionieren die beiden Flirtschwingungen: „Das Leben ist lustig" und: „Ich schätze dich als Mensch".

Wirklichkeit erschaffen durch: So-tun-als-ob …

Du kannst eine Realität erschaffen, indem du etwas solange spielst, bis es echt wird. So eignen sich auch Kinder neue Fähigkeiten in kurzer Zeit an.

Schlagfertigkeits-Training

Das sind Übungen, bei denen man spontan, also ohne lange nachzudenken reagiert. Genau das wird in einer Anfangs-Flirt-Situation gebraucht. Voila, hier ist eine Schlagfertigkeits-Übung:

AUFGABE 75: EXPRESS-INTERVIEW

Partnerübung: Beide haben eine Zeitungsseite vor sich liegen. Einer stellt dem anderen eine Frage, in der ein Begriff aus der vor ihm liegenden Zeitungsseite vorkommen muss. Der andere antwortet schnell – und in der Antwort muss ebenso ein Begriff der ihm vorliegenden Zeitungsseite vorkommen. – Schlagfertigkeits-Übungen müssen stets unter Zeitdruck gespielt werden; die Antworten sollen möglichst originell oder witzig sein. Im Wechselspiel geht es so immer hin und her. Es empfiehlt sich übrigens bei dieser Übung die Verwendung eines Timers bzw. einer Sanduhr – durch den damit verbundenen Zeitdruck entwickeln sich vielfach sehr lustige Situationen.

AUFGABE 76: AUTOBAHN-REDE

Als Beifahrer auf der Autobahn: Schaue auf einen vor euch fahrenden Lkw und lies das erste Wort, das du von der Werbebotschaft an der Rückwand des Lkw wahrnehmen kannst. Halte zu dem Wort spontan eine dreiminütige Rede. Dabei ist es wichtig, keine Pausen zu machen. Wenn du nicht weiter weißt, wiederhole einfach den zuletzt gesprochenen Satz.

Voll bewusstes Verhalten üben – Achtsamkeit in allen Körperbewegungen und Gesten

Hierbei geht es darum, dass ein Mann/eine Frau nicht im Flirt unbewusste, fahrige und marottenhafte Bewegungen ausführt, wie z.B. ständiges Spielen mit dem Feuerzeug, am Kopf kratzen, über die Nase wischen, ans Ohr fassen, Brille zurechtrücken, Bierdeckel zerreißen …

Eine Prise Achtsamkeit kann Frau/Mann zum Schmelzen bringen, dann wird er/sie zum Magneten. Übe Achsamkeit = Geistesgegenwart in ihrer/seiner Nähe, d.h. jede Bewegung bewusst und souverän vollführen, z.B. der Partnerin Cafe eingießen, Messer und Gabel greifen, der Partnerin die Tür öffnen, den Schirm für sie halten, ihr die Autotür öffnen … – Verhaltensempfehlungen, die schon unsere Eltern und Großeltern beherzigten (oder auch nicht). Nervöse, zittrige, unbewusste, verlegene Bewegungen hingegen geben dem Partner bewusst oder unbewusst das Gefühl, dass er mit ihr/ihm auch so umgeht ... – das wirkt abstoßend.

Aufgabe 77: Bewusstes Bewegen im Raum

Partnerübung: Einer bewegt sich durch den Raum und tut etwas. Dabei kündigt er/sie aber jede Bewegung an, bevor er/sie sie tut und tut sie tatsächlich auch erst nach der Ankündigung. Die zweite Person beobachtet und sagt STOP, wenn der andere eine unbewusste Bewegung macht, die nicht zuvor laut angekündigt wurde. In diesem Fall soll er/sie die Bewegung wiederholen – aber erst nach deren Ankündigung! Später werden die Rollen gewechselt.

Noch ein Tipp: Bewege dich in Flirt-Situationen stets langsam, aber bestimmt. Wenn du zu schnell bist und gehetzt oder hastig etwas tust, übersiehst du oft entscheidende Menschen oder Aspekte. Im Flirt-Modus bist du galant, magisch, voll vertrauend, dass sich das Richtige für dich zur richtigen Zeit ergibt. Langsamkeit *und* Zielgerichtetheit sind Schlüssel zum Erfolg.

Aufgabe 78: Die Disco-Übung

Wenn du eine Disco betrittst, mache dir zunächst bewusst, inwieweit du auf das reagierst, was da ist und auf das, was die anderen machen. Deshalb: Agiere mehr aus *eigenen* Impulsen – stelle dir dazu die Fragen: „Was möchte ich jetzt tun?" (egoistischer werden!) und: „Wer gefällt mir?" Wenn diese letzte Frage für dich geklärt ist gehe auch zu ihr/ihm hin.

Viel zu oft zerbrechen sich junge Menschen den Kopf darüber, wie sie auf andere wirken. Dabei denken die meisten Flirter/innen auch nicht über sich selbst nach, wenn sie flirten – sie tun das intuitiv. Tue also, was sich gut und stimmig für dich anfühlt. Die grundsätzliche Frage hierfür lautet also: „Reagiere *ich* auf Frauen/Männer?" oder „Reagieren *die Frauen/Männer* auf mich?" Lenke deinen Fokus darauf, dass die anderen auf dich reagieren. Du wirst feststellen, dass dann die anderen – oft! – zu dir kommen, ohne dass du etwas dafür tust.

Aufgabe 79: Sich positionieren

Lerne zügig, an Flirtplätzen ein sicheres Gefühl dafür zu entwickeln, wo du dich am besten hinsetzt oder hinstellst, um mit potentiellen Partnern bzw. Partnerinnen in Kontakt zu kommen. Ich empfehle dir einen Platz, wo du die ganze Lokalität überblicken und jeden neuen Ankömmling gut ins Visier nehmen kannst. Eine Wand im Rücken gibt dir manchmal mehr Sicherheit. Wenn du unsicher bist, wo du dich plazieren sollst, warte einfach. Schau dich in Ruhe um. Es ist DEIN Spiel-Revier. Betrete Räumlichkeiten langsam aber bestimmt, nie überhastet.

Aufgabe 80: Den Flirt-Raum erobern

Aufmerksamkeits-Training mit dem Ziel, Sicherheit in einer (für dich möglicherweise neuen und ungewohnten) Umgebung zu erlangen. – Wenn du an einem Flirtort „angekommen" bist (z.B. Kneipe oder Cafe), führst du zunächst folgende Übung durch: Schaue vor dich auf die Wand. Gleichzeitig spüre die Wand hinter dir ... die Wand rechts von dir ... die Wand links von dir ... die Decke über dir ... den Boden unter dir ... das Innere deines Körpers ... den Luftraum zwischen den Wänden, Böden, Decken ... (wiederhole diesen Vorgang dann noch zwei- bis dreimal) – anschließend die Frau am Nebentisch nur spüren, ohne sie z.B. anzuschauen ... und nun erspüre erneut den Raum in der eben dargestellten Weise ... Ich empfehle dir, dies rund zehn Minuten lang zu üben.

Mit dieser Übung lernst du den Raum an Flirtplätzen zu beherrschen und kannst dich in „deinem" Raum oder Revier nun angstfrei, sicher und locker bewegen.

Aufgabe 81: Extrovertierte Aufmerksamkeit

Die meisten, die nicht flirten können, haben das Problem, dass sie zu sehr in ihrer inneren Welt leben, sprich in Gefühlen, Vorstellungen, Erinnerungen, Grübeleien, Plänen ... Wie wohltuend und wichtig ist dagegen, einfach einmal nur wahrzunehmen ohne zu denken – das haben uns schon die weisen Buddhisten des Zen gelehrt: Gehe nach draußen und setze dich irgendwo hin oder spaziere durch die Stadt. Übe eine ganze Stunde lang *extrovertierte* Aufmerksamkeit, d.h. keine Gedanken über irgend etwas, sondern ausschließlich wahrnehmen, also sehen, hören, riechen, schmecken, tasten! (Beim Flirten stören nämlich Gedanken „über ...".)

Geheimtipp: Wenn du eine schöne Frau/einen schönen Mann siehst – schaue sie/ihn an, atme tief ein, atme ihr/sein ganzes Wesen in dich hinein, in deinen Bauch, in dein Herz. Ergänzend kannst du den Atem fünf Sekunden lang anhalten und die Frau/den Mann *so* in dir behalten. Beim anschließenden Ausatmen *nichts* anschauen und die Aufmerksamkeit weglenken, beim nächsten Einatmen wieder das Wesen ganz tief in dich hineinatmen ... usw. Handle ansonsten nicht, sondern schau nur, was passiert. Das ist Magie!

Aufgabe 82: Du bist mein/e Seelenpartner/in

Schau eine Frau, einen Mann an, an der/dem du interessiert bist und denke und fühle mit deinem ganzen Sein: „Du bist mein/e Seelenpartner/in, auf dich habe ich schon immer gewartet. Du kannst alles von mir haben." (Übe dies fünf bis zehn Minuten lang.) – Diese Übung verändert die Schwinung zwischen euch. Entweder schaut die Person herüber zu dir oder sie kommt und spricht dich gar an – wenn nicht, ist es mit dieser „Vorbereitung" für dich viel leichter, auf die entsprechende Person zuzugehen.

Aufgabe 83: Der Flirtblick

Die Augen sind ungeheuer wichtig beim Flirt (darum sei den meisten Brillenträgern der Versuch mit Kontaktlinsen unbedingt ans Herz gelegt). Wichtig ist für den ersten Blickkontakt, dass **du nie wegschaust**, wenn der Blick des anderen dich trifft. Allein das ist schon eine Aufforderung, die so gesandte Botschaft lautet: „Ich habe Interesse an dir, ich will was von dir ..." Forscher haben übrigens festgestellt, dass sich unsere Pupillen für kurze Zeit erweitern, wenn wir Gefallen an einer fremden Person finden.

Nicht wegzuschauen, signalisiert dem Gegenüber auch Selbstbewusstsein, d.h.: „Ich kann dem Blick standhalten, bin also dem anderen gewachsen und kann dich (sie oder ihn) »nehmen«." Dosiere den Blick und schaue auch nicht zuviel und zu lange, der/die andere fühlt sich sonst unangenehm bedrängt. Und: In die Augen schauen, nicht weiterwandern mit den Blicken, auf diese oder jene Geschlechtsmerkmale ... Wie du ja weiter oben bereits erfahren hast, darf es jetzt nicht um Sex gehen, sondern um eine echte Flirtschwingung: „Ich achte dich als Mensch." (Wer jedoch sexuell unter Druck steht, geht besser nicht zum Flirten oder verschafft sich vorher anderweitig Ruhe.) Weiterhin: Kombiniere den Flirtblick immer mit einem offenen und ehrlichen Lächeln. Dabei soll nicht nur der Mund lächeln, sondern auch die Augen. Dabei vermittelst du angenehme Wärme über die Augen. Hülle den anderen auf diese Weise in wohlwollende Wärme ein.

Um eine erfolgreiche Kontaktaufnahme durchzuführen, solltest du einem unbekannten Menschen, der dir jedoch gefällt, für etwa drei Sekunden in die Augen blicken – wie gesagt, Lächeln ist dabei ein „Muss". So führst du den Versuch durch: Gefalle ich oder nicht? Top oder Flop? Ja, diese kurze Zeitspanne von rund drei Sekunden genügt. Wenn der erste Eindruck nicht positiv auffällt, wird es sehr, sehr schwer für dich werden, dein Bild als Flirtpartner zurechtzurücken. Deshalb ist es ebenso wichtig, eine anziehende Ausstrahlung auszusenden. Liegt ein mehrfacher Blickkontakt vor, verbunden mit positiver Mimik, darfst du davon ausgehen, dass eine Anziehungsschwingung entstanden ist.

Vor den ersten Worten steht also in der Regel immer der Blickkontakt. Diese Reihenfolge dient zudem auch der Diagnose der richtigen Flirtpartner: Wenn der andere über die Augen kein Interesse, keine Offenheit bekundet, sprich sie/ihn garnicht erst an. Andersherum: Wenn jemand auf deinen Blick positiv zurückschaut oder als erstes dich positiv anschaut, sprich sie/ihn *immer* an! (... allein schon zu Übungszwecken.) *Merke:* Wenn ein Blick wiederholt nicht erwidert wird, vergiss es! Wende dich sofort jemand anderem zu.

Offene Augen, die gut beobachten, sind das A und O im Flirt. Lerne die Kunst des Einsatzes der Augen. Bei manchen Flirt-Profis ist das bereits die „halbe Miete" – zusammen mit dem Aussenden der richtigen Gefühlsschwingung.

Ansprechen ja – aber WIE?

Das ist der heikelste Punkt des ganzen Flirt-Prozesses. Hier gehen die Energie und die Aufmerksameit ganz hoch. Dieser Moment entscheidet über Wohl oder Wehe des weiteren Austauschs ... Aber, wie immer LOCKER BLEIBEN, ganz cool ...

Ich rate hierbei ab von allen Phrasen – da sie einfach, weil unspontan von der Schwingung her abtörnen. Es sollen einfache, vielleicht wie oben in einem Beispiel genannt, eher banale und Alltagsbemerkungen sein. Laut Untersuchungen läuft eh 70 bis 90% der Kommunikation *non*-verbal ab. Wichtiger als das, *was* du sagst ist also, ob das Gesagte in Gesten und Mimik bestätigt wird, d.h. ob deine verbalen Äußerungen mit deinem non-verbalen Verhalten kongruent sind. Ich empfehle dir deshalb folgende Regel: *Beobachte den potentiellen Flirtpartner genau, achte darauf, worauf er/sie seine/ihre Aufmerksamkeit gerichtet hat, und genau darauf sprich sie/ihn an und du wirst immer eine – fast ausschließlich – faire Antwort bekommen.* Alles weitere hängt dann nur noch von deiner Schlagfertigkeit, Spontanität und Zähigkeit ab, sie/ihn in ein weiteres Gespräch zu verwickeln. Sprich über das, wovon du spürst, dass es ihm/ihr wichtig ist. Versuche Gemeinsamkeiten zwischen euch herauszufinden ... Geschmack, Hobbys ... und thematisiere genau das, was euch verbindet. Halte auch Gesprächspausen aus. Habe „Mut zur Lücke"! Bleibe da. Stelle dir vor, der andere mag deine pure Gegenwart und ist davon angenehm berührt. Sag erst wieder was, wenn es von selber kommt. Denke bitte daran: nicht zu viel reden, keinen gedanklichen Durchfall produzieren.

Aufgabe 84: Fremde Menschen anprechen

Gehe in die Stadt und sprich mindestens zehn Menschen an auf das, worauf sie im Augenblick ihre Aufmerksamkeit richten: auf ein Kind, ein Buch, ein Kleid im Geschäft, den Sonnenuntergang, die Tauben auf dem Platz ... Mache es dir zur Gewohnheit. Übe es mit für dich unattraktiven Menschen, und erst wenn du dich sicher fühlst, wiederholst du die Übung mit für dich sehr attraktiven potentiellen Partnern.

Aufgabe 85: Übersprung-Technik bei Flirtbremse

Wer sich dabei ertappt, dem ersten Impuls folgend auf eine Frau/einen Mann zuzugehen, um kurz vor dem Ziel zu bremsen und dann anstatt zu handeln immer wieder im Kreis zu denken („Was sage ich ... wie wird er/sie reagieren ... wahrscheinlich abweisend, wahrscheinlich werde ich stören ..."), geht, um dennoch zu seinem Ziel zu gelangen, folgendermaßen vor: Mache dir in der Situation, wo du Sand im Getriebe hast, wo du festhängst, wo du wie gelähmt bist, wo du einfach nicht warm wirst ... mache dir da das Gefühl bewusst, was es ist, das dich zurückhält. Erkunde das Gefühl in jeder Situation wieder neu und lerne es besser kennen. Es kann auch ein Ohnmachtsgefühl sein, ein Unwert-Gefühl, Angst vor Zurückweisung ... Das sind „Programmierungen" aus der Kindheit. Wenn du diese Übung bewusst machst und deine Defizite anerkennst, verliert es die bremsende und zerstörende Macht (manchmal jedoch erst nach zehn Versuchen). Mache dir diese Angst bewusst und dann – jetzt erst recht, **handle trotzdem!**

Konfrontiere und bewältige deine Angst durch diese sogenannte Übersprunghandlung. Du kannst ohne dieses Vorgehen mit deinem Erwachsenen-Ich keine neue Erfahrung machen, wenn du stets vom Kind-Ich gefangen und dominiert bist. Gebe dem verletzten inneren Kind dein Mitgefühl und den richtigen Platz in der Vergangenheit, doch dann konzentriere dich auf das, was du heute wirklich willst und setze es um! Schau in die Zukunft! Ich habe mir übrigens vor vielen Jahren bereits gesagt: Wenn ich nicht den ersten Schritt tue, ergibt sich nichts und ich trauere später vielen Situationen und Möglichkeiten hinterher.

Aufgabe 86: Erfolgreicher Anmachspruch

Ich wollte ja eigentlich keine Sprüche empfehlen ... aber wenn es unbedingt sein muss, dann habe ich schon oft Erfolg gehabt mit der nachfolgenden „Zauberformel", wie es einer meiner familientherapeutischen Lehrer, Dr. med. Otto Brink, einmal nannte: „Ich finde Sie/dich sehr sympathisch und würde Sie/dich gerne am Samstag um 16 Uhr zum Tee ins Cafe Eden auf der Hermannstrasse einladen." (hier unbedingt genauen Termin- und Ortsvorschlag angeben)

Das Besondere dabei ist, dass der Satz erstens ehrlich ist, zweitens nicht zu bedrängend wirkt, dennoch deutlich die Zuneigung dokumentiert, und dass er drittens die Möglichkeit einer sanften Ablehnung offen lässt, indem der/die Angesprochene ohne Probleme antworten kann: „Zu diesem Termin habe ich schon etwas anderes vor ..." – dann solltest du sofort einen Alternativ-Termin aus dem Ärmel zaubern oder im zweiten Anlauf, d.h. beim nächsten Treffen wieder einen Termin mit gemeinsamer Aktivität anbieten: Essen gehen, Konzert, Kino ...

Im übrigen geht es dabei nicht um feste Anmachsprüche, denn es ist praktisch egal, was man sagt. Wichtig ist lediglich, dass man ins Gespräch kommt – es zählt dein Mut, dein Selbstvertrauen, es einfach zu tun, bevor dein Verstand einsetzt. Bewährt haben sich – auch wenn du es auf den ersten Blick vielleicht nicht glauben magst – simple Allerwelts-Bemerkungen, wie:

- ➜ *„Hallo, ich bin ... und wer bist du?"*
- ➜ *„Guten Tag, wie komme ich denn ... "*
- ➜ *„Hi, hast du Feuer?"*
- ➜ *„Hallo, hast du eine Ahnung, wo ... "*
- ➜ *„Hi, könntest du mir mal bitte ... "*
- ➜ *„Haben wir uns nicht irgendwo mal gesehen?"*
- ➜ *„Hallo, kennen wir uns?"*
- ➜ *„Hallo, du warst das letzte Mal auch schon hier, scheint dir gut zu gefallen hier ... "*
- ➜ *„Hallo, dich trifft man ja ziemlich oft hier – ... "*
- ➜ *„Hallo, na wie geht's?"*

Geh einfach raus aus dir und trau dich, für einen Moment dein Gesicht zu verlieren und auch mal ein paar Körbe einzustecken. *Blamiere dich täglich einmal – und du wirst immer öfter Erfolg haben!!!*

Aufgabe 87: Erstkontakt gemeistert – und was dann?

Im weiteren Flirt-Verlauf: *Spüre, was er/sie möchte und gib es ihm/ihr!* Das erhöht deine Anziehungskraft und beginnt eine Beziehung anzubahnen, den Austausch von Geben und Nehmen in Gang zu setzen. Das nennt man Glück in Beziehungen, wenn viel Austausch stattfindet. Weiter helfen hierbei folgende Techniken:

1. **Spiegeln:** (Passe dich dem Partner an, in ...)
   a) Sitzhaltung
   b) Atmung
   c) Stimme (Tonhöhe, Geschwindigkeit, Timbre)
   d) Gestik
2. **Zuhören** (warte immer mindestens drei Sekunden nach der letzten Erwiderung des Partners, bevor du antwortest)

Wenn du selbst redest: Stelle Fragen zu den Inhalten, über die dein Partner spricht. Dadurch bringst du in Erfahrung, was ihm/ihr wichtig ist, aber auch worunter er/sie leidet (welche Ängste/Triebkräfte bestimmen ihr/sein Leben?). Wichtig: Notiere dir die Werte und Ziele des anderen. (Bedenke dabei: Alles, was jemand tut, tut er aus Angst, Werte zu verlieren oder um sich Wünsche zu erfüllen!) Sage jedoch niemals etwas, was den anderen in Widerstand versetzt (z.B. widersprechen, extrem andere Meinung äußern, wenn-dann-Wortverbindungen benutzen – diese machen Menschen oft Angst), kurzum, es empfiehlt sich, in dieser Situation Kritik jeder Art zu vermeiden.

Sage dem Partner vielmehr, was du an ihm magst. Niemals unehrlich sein dabei! Aber alles mitteilen, was wir an ihm/ihr schätzen und bewundern (auch und besonders „Kleinigkeiten"). Scheue dich nicht, den Partner zu jedem x-beliebigen Thema um Rat zu fragen (ohne zu nerven). Schildere dabei dein Problem kurz und knapp (meide langwierige Problemerklärungen – nichts interessiert den anderen weniger als deine „Opfergeschichten").

Ich empfehle dir auch, die Wünsche des anderen insofern zu erfüllen, wenn sie sich auf dein Aussehen oder dein Verhalten ihm oder anderen gegenüber beziehen. Weiterhin: Den Partner den Termin für das nächste Treffen bestimmen lassen! In der Zwischenzeit solltest du die dir aufgetragenen Ratschläge umsetzen.

Vermeide, dem anderen hinterher zu telefonieren – lass ihn/sie ruhig „zappeln", wenn er/sie einmal an der Angel ist. Vermeide ebenso, im Gespräch mit dem Partner von ehemaligen Beziehungen zu reden, das törnt total ab ... Und im übrigen muss der Partner auch nicht wissen, dass du ein Flirt-Training machst oder gemacht hast – diese Information ist ein Flirtkiller allererster Güte, der ebenfalls total abtörnt!

Nun stellt sich an diesem Punkt die Frage, woran ich erkennen kann, dass mich jemand mag? Achte auf folgende Hinweise:

- ➜ der andere zeigt Gefühle;
- ➜ der Mann/die Frau wendet sich nicht nur verbal, sondern auch körperlich mir ganz zu;
- ➜ der andere nickt öfters als Bejahung;
- ➜ er/sie schaut mich länger als üblich an;
- ➜ der andere berührt dich immer mal wieder wie zufällig;
- ➜ der andere stellt viele Fragen über dich;
- ➜ im Augenkontakt ist Feuer;
- ➜ auf dein Lächeln wird mit ehrlichem Lächeln geantwortet – das spürst du.

Nachfolgend ein Leitfaden für die Flirt-Gesprächsführung – für alle, die Lust haben, noch mehr ins Detail zu gehen, hier noch einmal ausführliche Informationen für richtig gute Gespräche ...

Spiele Pingpong – Was immer dich daran hindert, ein Gespräch anzufangen, lässt sich auf einen Nenner bringen: *Angst!* Angst, sich lächerlich zu machen, lästig zu sein, aufdringlich zu wirken oder zurückgewiesen zu werden. Entspanne dich und betrachte Smalltalk als Pingpong-Spiel. Mit ein paar freundlichen Sätzen machst du die Ballangabe (Ping). Der andere spielt mit seiner Erwiderung den Ball zurück (Pong). Dann bist du wieder dran – und so geht es stets hin und her. Wie bei jedem Spiel wirst du garantiert immer besser, je mehr du übst.

Serviere leichte Kost – Small Talk zu führen bedeutet, auf leichte Weise Kontakt zu knüpfen. Steige also nicht zu tief ein. Vielleicht kommt dir das oberflächlich vor, aber es macht Sinn: Du kannst somit erst einmal unverbindlich abchecken, wen du vor dir hast, ob ihr auf einer Wellenlänge liegt und ob du die Begegnung vertiefen möchtest. Dazu eignen sich am besten allgemeine Themen wie Essen, Reisen, Hobbys, Filme, Bücher. Tabu sollten sein: Probleme, Krankheiten, Familiengeschichten, eigene Schwächen und Fehler, Sex, Geld. Warte damit lieber, bis eine echte Freundschaft entstanden ist.

Suche Gemeinsamkeiten – Du musst nicht besonders witzig, tiefsinnig oder intelligent sprechen. Das schreckt sogar eher ab, weil damit der andere unter Druck gesetzt wird – das hat meist eine ähnlich abschreckende Wirkung wie stets brilliant kontern zu wollen. Wichtig ist, dass du überhaupt ein Thema findest. Falls du nichts vom anderen weißt, sprich etwas an, das ihr gerade miteinander teilt: den Ort („Die Blumendekoration ist wirklich schön, gefällt sie dir auch?“) oder den Anlass („Ich finde den Vortrag sehr interessant, du auch?“). Etwas, das du immer mit anderen teilst, ist das Wetter. Habe keine Angst vor Banalitäten. Nach dem Einstieg kannst du immer noch beweisen, was du noch so alles „drauf hast“.

Frage richtig – Mit dem Spruch: „Sei nicht so neugierig!“ hat man dir wahrscheinlich schon als Kind abgewöhnt, persönliche Fragen zu stellen. Leider war das der falsche Tipp. Fragen zeigen nämlich, dass du an deinem Gesprächspartner interessiert bist.

Rege dein Gegenüber an, ausführlicher über sich selbst zu sprechen. Am besten eignen sich dafür sogenannte „offene" Fragen. Das sind solche, die mit mehr als einem Wort oder Satz beantwortet werden müssen. Sie führen dazu, dass der andere etwas umfangreicher erklärt oder beschreibt. Offene Fragen beginnen immer mit: „Wieso?", „Weshalb?", „Warum?" oder: „Wie findest du eigentlich ...?", „Wie kommt es, dass ...?" „Was hältst du denn von ...?" Mit offenen Fragen kannst du ein Gespräch beginnen und in Gang halten.

Höre aktiv zu – Im Grunde seines Herzens findet sich jeder Mensch selbst am wichtigsten und redet gern über sich. Wenn du dafür ein gutes Klima schaffst, gewinnst du beim aktiven Zuhören garantiert mehr Sympathiepunkte als bei der besten Selbstdarstellung! (Dies gilt ganz besonders für Männer!)

Richte deine Aufmerksamkeit voll auf deinen Gesprächspartner. Vermeide es, während des Gespräches die Augen schweifen zu lassen. Halte Blickkontakt und spiegele mit deinem Gesichtsausdruck wider, dass du genau zuhörst, etwa indem du lächelst, an den richtigen Stellen begeistert oder erstaunt wirkst und bestätigend nickst. Fördere den Redefluss des Gegenübers, indem du mit einem „hm" Verständnis signalisierst oder bei bestimmten Punkten interessiert nachfragst – z.B.: „Welche Schuhe trägst du denn beim Jogging?"

Habe keine Angst, dass du vielleicht langweilig wirkst, weil du so wenig von dir erzählst. Das Gegenteil ist der Fall. Indem du dich auf den anderen konzentrierst, überträgt er auf dich unbewusst sämtliche positiven Eigenschaften, wie Charme, Intelligenz und Persönlichkeit. Das spürst du auch selbst, wenn dir jemand gut zuhört!

Mache Komplimente – Jede/r hört gerne etwas Nettes über sich. Allerdings muss das Kompliment ehrlich sein, sonst spürt man die Absicht und ist verstimmt. Suche dir als Start für das Gespräch etwas heraus, das du am anderen wirklich bewunderst: Kleidung, Frisur, ein Schmuckstück, eine besondere Leistung. Sprich das offen an, etwa so: „Ich bewundere schon die ganze Zeit deinen schönen Ring" (dabei Blickkontakt suchen und halten); oder: „Ich habe gehört, du hast das XYZ-Projekt fertiggestellt. Gratuliere, das finde ich ganz beachtlich!" Oft animiert dein Lob den anderen dazu, sich weiter mit dir zu unterhalten: „Ja, den Ring habe ich von meiner Großmutter geerbt ..." oder: „weißt du, es war gar nicht so einfach, den Job gut hinzukriegen ..."

Sprich positiv – Natürlich kannst du ein Gespräch auch so anfangen: „Das ist ja ein Sauwetter heute ..." oder: „Die Bahn kommt aber auch nie pünktlich ..." Vermutlich wird man dir zustimmen und ein paar Sätze mit dir wechseln. Allerdings macht es wenig Laune, sich weiter mit dir zu unterhalten, denn deine negative Einstellung outet dich als Miesepeter. Äußere dich deshalb möglichst optimistisch, gewinne allem eine positive Seite ab, z.B.: „Bei Regen ist es drinnen richtig gemütlich." Mit einem inspirierenden, ermunternden Menschen unterhält man sich gern!

Biete Unterstützung an – Schaue, wie du ganz praktisch Kontakt knüpfen kannst. Etwa so: Du hast am Bufett gerade die Weinflasche oder Kaffeekanne in der Hand und siehst, dass sich neben dir gerade auch jemand bedienen möchte. Biete freundlich lächelnd an: „Darf ich dir auch was einschenken?“ Während dessen sagst du ein paar persönliche Worte, wie zum Beispiel: „Wunderbar, so ein kühler Weißwein“, oder: „Einen Kaffee kann man jetzt wirklich gut vertragen ...“

Du kannst auch forsch und gezielt jemanden ansprechen: „Du hast ja garnichts mehr in deinem Glas. Ich hole mir gerade einen Saft, soll ich dir auch einen mitbringen?“ Oder: „Du stehst hier so ungemütlich. Darf ich dir einen Stuhl besorgen?“ Höfliche Aufmerksamkeit kommt gut an (bei der jüngsten Generation manchmal nicht mehr ...) und führt meist weiter.

Bitte um Hilfe – Das kommt fast noch besser an als der vorige Punkt. Untersuchungen haben ergeben, das wir jene Menschen besonders sympathisch finden, denen wir helfen können. Der Grund dafür liegt auf der Hand: Sie geben uns die Möglichkeit, unsere Schokoladenseite zu zeigen. Mache dir diese Wirkung zunutze. Bitte um Feuer. Frage, ob man eine Weile auf deine Tasche, dein Gepäck aufpasst. Lasse dir etwas erklären, was du (angeblich) nicht verstanden hast. Du kannst auch um bestimmte Informationen bitten, z.B.: „Sag bitte, wo bekommt man solche praktischen Taschen?“ Oder: „Verrate mir doch, wie man diesen köstlichen Longdrink mixt.“ (*Regel beim Flirten:* Dummsein ist schlau und Schlausein ist dumm; darum haben viele kluge Leute solche Probleme beim Flirten ...)

Achte auf deine Körpersprache – Deine Haltung ist genauso wichtig wie es deine Worte sind. Damit auch dein Körper im wahrsten Sinne des Wortes ansprechend wirkt, halte dich an die Regel: Offene Gestik und Haltung wirken einladend. Und so signalisierst du Offenheit:

- ➜ deine Hände liegen locker im Schoß oder auf der Armlehne, im Stehen hängen die Hände frei;
- ➜ deine Vorderseite ist frei. Du verschränkst nicht die Arme vor der Brust oder presst deine Handtasche an dich;
- ➜ du zeigst häufig die Innenflächen deiner Hände, so wie bei der Geste „Nimm doch Platz“;
- ➜ deine Beine stehen parallel. Baue keine Bein-Barriere, indem du etwa den Unterschenkel des rechten Beins auf das linke Knie legst;
- ➜ halte Blickkontakt, ohne das Gegenüber anzustarren wie das Kaninchen die Schlange;
- ➜ lächle freundlich.

Die meisten Menschen sind dankbar, wenn das Schweigen gebrochen wird und gehen gern auf ein Gespräch ein. Leider gibt es aber auch mufflige, arrogante, einsilbige und uninteressierte Leute (was deren gutes Recht ist). Nimm Ablehnung nicht persönlich – lass dich davon nicht verunsichern. Anstatt gekränkt zu sein oder dich abgelehnt zu fühlen, sage dir: „Das ist ihr/sein Problem, nicht meines.“ Oder: „Schade, leider unerzogen.“ Bemühe dich in so einem Fall nicht länger um Kontakt. Wechsle lieber zu Gesprächspartnern, die dich zu schätzen wissen.

Aufgabe 88: Immer mehrere Eisen im Feuer?

In der zweiten Phase des Flirts, wenn es also darum geht, den anderen wiederholt zu treffen, um herauszufinden, ob es ein Beziehungspartner werden könnte, ob es sich also lohnt weiterhin Zeit hineinzugeben, beschäftige dich nie mit mehreren Flirts gleichzeitig. Pflege stets nur einen Flirt zur Zeit – und den richtig und vollständig. Erst wenn du weißt, dass dieser oder jener Partner nicht der gewünschte ist, beende die Begegnung würdevoll und wende dich einem neuen Menschen zu. Wenn du dich verzettelst, fehlt die entscheidende Kraft für den zukünftigen Lebenspartner. Das spüren auch andere, denn du hast dann die Ausstrahlung eines Playboys oder Playgirls, aber nicht eines Menschen, der die große Liebe will.

Aufgabe 89: Training in Gesichtsverlust

Übung: Gehe in Situationen, in denen Scham- und Peinlichkeitsgefühle erzeugt werden, z.B. grottenschlecht tanzen, peinliche Sachen erzählen, Situationen aufschreiben, die Schamgefühl erzeugen – für das Flirt-Training ist es wichtig, auch Übungen zu machen, die die Themen Peinlichkeit, Gesichtsverlust, Schamgefühl beinhalten.
Bedenke: Wenn du nichts mehr zu verlieren hast, kannst du nur noch gewinnen. – „Hinfallen" im Flirt ist nicht schlimm. Nur wenn du liegenbleibst und nicht wieder aufstehst, das fände ich sehr bedauerlich. Morgen ist ein neuer Tag, ein neuer Tag für die nächste Flirt-Safari, ein echtes Abenteuer!!

Aufgabe 90: Flirt-Super-Gau

Male dir vor einer Flirt-Tour das schlimmste Szenario aus, das passieren könnte, wenn nichts von all dem Gelernten klappt ... Gehe bei Negativ-Gefühl in Flirt-Situationen oder vorher folgendermaßen vor:

- ➜ hineingehen in das Bild oder die Vergangenheit;
- ➜ ein neues humorvolles oder absurdes Bild erzeugen;
- ➜ später erneut in das Bild hineingehen;
- ➜ in achtförmiger Bewegung hin- und hergehen zwischen beiden Bildern, mehrfach, immer abwechselnd.

Aufgabe 91: Abfuhr einholen

... was dich nicht umbringt ... Flirt-Weltmeisterin oder Flirt-Weltmeister bist du erst dann geworden, wenn dir eine Abfuhr, ein Korb nichts mehr, absolut nichts mehr ausmacht. Es berührt dich nicht mehr im Geringsten. Dann weißt du, dass du es geschafft hast. Gratuliere! Du kannst wirklich stolz auf dich sein! – Gehe auf deiner Flirt-Tour also auch auf Personen zu, wo du vorher schon weißt, dass du eine Zurückweisung bekommst. Drei Abfuhren pro Tour sind ein guter Durchschnitt.

Aufgabe 92: Flirt für Profis

Wenn du „normales“ Flirten gut hinbekommst und es vielleicht sogar beginnt, dich zu langweilen, schraube die Herausforderungen höher:

- ➜ Sprich eine Frau/einen Mann an, wenn ihr/e Freund/in (gleichgeschlechtlich) danebensitzt.
- ➜ Sprich eine Person an, die mit Clique gekommen ist.
- ➜ Setz dich in Cafes oder Restaurants an einen Tisch, wo nur eine Person – eine attraktive Person vom anderen Geschlecht – sitzt.
- ➜ Sprich als Mann eine Frau an, die mit einem Mann zusammen unterwegs ist! (Versichere dich aber vorher, dass der Begleiter nicht zufällig Karate-Lehrer ist!)
- ➜ Sprich als Frau einen Mann an, der in Begleitung einer Frau unterwegs ist. (So manches Mal stellt es sich nämlich heraus, dass die Begleiterin nur eine lockere Bekannte ist, oder eine Woche später ist er schon getrennt von der Freundin ...)

Aufgabe 93: Fragebogen Flirt-Training

Gib bitte jeweils kurze Antworten, nicht mehr als *fünf* Sätze bzw. Zeilen pro Antwort. Der Fragebogen bringt dir in einigen Punkten mehr Klarheit über dich selbst.

1. Was willst du *wirklich* hinsichtlich Flirt, Sex, Liebe, Beziehung?
2. Was erwartest du, was stattdessen in den nächsten Jahren passiert?
3. (für Männer) Wenn du eine Frau wärest und du dich mit den Augen einer Frau betrachten würdest, was wäre „ihre“ Meinung über dich als Mann?
   (für Frauen) Wenn du ein Mann wärest und du dich mit den Augen eines Mannes betrachten würdest, was wäre „seine“ Meinung über dich als Frau?
4. Wofür könnte Liebe ein Ersatz sein?
5. Was tust du, damit Frauen/Männer eine bestimmte Meinung von dir haben? Und: Was lässt dich daran zweifeln, wirklich so zu sein?
6. Was könnte schlimmstenfalls passieren, wenn du mehrmals zurückgewiesen wirst? (Abfuhr, Korb bekommen)
7. Welche Emotionen (Schwingungen) würdest du am liebsten auf andere Menschen projezieren? Welche Emotionen, die du lieber nicht haben möchtest, projezierst du automatisch oder gegen deinen Willen?
8. Nenne wiederkehrende Charakterzüge, die dir an deinen bisherigen Partnerinnen missfallen haben.
9. Wie fühlst du dich in der Gegenwart einer bezaubernd schönen Frau (bzw. in der Gegenwart eines wundervollen Mannes)?

Aufgabe 94: Die 13 Phasen des Flirt-Rituals – die Kurz-Gebrauchs-Anweisung für richtiges Anmachen

Hier noch einmal eine Zusammenfassung – wenn du alles oben Gesagte beachtest und eingeübt hast, sieht der Ablauf eines Flirt-Rituals idealerweise immer so aus:

1. **sich selbst in gute Stimmung bringen**, egal wie: aufrechte Körperhaltung, wachsamer Blick, leichtes Lächeln;
2. **Umgebung inspizieren** und sich an die Umgebung gewöhnen;
3. an aussichtsreichem Platz **Stellung beziehen**;
4. den Raum mit Aufmerksamkeit durchdringen und erobern;
5. mögliche **Flirtpartner beurteilen,** ob sie flirtbereit sind – genau beobachten und fühlen, worauf der andere die Aufmerksamkeit gerichtet hat;
6. **entscheiden**, mit wem man flirten will;
7. **Flirtgefühl aussenden** als Schwingung: „Ich achte dich als Mensch", oder: „Du bist mein Traumpartner". Die Frau/den Mann anschließend „einatmen";
8. der **Flirtblick** als Türöffner – immer mit Lächeln auf den Lippen (hoffnungsfrohes und optimistisches Gesicht);
9. bei Mehrfach-Positiv-Blick: **näher herangehen** – nicht zu schnell und nicht zu nah; sich langsam und zielstrebig bewegen;
10. **beobachten**, wie der andere darauf reagiert;
11. **ansprechen** mit Allerwelts-Satz – wenn der andere nicht zurückschreckt oder ebenso näher kommt (dabei zählt nicht, was man sagt, sondern nur die Körpersprache; nichts Extravagantes sagen, zuerst „normalen" Eindruck machen; das Gegenüber mustert unbewusst, wie man „sich anstellt"; sprachlich dem anderen „Köder" vorwerfen, an die der andere anknüpfen kann; das ansprechen, worauf der andere seine Aufmerksamkeit gerichtet hat);
12. **Test:** Wenn der/die Angesprochene an der eigenen Person interessiert ist, **wird an den ersten Anmach-Satz immer angeknüpft** oder es wird eine Gegenfrage gestellt. Wenn der andere nicht aufmerksam ist oder Desinteresse signalisiert: ihn/sie nicht ansprechen oder aufhören/sich verabschieden;
13. den Angesprochenen/die Angesprochene in ein **natürliches Gespräch** verwickeln – Small-Talk, einfühlsam und aufmerksam sein, gemeinsame Berührungspunkte herausfinden; nichts Tiefgehendes ansprechen, sondern lediglich Dinge wie: Herkunft, Wohnort, Hobbies; nach Namen fragen und sie/ihn mehrfach mit Namen ansprechen.

Fehler:

1) dem/der anderen nicht **zu lange** in die Augen schauen (wirkt bedrohlich, machohaft);
2) nicht zu schnell und nicht frontal auf den anderen zugehen (wirkt ebenfalls bedrohlich);
3) im Gespräch Augen nicht zu lange auf reizvolles Körperteil richten;
4) nicht zu früh anfassen;
5) sich nicht annähern, wenn kein Flirt mit den Augen entsteht;

6) keine zu gehaltvollen oder schweren Themen am Anfang;
7) nicht aufdringlich wirken, sondern harmlos und vertrauenswürdig – wirke unverfänglich!;
8) nicht zu sehr auf den *einen* Partner fixieren (es gibt noch Millionen attraktive andere).

Aufgabe 95: Den richtigen Flirt-Kanal wählen

Wie soll ich das Thema *Kontakte anbahnen* also angehen? Über Kontaktanzeigen in der Zeitung? Über das Internet? Über Ehe-Vermittlungs-Institute? Über die neuen Single-Seminare (z.B. YaDu, siehe Anhang)? Über einen Tanzkurs? Die Beantwortung dieser Frage hängt von deinem Naturell ab. Du solltest ein Medium wählen, das dir liegt. Bist du eher ein Intellektueller, ist die Zeitung vielleicht die richtige Lösung für dich. Bist du sportlich, dann schau dich eher in einem Verein um. Bist du ein Computer- und Cyber-Typ, dann mache es über eMails. Bist du eher ein Selbsterfahrungs-Typ, dann buche Single-Seminare. Kurzum: Die Wahl muss vom Medium her schon zu dir passen, dann ist es authentisch, echt und wirkungsvoll. Sonst vergeudest du viel Zeit für falsche Partner.

Traumfrau/Traummann gefunden, aber schon vergeben ... Was tun?

Wenn ein potentieller Partner bereits in Liaison oder verheiratet ist, lohnt es sich manchmal, nicht sofort aufzugeben. Es heißt auch nicht, dass du mit der Person nicht flirten darfst. Dranbleiben und warten hat sich für manchen schon gelohnt. Behalte deine Vision, aber, ganz wichtig, versäume nicht, weiter das übrige Leben zu genießen.

Aufgabe 96: Deine Flirt-Großstadt-Safari

Das Extra-Training für alle, die es wirklich wissen wollen – praktische Flirt-Übungen für deine wöchentliche Tour in freier Wildbahn DRAUßEN: Reserviere dafür extra einen halben oder ganzen Tag in der Woche über etwa ein halbes Jahr lang. Mache das Training inmitten der City einer Großstadt. Je mehr Menschen herumlaufen, desto besser!

1. Auf der Straße zehn Frauen/Männer ansprechen, recht attraktive und sie nach der Uhrzeit fragen. „Guten Tag, können Sie mir sagen, wieviel Uhr es ist?" „Vielen Dank."
2. Buchhandlung: fünf Frauen/Männer ansprechen, die in ein Buch vertieft sind: „Das Buch kenne ich, das ist super!" Die Frauen/Männer danach in ein nicht vorgegebenes Gespräch verwickeln ... (evtl. hinterher, wenn eine „gute" Frau/ein „guter" Mann unter den angesprochenen war, diese zum Cafe einladen oder ihr/ihm unauffällig nachgehen, sie woanders wiedertreffen und sagen: „Haben wir uns nicht gerade im Buchladen getroffen, so ein Zufall ... oder ist es Fügung?!")

3. Zehn Frauen/Männer fragen: „Kennen Sie sich in Köln (München, etc.) aus?“ (Der Rest wird improvisiert – keine Vorgaben für den zweiten Satz oder das Gespräch insgesamt.)
4. Übung im CD-Laden: fünf Frauen/Männern in die Augen schauen, sie länger fixieren und lächeln (CD-Abteilungen großer Kaufhäuser sind dafür gut geeignet).
5. Übung auf der Straße: Frauen/Männer anschauen, ihr ganzes Wesen in dich hineinatmen, in deinen Bauch, dann fünf Sekunden lang den Atem anhalten, ausatmen, dabei an nichts denken ...
6. In einem Kaufhaus oder einer Boutique fünf Verkäufer/innen ansprechen: „Ich möchte für eine Bekannte/einen Bekannten ein schönes Oberteil kaufen.“ Gespräch führen und dabei alle Techniken anwenden (evtl. zum Schluss – nur für fortgeschrittene Flirter geeignet! – fragen: „Wollen Sie mit mir ausgehen?“).
7. Stell dir vor, du hast gestern 15 Millionen Euro gewonnen und sie sind schon auf deinem Konto gutgeschrieben – mit diesem Gefühl durch die Stadt laufen, dann Frauen/Männer ansprechen, egal mit welchem Satz, aber mit dem Gefühl: Ich besitze 15 Millionen Euro ... – man wird mit diesem Gefühl ungeheuer locker.

AUFGABE 97: NEUE ORTE EROBERN!

Flirten kannst du überall – es folgen Beispiele für unterschiedlichste Plätze und Gelegenheiten ... probiere immer neue aus: am Arbeitsplatz, beim Einkaufen (du kannst auch hinter der Kasse warten, bis jemand Attraktives kommt), im Wartezimmer eines Zahnarztes, an öffentlichen Plätzen, am Bahnhof auf dem Bahnsteig, an der Bushaltestelle, mit Anhaltern beim Trampen, in Geschäften mit Verkäufern oder Kunden am Regal (auf Produkt ansprechen), am Strand (im Urlaub), im Fitness-Studio, am Flughafen in der Warte-Lounge, in der Bank/Post beim Warten am Schalter, beim Spaziergang im Wald (entgegenkommende Spaziergänger ansprechen: „Wissen Sie, wo hier ...?“), beim Wandern in den Bergen, beim Spaziergang durch den Stadtpark (Leute, die auf einer Bank sitzen ansprechen), in der Eisdiele („Was isst du denn da für ein Eis?“), im Konzert, auf Open-Air-Veranstaltungen („Hallo, wo kommst du denn her?“), im Kino (vorher und nachher), auf Wein-/Volksfesten („Prost, welchen Wein trinkst du denn?“), im Auto (schnell Nummernschild notieren), beim Sport, an der Uni, in der Straßenbahn, U-Bahn, im Bus („Weißt du, wann die und die Haltestelle kommt ...?“), auf der Party (sich einfach jedem vorstellen, der da ist ...), in der Bibliothek, im Aufzug und und und ...

Die richtigen Flirt-Plätze

Bei der Auswahl der Orte, an die du dich zum Flirten begibst, beachte bitte noch Folgendes: Suche dir Orte aus, an denen du deine Stärken zeigen und ausfahren kannst. Da, wo du mit deinen Fähigkeiten und Anlagen hervortrittst, hast du mehr Erfolg beim Flirten. Die Disco z.B. ist nur für Leute ein idealer Flirt-Platz, die gut und gerne tanzen.

Flirt-Zeitmanagement

Bedenke: Immer wenn du Zeit auf einen „falschen" potentiellen Partner verwendest, hast du keine Zeit, den richtigen zu finden. Sage Verabredungen ab, auch mit Freunden, wenn du spürst, dass es dir nichts bringt, keine wirkliche Befriedigung im Zusammensein verschafft. Das Leben ist zu kurz für „Pausenfüller" und „halbherzige Unterhaltung" oder „Zeit-Totschlagen". Verwende deine ganze Zeit nur noch für die Richtigen!

Zum guten Schluss: Merksätze für deine nächste Flirt-Tour

- ➜ Flirten ist das Gegenteil von Anstrengung.
- ➜ Eine Maske zu tragen ist anstrengend, lasse sie fallen und sei wie du bist – sei der, der du in dem Augenblick bist. Der Schlüssel zum Flirten heißt Mühelosigkeit.
- ➜ Höre damit auf, gut dastehen zu wollen oder gut ankommen zu wollen, das ist ein Energiekiller Nr. 1.
- ➜ Je mehr man versucht, im Flirt etwas vor anderen zu verstecken, desto unangenehmer fühlt sich der andere in deiner Gegenwart.
- ➜ Es kommt nur auf die Schwingung an, das Wahrnehmen von Energie.
- ➜ Locker und entspannt sein ist der Weg.
- ➜ Nicht mit der Tür ins Haus fallen – nicht übereifrig sein.
- ➜ Im Flirt keine unbewussten Bewegungen.
- ➜ Du kannst neue Realität in Bezug auf Kontakt und Flirt und Frauen/Männer erschaffen durch Einstellungsarbeit und massive Aktion, d.h. üben, üben, üben, bis es ganz leicht fällt.
- ➜ Ganz wichtig: Flirte nie nach vorgefassten Sätzen, sondern immer spontan, authentisch, direkt mit „Mut zur Lücke".
- ➜ Beim Flirt ist nie etwas eine feste Regel.
- ➜ Entwickle Willensstärke und lebe für den Flirt.

Das Leuchtturm-Gleichnis

Du bist ein Leuchtturm auf der Suche nach Licht. Das Licht des Leuchtturms trifft auf Gegenstände (oder Menschen), die es reflektieren. Der Leuchtturm kann das Licht nicht finden, das er selber ist. Licht ist deine Aufmerksamkeit.

Die Aufmerksamkeit, die du dir selber nicht geben kannst, forderst du von anderen Leuten. Wenn du dir genügend Aufmerksamkeit geben kannst, beginnt Beziehung Spaß zu machen!

Nach dem Flirt: Das Annäherungs-Ritual zwischen Mann und Frau

Auch wenn du, liebe Single-Frau, lieber Single-Mann, bei den folgenden Ausführungen teilweise denken magst, es höre sich konservativ an, nicht mehr zeitgemäß oder gar aus dem Mittelalter entliehen, so habe ich durch eigene Erfahrung und Beobachtung folgende funktionierende Wahrheiten herausgefunden. Es scheint gewisse Naturgesetze auch für Mann und Frau zu geben, deren Einhaltung Frieden, Klarheit, Kraft, Liebe und Ekstase fördern. Die in unserer Zeit oft zu registrierende Missachtung dieser Gesetzmäßigkeiten aus Unwissenheit und „Volksverdummung" mit Hilfe eines Großteils der Medien – wir sind ja ach so modern und „aufgeklärt"! – führt aber unweigerlich in eine Liebes- und Beziehungskatastrophe, die du überall um dich herum wahrnehmen kannst – die Scheidungsrate in deutschen Großstädten liegt bei über 50 Prozent. Die Darstellung von Beziehungsbildern in den Medien der Konsum- und „Spaß-"Gesellschaft verstärkt die Verwirrung noch.

1. Enthaltsamkeit

Die beste Vorbereitung für eine glückliche Beziehung ist nicht, mit vielen verschiedenen Menschen sexuelle Erfahrungen zu machen, sondern *Keuschheit.* Das heißt, ich empfehle hierbei, eine Entscheidung für sich dahingehend zu fällen (und diese auch durchzuhalten), mit keinem Mann und keiner Frau sexuelle Vereinigung zu haben, von der/dem du nicht denkst, dass du für immer mit ihm/ihr zusammenleben könntest. Durch die Enthaltsamkeit hältst du den Platz in deinem Herzen und in deinem Körper und in deinem Energiefeld frei für den Richtigen oder die Richtige. Du gewinnst dadurch deutlich an Kraft und Ausstrahlung. Hingegen: Mit jedem/jeder x-beliebigen zum Trost ins Bett zu hüpfen, schwächt deine Ausstrahlung und zieht ebensolche geschwächten Persönlichkeiten an. Willst du das wirklich?

So ist – ich wiederhole es – Enthaltsamkeit die beste Vorbereitung auf eine gute Beziehung. Durch Enthaltsamkeit hast du die Zeit und die Möglichkeit, dich auf dich zu konzentrieren und immer deutlicher herauszufinden, wer du bist, was du brauchst und wer am besten zu dir passt. Lebst du Enthaltsamkeit *bevor* du eine Beziehung hast, gibst du dir die Möglichkeit, dich selbst als Mann, als Frau zu suchen und dich auch mehr und mehr zu finden. Du bekommst dadurch die Gelegenheit, mit deinen Fähigkeiten zu spielen, zu träumen, zu fantasieren, ohne sofort auf die Probe gestellt zu werden bzw. mit den Konsequenzen deiner Handlungen konfrontiert zu werden, wie dies in einer Partnerschaft der Fall ist.

Diese Betrachtungsweise ist in der modernen Beziehungs-Diskussion weitgehend verloren gegangen. Dadurch, dass Menschen viel zu viele Beziehungen und sexuelle Kontakte eingehen, werden sie mit Konsequenzen konfrontiert, die sie nicht meistern können. Und was tun Menschen, die sich überfordert fühlen? Sie rennen voreinander davon oder schließen die Augen und leiden unter dem Druck. Es gibt dann keine Zartheit mehr, nichts Spielerisches, nichts Einmaliges. Alles ist bekannt, alles ist erprobt. Und die Enttäuschung und Nüchternheit ist überall dabei. Dies sind die Probleme, unter denen viele Zeitgenossen heute leiden: Entweder fühlen sie sich von der Situation überfordert, in der sie sich befinden, oder sie haben es mit einem Partner zu tun, der sich überfordert fühlt – oder beides.

Willst du nicht in den Teufelskreis von Enttäuschung, Überforderung, Flucht und erneutem Versuch geraten, lebe Enthaltsamkeit und gönne dir die Zeit, innerlich zu wachsen und zu reifen. Damit ist nicht die erzwungene Enthaltsamkeit mangels Gelegenheit gemeint. Auch nicht die Enthaltsamkeit aus Enttäuschung und Resignation, sondern aus *freiem* Entschluss. Das hilft dir, dich zu sammeln und reif zu werden für eine wirkliche Partnerschaft – deine große Liebe!

Es gibt keinen Zufall

Wenn du den/die Richtige triffst, wann und wo, das ist nicht zufällig. Du kannst darauf vertrauen, dass das wie von einer höheren Macht gesteuert wird, vorausgesetzt du vertraust. Ich las in diesem Zusammenhang einmal von einem Meister sinngemäß folgende Sätze: *„Wer sich einem größeren Ganzen verbunden fühlt, der wartet auch gegen den äußeren Schein und gegen die Ängste. Er vertraut auf eine Kraft, die fügt und führt. Das viele Überlegen dagegen ist Misstrauen und vertreibt diese Kraft. So gibt es da auch keine Hilfe außer Vertrauen und Demut.“* – Das ist übrigens seit Jahren mein Lieblingszitat. Und ich meine, das gilt auch und besonders für die Partner-Findung. Vertraue immer wieder, immer wieder, immer wieder ...

Das Ritual, wie aus einem Interesse, einem Flirt, eine richtige Beziehung wird, besteht – als zusammenfassende Übersicht – aus folgenden Phasen:

1. Enthaltsamkeit (diese Phase haben wir soeben schon beleuchtet)
2. Die innere Frage
3. Die Prüfung
4. Die Entscheidung
5. Der Segen = z.B. das Hochzeits-Ritual

Zu den weiteren einzelnen Phasen:

2. Die innere Frage

Hier geht es darum, was du tun musst, wenn du einen Menschen triffst, der dich besonders interessiert. Als Vorbereitung in dieser Phase ist Meditation hilfreich und alles, was dir bei deiner inneren Sammlung hilft. Denn es geht nach dem Flirt um die so wichtige Frage, ob dieser Mensch der Richtige – sprich: dein Seelenpartner ist/wird oder nicht.

Hast du dich verliebt, ziehe dich zurück, bevor du weitere Schritte tust, die dich bereits zu schnell binden. Meditiere deshalb allein in deinem Schlafzimmer über die Frage, ob er/sie der Partner deines Lebens ist. Versuche dabei, dich nicht von deinen Wünschen beeinflussen zu lassen. Bitte deine weise innere Stimme um eine Antwort. So bekommst du über innere Sätze oder einen Traum, ein Gespräch mit einem Freund oder eine Begebenheit, die du z.B. in einer Tageszeitung liest ... eine Antwort. Halte einfach Augen und Ohren offen – und du wirst bald Zeichen bekommen! Sei wach, damit du diese Botschaften erkennst und verstehst! Hast du das Gefühl, eine Woche lang keine Antwort zu bekommen, geh zu einem Freund (noch besser, aber eben teurer, zu einem Therapeuten) und arbeite es mit ihm durch.

Bist du in die Person verliebt und erhältst die innere Antwort: „Nein, das ist nicht mein Lebenspartner, mit ihm/ihr kann ich langfristig nicht wirklich glücklich werden", dann ist das sicher hart. Eine negative Antwort verletzt und zerstört deine Hoffnung. Nimm dir deshalb Zeit für deine Trauer. Verwundete Tiere ziehen sich z.B. an einen stillen Ort zurück, an dem sie nicht gestört werden, um auszuheilen. Nimm deine Trauer ernst, trage sie weder zur Schau, noch überspiele sie. Geh vielmehr ernst und verantwortungsvoll mit deinen Gefühlen um. Vielleicht benötigst du diese Zeit der inneren Besinnung und Heilung, bis du mit dem besagten Menschen über deine Gefühle sprechen kannst. Lass dir Zeit. Menschen machen die meisten Fehler, weil sie sich keine Zeit lassen. Achte aber darauf, dass du diesen wichtigen Menschen nicht sinnlos warten lässt – besonders dann nicht, wenn ihm eine klare Entscheidung wichtig ist.

3. Die Prüfung

Wenn die Antwort aber positiv ausfällt, wie geht es dann weiter? Wenn also dein höchstes Selbst dir sagt, dies sei dein Lebenspartner! – Das Wichtigste, das du jetzt tun kannst, ist, dir genügend Zeit zu lassen. Denke immer daran: Wenn er/sie tatsächlich dein Seelenpartner ist, wirst du auch mit ihm/ihr zusammenkommen. Lehne dich also innerlich zurück und lerne zunächst deinen zukünftigen Partner kennen – und dies vor allem dadurch, dass du ihm sexuell fernbleibst. Der sexuelle Hormonschwall hat eine so ungeheure Macht, dein Bewusstsein in Rausch zu versetzen, dass jegliche klare Wahrnehmung für Wochen und Monate unmöglich ist!!! Bedenke dies stets, wenn du ihn/sie triffst, dass diese Zeit des vorsichtigen Kennenlernens *nie wieder* kommt. Wenn du erst einmal Sexualität mit ihm/ihr gehabt hast, ist diese Phase für immer vergangen und kommt nie wieder. Schade! Deshalb nutze diese Zeit, genieße sie und sei dankbar für dieses göttliche Geschenk.

Für Frauen ist diese Prüfungszeit auch aus anderen Gründen noch sehr zu empfehlen: Wenn du ihn „zappeln" lässt, hast du bald die Spreu vom Weizen unterschieden. Hatte er nur Interesse an einem schnellen Kick, einem drogenartigen Erlebnis, ging es ihm nur um schnelle Selbstwert-Aufpolierung oder geht es dem Mann um dich, um dein Wesen, deine Seele, so wie du als Gesamtwesen bist?

Widme dich in den Monaten nach dem ersten Kennenlernen dem Innenleben des Partners und spüre, ob er/sie in der gleichen Welt wohnt wie du. *Gleiche Welt* heißt in diesem Falle: Ähnliches mögen (Geschmack), ähnliche Meinungen vertreten, ähnlichen Interessen nachgehen und vergleichbaren Hobbies.

„Was heißt aber, lerne deinen Partner kennen?" fragst du zurecht an dieser Stelle. Es heißt, dass du ergründen solltest, welche Interessen er hat, was ihm wichtig ist, was er von einer Beziehung erwartet, wie er sich die Zukunft vorstellt und ob sich dies mit deinen Vorstellungen deckt und im Einklang mit deinem Innersten ist.

Als nächstes finde heraus, ob er/sie dich versteht. Ob er/sie dich nachempfinden kann. Ob du mit ihm/ihr Missverständnisse klären kannst. Kannst du es nicht, übergehe das auf keinen Fall, sondern dränge auf eine Klärung. Bedenke stets, dass du jetzt die Verhaltensweisen deiner/eurer Zukunft festlegst. Mache deshalb in eurem gemeinsamen Gespräch deutlich, worauf du Wert legst und schreibe es auf. (Einiges davon wirst du schon im Visionskapitel geklärt haben zum Thema: Das Bild meines Wunschpartners.)

Nicht jeder Mensch, der uns auf Anhieb gefällt, passt auch zu uns. Und: Personen, in die wir uns nicht sofort verlieben, können später durchaus als ideal zu uns passend erkannt werden. Die Falle, in die wir leicht hineintappen lautet: anziehendes Äußeres = traumhaftes Inneres. Das ist eine törichte Gleichung, die schon viele bitter bereut haben. Unterschiede spielen am Anfang noch keine Rolle, sollten es aber. Während der ersten Flirts versuchen wir, stets nur im besten Licht zu erscheinen, uns nur von unserer Schokoladenseite zu zeigen, Negatives bleibt in dieser Phase zumeist noch verborgen. Darum erforsche möglichst sämtliche Norm- und Wertvorstellungen des anderen, erforsche, wobei er/sie z. B. andere Meinungen als du hast – tue dies sehr bedacht und nimm dir dazu auch genügend Zeit. Wenn ihr dann erkennt, dass ihr nicht füreinander bestimmt seid, kommt ihr auch viel leichter voneinander los, wenn in eurer Beziehung noch kein Sex war. *Bedenke:* Nicht das Erscheinungsbild zählt in erster Linie, sondern der Charakter des anderen Menschen. In der Prüfungszeit solltet ihr erkennen, ob jenseits einer „rosaroten Brille" eine gleiche Wellenlänge zwischen euch herrscht – inwieweit gleichen sich eure Vorstellungen und Ansprüche?

Der Charakter eines Menschen ist in vielem schon erblich vorgeprägt. Wenn überhaupt ändert er sich nur sehr träge. Je ähnlicher der Charakter zweier Menschen ist, desto mehr Sympathie und Wohlbefinden ist vorhanden. Deshalb können auch Menschen, die nicht aus dem gleichen Milieu stammen, aufgrund verwandter Charakteranlagen durchaus miteinander harmonieren.

Wenn Paare am Anfang der Beziehung schon sofort miteinander schlafen, kommt es nicht zu der Prüfungsphase, sie fällt praktisch unter den Tisch. Manche Dinge kommen deshalb nie zur Sprache und vieles, was zu klären wäre, wird nicht geklärt – diese Defizite können dem Paar in der späteren Beziehung große Schwierigkeiten bereiten. Sucht deshalb in der Prüfungsphase also nach echten Gemeinsamkeiten und fragt euch, ob die Gemeinsamkeiten zusammen befriedigend ausgeübt werden können – das ist Harmonie! Diese Phase sollte nach meinen Erkenntnissen ca. drei bis zwölf

Monate dauern – wohlgemerkt ohne Sex! Ich wiederhole: mindestens drei Monate, am besten sechs Monate oder gar zwölf.

Nicht nervös werden: Der Kitzel geht dadurch nicht verloren, dass man vor dem Sex und vor der Bindung den Partner wach beobachtet und einschätzt, das Tempo des „sich-Reinstürzens“ drosselt – im Gegenteil, es wird spannender! Außerdem: Das Angeln von richtig dicken Fischen braucht Geduld!

4. Die Entscheidung

Nach ca. drei bis zwölf Monaten ist es wichtig, dass beide eine Entscheidung fällen und dem anderen mitteilen: „Ich will dich ganz“ – oder eben nicht. Viele Beziehungen verlaufen heutzutage nicht so. Leider beginnen sie mit dem Schluss, der Sexualität, und kommen dann zum Anfang, dem Klären der jeweiligen Vorstellungen. Kein Wunder, dass diese Menschen mit vielen Schwierigkeiten zu kämpfen haben, weshalb die Kraft der Beziehung nicht – wie sie eigentlich sollte – zu-, sondern abnimmt. Gebt deshalb eurer Beziehung durch langsames einander Annähern, Schritt für Schritt, durch gute und intensive Gespräche und Aussprachen eine solide Basis.

Oft ist der Drang zur Sexualität die Methode, um Zweifel beiseite zu wischen, obwohl nichts geklärt ist – nein, zu früher Sex verschiebt und vertieft nur die ungeklärten Probleme. Meine Empfehlung: Eine Frau sollte einem Mann Zeit lassen, bevor er aus tiefstem Herzen „Ja!“ zu ihr sagen kann – und ein Mann sollte einer Frau in dieser Phase Zeit lassen, bevor sie aus tiefstem Herzen „Ja!“ zu ihm sagen kann.

Mit der dann getroffenen Entscheidung, dem „Ja“ zu der Beziehung, sollte das Paar dreimal miteinander schlafen und anschließend gemeinsam einen Hochzeitstermin festlegen und die Hochzeit planen. Hochzeit heißt, ein öffentliches und familiär eingebettetes spirituelles Ritual. Es muss viele Zeugen haben und sinnlich-feierlich-festlich vonstatten gehen. Es ist dabei nicht wichtig, ob das Ritual christlich oder moslemisch, schamanisch oder buddhistisch ausgestaltet ist. Jeder nach seinem Glauben.

Hochzeit ist deshalb so wichtig, weil es die einzig mögliche Form eines ritualisierten „JA's!“ darstellt. Die meisten betrügen sich selbst und ihren Partner, indem sie Gründe gegen das Heiraten vorschieben, weil sie sich nicht in letzter Konsequenz entscheiden möchten und sich Hintertürchen offen lassen. Das ist der Weg der *kleinen* Liebe, nicht der der *großen* Liebe.

Die große Liebe setzt sich dem vollen Risiko aus und vertraut. Wenn nicht geheiratet wird, wird das Sich-nicht-entscheiden-wollen früher oder später ein Thema der Beziehung, das diese schließlich aushöhlt und zerrüttet.

Warum solltest du mit jemandem zusammensein, der sich nicht voll für dich entscheidet und sein Herz dir ganz öffnet? Das Leben ist zu kurz für Halbheiten und den kleinen „Ersatz“. Wer seinen ganzen Selbstwert spürt und anerkennt, gibt sich nur mit der *ganzen* Liebe zufrieden!

5. Der Segen

Vorweg: Ob und dass Mann und Frau sich treffen und zusammenkommen ist letztlich keine persönliche Entscheidung, sondern wird von einer – wie auch immer vorgestellten und definierten – höheren Macht geleitet.

Der Segen einer Beziehung beginnt mit der *Begegnung*, wird intensiviert durch das *behutsame Kennenlernen*, durch das *Vermeiden von Sexualität*, durch die *Entscheidung* und dann durch die *Trauung*. Fehlt einer dieser Schritte, ist der Segen der höheren Macht nicht vollständig. Heute fehlen in den meisten Beziehungen die Phasen der Enthaltsamkeit und die der Entscheidung. Ohne Entscheidung ist die Beziehung wie ein Auto ohne Motor, wie eine Küche ohne Herd.

Die Begegnung von Mann und Frau, besonders auf der sexuellen Ebene, ist kein Zeitvertreib (wobei du auch diesen gut planen solltest). Sie ist es deshalb nicht, weil hier das Schicksal zweier Menschen auf dem Spiel steht. Öffnet sich der eine, während der andere sich schon wieder trennt, kann dies für ersteren eine Verletzung werden, die bis zum Tod führen kann. Unzählige Menschen kommen jedes Jahr durch Liebeskummer um – entweder durch Selbstmord oder durch ein gebrochenes Herz, das ihnen allmählich das Leben nimmt, oder durch einen sich daraus ergebenden Unfall. Bei der Bedeutung, die eine Beziehung für einen Menschen gewöhnlich hat, kann man nicht behutsam genug mit ihr umgehen. Früher hatten die Völker dieses Wissen, weswegen alle intensive Trauungsriten praktizierten. Sie wussten um den entscheidenden Schritt, den zwei Menschen tun, die von da an unter einem gemeinsamen Dach leben.

Mit dem Segen der Trauung hat es noch eine weitere Bewandtnis. Das Paar bekommt durch dieses Erlebnis eine Kraft, eine Schubkraft, die nicht nur Tore öffnet, sondern den gemeinsamen Weg der beiden in besonderer Weise ebnet und bereitet.

Die meisten Paare spüren diese Kraft nicht, weil sie die Vorbereitungszeit nicht zur Klärung nutzen, weil sie sich nicht aus der Tiefe des Herzens entscheiden und weil sie Sexualität zu früh teilen. Die Ehe ist immer ein Wagnis. In der Ehe werden zwei Menschen zusammengeführt, die nun als eine Einheit durchs Leben gehen. Der Mann ist nicht mehr Herr X und die Frau nicht mehr Frau Y, sondern er ist der Mann der Frau und sie ist die Frau des Mannes. Dies bedingt eine große Umstellung, die verkraftet sein will. Um sie glücklich und erfolgreich meistern zu können, benötigt das Paar *Gnade*. Diese Gnade erhält es in besonderem Maße durch die Trauung.

Wir wissen alle, dass heutzutage sehr viele Ehen zerbrechen, obwohl sie in der Kirche z.B. ihren Segen erhielten ... Dies liegt nicht am Segen oder an den (kirchlichen) Riten, sondern daran, dass Menschen nicht mehr an die Kraft spiritueller Praxis glauben und sich außerdem nicht an das gegebene Wort halten, weder in der Ehe noch sonstwo.

Picassos Sicht der Annäherung

Noch subtiler hat es das Kunstgenie Pablo Picasso beschrieben: Er sagte – in dem Buch von Gilot & Lake „Leben mit Picasso“ (Diogenes, Zürich 1981, S. 39f) – zu seiner neuen Liebe Francoise Gilot, nachdem sie sich ein paar Monate locker getroffen hatten und beide spürten, dass das Feuer der Verliebtheit einsetzt: *„Jedes Wort und die geringste Geste ist von Bedeutung. Alles, was zwischen uns geschieht, wird uns beständig verändern. Ich wünschte, ich könnte die Zeit in diesem Augenblick aufhalten und die Dinge genau an diesem Punkt fixieren, weil ich spüre, dass dieser Augenblick ein wahrer Anfang ist. ... Wir sollten uns so wenig wie möglich bewegen, ein Minimum an Worten aussprechen, uns sogar nur so selten wie möglich sehen, wenn das diesen Augenblick verlängern kann. Wir wissen nicht, wieviel wir vor uns haben, deshalb müssen wir uns sehr davor hüten, die Schönheit dessen, was wir haben, zu zerstören. Es gibt alles nur in begrenztem Maß, besonders das Glück. Wenn eine Liebe beginnen soll, ist alles schon irgendwo aufgezeichnet, auch ihre Dauer und ihr Inhalt. Könntest du am ersten Tag den höchsten Grad erreichen, so wäre alles schon am ersten Tag zu Ende.“*

Richtiger Partner gefunden ... und was dann?

Sein eigener Partner werden – Die spirituelle Dimension von glücklicher Liebe oder: Wie ich mit Hilfe eines Partners in mir selbst mehr Liebe und Glück freisetzen kann ...

Die Sehnsucht nach der Verschmelzung

Warum streben wir alle immer wieder nach der Liebesbeziehung? Wieso fördert die Mann-Frau-Beziehung schneller als alles andere unsere Persönlichkeit, mehr noch, unsere spirituelle Ganzheit? – Eine romantische Liebesbeziehung ist deshalb eine so intensive und allgemein begehrte Erfahrung, weil sie Befreiung von einem tiefen Zustand der Angst, der Bedürftigkeit, des Mangels und der Unvollkommenheit verspricht. Dieser Zustand ist Teil des menschlichen Daseins in seiner unerlösten und unerleuchteten Form. Das macht sich körperlich und psychologisch bemerkbar.

Die körperliche Ebene

Auf der körperlichen Ebene bist du eindeutig nicht vollkommen und wirst es auch nie sein: Du bist entweder ein Mann oder eine Frau, das heißt *eine Hälfte* vom Ganzen. Der Apfel ist erst ganz, wenn beide Hälften vereint sind. Auf körperlich-sinnlicher Ebene drückt sich diese Sehnsucht nach Ganzheit aus – nach der Rückkehr zur Einheit. Das ist die männlich-weibliche Anziehung, das ständige Bedürfnis des Mannes nach einer Frau und der Frau nach einem Mann. Es ist ein fast unwiderstehlicher Drang nach Vereinigung mit dem entgegengesetzten Energiepol. Der Ursprung dieses Dranges ist an der Wurzel spirituell: die Sehnsucht nach dem Ende der Zweiheit und nach der Rückkehr zu einem Zustand der *Einheit.* Auf der körperlichen Ebene stellt die sexuelle Vereinigung die größtmögliche Annäherung an diesen Zustand dar. Von allen Erfahrungen, die auf der körperlichen Ebene möglich sind, bietet sie die tiefste Befriedigung. – Aber die sexuelle Vereinigung erlaubt nur einen flüchtigen Blick auf die Ganzheit, einen kurzen Moment von Glückseligkeit. Es bleibt also eine begrenzte Erfahrung, die nie ganz, nie vollständig sein wird und unsere letzte Sehnsucht nie ganz erfüllen kann.

Solange wir darin unbewusst die Erlösung von allem Schmerz vermuten, suchen wir das Ende der Dualität auf der Ebene der Form, wo es nicht gefunden werden kann. Es wird uns ein verführerischer Einblick in den Himmel gegönnt, aber wir dürfen dort nicht bleiben und finden uns am Ende doch in einem getrennten Körper wieder. Das soll die Erfahrung der Einheit nicht abwerten, aber der spirituelle Weg ist mit dem richtigen Partner nicht zuende, sondern fängt dann erst richtig an ...

Die seelische Ebene

Auf der psychologischen Ebene ist das Gefühl von Mangel und Unvollkommenheit eher noch größer, als auf der körperlichen. Solange du mit deinem Verstand identifiziert bist, beziehst du dein Selbstgefühl von außen. Das bedeutet, du beziehst das Gefühl dafür, wer du bist, von Dingen, die letztlich nichts mit dir zu tun haben: von deiner Rolle in der Gesellschaft, deinem Besitz, deinem Aussehen, aus Erfolg und Scheitern, aus deinen Glaubensmustern etc. Dieses künstliche, vom Verstand geschaffene Selbst, das Ego, fühlt sich verletzlich und unsicher. Um sich sein Dasein zu bestätigen, sucht es unablässig nach neuen Dingen, mit denen es sich identifizieren kann. Aber nichts wird jemals ganz reichen, um ihm dauernde Erfüllung zu verschaffen. Seine Angst besteht weiter, sein Empfinden von Mangel und Bedürftigkeit bleibt.

Verliebt – das ist es?

Und dann kommt diese besondere Beziehung daher. Sie scheint die Antwort auf alle Probleme des Egos zu sein. Sie scheint all seine Bedürfnisse zu erfüllen. Zumindest am Anfang sieht das so aus. All die anderen Dinge, aus denen du bislang deinen Selbstwert bezogen hattest, rücken nun im Vergleich dazu in den Hintergrund. Du hast jetzt einen einzigen Bezugspunkt, der sie alle ersetzt. Er verleiht deinem Leben Sinn und du bestimmst darüber deine Identität: über die Person, in die du „verliebt" bist. Du bist nicht länger ein einzelnes Bruchstück in einem lieblosen Universum, nicht mehr einsam und verloren. Zumindest scheint es dir so. – Deine Welt hat jetzt einen Mittelpunkt: die geliebte Person. Die Tatsache, dass dieses Zentrum außerhalb deiner selbst liegt und du also dein Selbstgefühl immer noch von außen beziehst, erscheint zunächst bedeutungslos. Wichtig ist vielmehr, dass die unterschwelligen Gefühle von Unvollkommenheit, Angst, Mangel und Unerfülltheit, die für dein Ego so charakteristisch sind, auf einmal nicht mehr da sind – oder etwa doch? Haben sie sich aufgelöst oder existieren sie, unterhalb der glücklichen Oberflächen-Wirklichkeit, weiter?

Wenn du als Single depressiv warst, lag es daran, dass du allein warst oder der richtige Partner fehlte. Bist du innerhalb der Beziehung depressiv, ist plötzlich der Partner Schuld daran, der – wie du glaubst – nicht das Richtige für dich tut! Das ist merkwürdig. Der tiefere Grund muss offenbar woanders liegen.

Der Partner als Betäubungsmittel?

Wenn du in deinen Beziehungen beides erlebst, sowohl „Liebe" als auch das Gegenteil der Liebe – Angriff, emotionale Gewalt und so weiter –, dann kannst du davon ausgehen, dass du das Festhalten am Ego und abhängiges Klammern mit der höheren Liebe verwechselst. Du kannst deinen Partner oder deine Partnerin nicht in einem Moment lieben und im nächsten Moment angreifen. Wahre Liebe kennt kein Gegenteil. Wenn es zu deiner „Liebe" ein Gegenteil gibt, dann ist sie keine Liebe, sondern es ist dein starkes Egobedürfnis nach einem tieferen und vollkommeneren Selbstgefühl, ein Bedürfnis, das durch die andere Person – nur – zeitweilig erfüllt werden kann.

Der Partner ist der Ersatz des Ego für die Erlösung. Für eine kurze Zeit fühlt es sich auch wie Erlösung an. Aber dann kommt ein Punkt, wo das Verhalten deines Partners deine Bedürfnisse oder vielmehr die Bedürfnisse deines Egos nicht mehr befriedigt. Jetzt tauchen die Gefühle von Angst, Schmerz, Mangel, die dem Ego-Bewusstsein zu eigen sind, wieder auf – sie waren durch die „Liebesbeziehung" nur überdeckt. Genau wie bei jeder anderen Art von Sucht bist du „high", solange die Droge verfügbar ist; aber unweigerlich kommt der Moment, wo die Droge bei dir nicht mehr wirkt. Wenn all die schmerzhaften Gefühle wiederkommen, dann fühlst du sie sogar noch stärker als vorher, ja du siehst dann obendrein deinen Partner als *Ursache* dieser Gefühle an. Das bedeutet, du projezierst sie nach außen und greifst dann den anderen mit all der heftigen Gewalttätigkeit an, die Teil deines Schmerzes ist. Durch diesen Angriff kann der Schmerz des anderen geweckt werden, und er oder sie wird einen Gegenangriff starten. An dieser Stelle hofft das Ego unbewusst immer noch, dass seine Angriffe und Manipulationsversuche Strafe genug sind, um den Partner zur Verhaltensänderung zu bewegen. Dann könnte es ihn wieder als Betäubungsmittel für deinen Schmerz benutzen.

Die Lösung aus der Abhängigkeit

Jede Abhängigkeit entsteht aus der unbewussten Weigerung, deinen eigenen Schmerz anzuschauen und zu durchleben. – Jede Sucht beginnt mit Schmerz und endet mit Schmerz. Egal wovon du abhängig bist – Alkohol, Essen, legale oder illegale Drogen oder eine Person –, du benutzt etwas oder jemanden, um deinen Schmerz abzudecken. Deshalb gibt es nach dem Abklingen der ersten Euphorie so viel Unglück, so viel Schmerz in intimen Beziehungen. Die Beziehung ist jedoch nicht die Ursache für Schmerz und Unglück. Eine Beziehung bringt den Schmerz und das Unglück, die schon in dir sind, zum Vorschein. Das ist gut, du solltest dafür dankbar sein. Jede Sucht bringt den Schmerz in dir ans Tageslicht. Jede Sucht erreicht einen Punkt, wo sie für dich nicht mehr funktioniert, und dann fühlst du den Schmerz stärker als je zuvor. Dies ist einer der Gründe dafür, dass die meisten Menschen ständig versuchen, dem gegenwärtigen Moment zu entfliehen und in der Zukunft irgendeine Erlösung zu finden. Das erste, was ihnen begegnen könnte, wenn sie ihre Aufmerksamkeit auf das Jetzt richten würden, wäre ihr eigener Schmerz ... – doch davor haben sie Angst. Wenn sie nur wüssten, wie leicht es ist, im Jetzt die Kraft der Gegenwärtigkeit zu erschließen. Diese Kraft ist jene eine Wahrheit, die alle Täuschungen, alles Vergangene und den dazugehörigen Schmerz auflöst. Wenn sie nur wüssten, wie nahe sie ihrer eigenen Wirklichkeit, wie nahe sie ihrem natürlichen Urgrund sind.

Es ist auch keine Lösung, Beziehungen zu vermeiden, um so dem Schmerz zu entrinnen. Der Schmerz ist in jedem Fall da. Drei gescheiterte Beziehungen in drei Jahren bringen, ja zwingen dich mit Sicherheit eher zum Erwachen als drei Jahre auf einer einsamen Insel oder im stillen Kämmerlein. Wenn du allerdings intensive Gegenwärtigkeit in dein Alleinsein einbringen kannst, wird das die gleiche Wirkung haben.

Hass-Liebe-Beziehungen

Bevor du nicht gelernt hast, mehr in der Gegenwart, im Hier und Jetzt zu sein, sind alle Beziehungen und besonders intime Beziehungen, unvollkommen und letzten Endes gestört. Sie erscheinen vielleicht für eine Weile perfekt, zum Beispiel solange du „verliebt" bist, aber diese scheinbare Vollkommenheit wird bald brüchig. Streit, Konflikte, Unzufriedenheit und emotionale oder körperliche Gewalt passieren nach einer Weile immer häufiger. Es scheint, dass die meisten „Liebesbeziehungen" sehr bald zu Hass-Liebe-Beziehungen werden. Wie auf Knopfdruck verwandelt sich die Liebe dann in heftige Angriffe, in Feindseligkeit oder in Liebesentzug. Das wird für normal gehalten. Für eine gewisse Zeit, für Monate oder Jahre schwingt diese Beziehung dann zwischen beiden Polen, zwischen Liebe und Hass hin und her, sie bringt dir Vergnügen und Schmerz zu gleichen Teilen. Es ist nicht ungewöhnlich, dass Paare von diesen kreisläufigen Wiederholungen abhängig werden. Ihr Drama gibt ihnen ein Gefühl der Lebendigkeit. Gleichzeitig raubt dieses Trauerspiel eine Menge Energie für andere Lebensbereiche. Wenn das Gleichgewicht zwischen den positiv-negativen Polaritäten verloren geht und die negativen, zerstörerischen Zyklen immer häufiger und immer heftiger werden – früher oder später tritt das meistens ein –, dann wird die Beziehung bald endgültig zusammenbrechen.

Es mag – flüchtig – durchaus so aussehen, als müsstest du nur die negativen und zerstörerischen Zyklen ausrotten, und schon wäre alles gut, schon würde die Beziehung wundervoll aufblühen. Aber leider ist das nicht möglich. Die Polaritäten bedingen sich gegenseitig. Du kannst die eine ohne die andere nicht haben. Das Positive enthält in sich schon das noch nicht sichtbare Negative. Beide Seiten sind in Wirklichkeit verschiedene Aspekte des Verstandes. Ich rede hier über das, was normalerweise *romantische Liebesbeziehung* genannt wird – nicht über wahre Liebe, zu der es keinen Gegensatz gibt, weil sie jenseits vom Verstand erblüht. Liebe als anhaltender Zustand ist noch sehr selten – genauso selten wie bewusste Menschen. Kurze und flüchtige Einblicke in die Liebe allerdings sind möglich, wann immer im Denkstrom eine Lücke entsteht.

An den negativen Anteilen einer Beziehung zeigt sich ihre Gestörtheit natürlich viel leichter als an den positiven. Außerdem ist es viel leichter, die Quelle der Negativität in deinem Partner zu erkennen als in dir selbst. Diese Negativität hat viele Gesichter: als Besitzanspruch, Eifersucht, Kontrolle, als Rückzug und unausgesprochener Vorwurf, als das Bedürfnis, Recht zu haben, als Mangel an Sensibilität, als Selbstbezogenheit, emotionale Forderungen, Nörgeln, böses Schauen, den anderen ignorieren, Manipulation, als Drang zu kritisieren, zu beurteilen, anzuklagen, anzugreifen, als Wut und unbewusste Rache für vergangenen, von den Eltern zugefügten Schmerz, als heftigste Aggression und körperliche Gewalttätigkeit. Auf der positiven Seite bist du in deinen Partner „verliebt". Das ist am Anfang ein zutiefst befriedigender Zustand. Du fühlst dich auf intensivste Art lebendig. Plötzlich macht dein Dasein Sinn, denn da ist jemand, der dich braucht, der dich will, für den du außergewöhnlich bist, und du gibst ihm oder ihr das Gleiche. Wenn ihr zusammen seid, fühlt ihr euch ganz. Dieses Gefühl kann so überwältigend werden, dass der Rest der Welt davor verblasst. Aber du hast vielleicht bemerkt, dass diese Intensität auch mit Bedürftigkeit verbunden ist, mit Klammern. Du wirst von dem anderen Menschen abhängig. Er oder sie wirkt auf dich wie eine Droge. Du bist „high", wenn du die Droge bekommen kannst, aber allein schon die Möglichkeit oder Vorstellung, dass er oder sie einmal nicht mehr für dich dasein könnte, kann zu Eifersucht, Besitzansprüchen, zu Manipulationsversuchen mit Hilfe von emotionaler Erpressung, Schuldzuweisung und Anklage – letztendlich zu Verlustangst führen. Wenn der/die andere dich verlässt, kann das zu heftigster Feindschaft oder zu tiefstem Kummer und bodenloser Verzweiflung führen. In einer Sekunde kann aus zärtlicher Liebe der brutalste Angriff, der entsetzlichste Kummer werden. Wo ist die Liebe geblieben. Kann sich Liebe in einem Moment in ihr Gegenteil verwandeln? War es dann überhaupt Liebe – oder nur Abhängigkeit, Festhalten, Nicht-Hinschauen?

Die „große" Liebe ist nicht wählerisch

Liebe ist nicht wählerisch, genau wie das Sonnenlicht nicht wählerisch ist. Sie bevorzugt niemanden. Sie ist nicht ausschließlich. Ausschließlichkeit gehört nur zur Liebe des Egos. Allerdings fühlen wir wahre Liebe mit unterschiedlicher Intensität. Es kann einen Menschen geben, der dir deine Liebe klarer und intensiver zurückspiegelt, und wenn derjenige für dich genauso fühlt, dann seid ihr miteinander in einer Liebesbeziehung. Was dich mit diesem Menschen verbindet, verbindet dich jedoch auch mit jemandem, der z.B. neben dir im Bus sitzt, oder mit einem Vogel, einem Baum, einer Blume. Nur die Intensität, mit der du es wahrnimmst, ist anders.

Sogar in einer eigentlich abhängigen Beziehung kann es Momente geben, wo etwas Wahres durchscheint, etwas, das jenseits eurer gegenseitigen Suchtbedürfnisse liegt. Das sind die Momente, in denen dein Verstand und der Verstand deines Partners oder deiner Partnerin kurz beiseite treten und der Schmerzkörper vorübergehend ruht. Manchmal geschieht das, wenn ihr euch körperlich nahe seid, oder wenn beide das

Wunder der Geburt miterleben, oder in der Gegenwart des Todes, oder wenn einer von beiden schwer krank ist oder nach einem bösen „Streit-Gewitter" – was auch immer dem Verstand die Macht nimmt. Wenn das geschieht, wird dein Sein enthüllt, das normalerweise hinter dem Verstand verborgen ist, und dadurch wird wahre Kommunikation möglich. Wahre Kommunikation ist *Kommunion*, ist die Verwirklichung von Einheit und somit Liebe. Normalerweise geht das sehr schnell wieder verloren, es sei denn, du kannst gegenwärtig genug bleiben, um den Verstand und seine alten Muster auszuschließen. Sobald der Verstand und die Identifikation mit ihm zurückkehren, bist du nicht mehr du selbst, sodern eine Vorstellung deiner selbst und sofort beginnst du Spiele und Rollen zu spielen, um die Bedürfnisse deines Ego zu befriedigen. Wieder bist du ein menschlicher Verstand, der vorgibt, ein menschliches Wesen zu sein und der mit einem anderen Verstand ein Drama veranstaltet, das dann „Liebe" genannt wird.

Eine Beziehung kann zudem nicht besser sein, als die Art, wie du mit dir selbst umgehst, Stunde für Stunde, Tag für Tag. Aber sie kann dich darauf aufmerksam machen, wie du mit dir selbst umgehst. Denn der Partner ist ein vollkommener Spiegel für dich selbst und deshalb eine große Hilfe auf dem Weg zu wahrem Glück und innerem Frieden. Das ist ein Weg des Lernens. – Kurze Einblicke sind zwar möglich, aber die Liebe kann erst dann wirklich erblühen, wenn du für immer von der Identifikation mit dem Verstand befreit bist, wenn deine Gegenwärtigkeit intensiv genug ist, um den Schmerzkörper aufzulösen – oder wenn du wenigstens als Beobachter gegenwärtig bleiben kannst. Dann kann der Schmerzkörper dich nicht mehr überwältigen und so die Liebe zerstören.

Von gestörten zu freien Beziehungen

Können wir eine abhängige, gestörte Beziehung in eine erfüllende Beziehung umwandeln? Ja. Sei gegenwärtig! Die Erlösung – auch und gerade in der Mann-Frau-Beziehung – befindet sich nicht an einem anderen Ort, in einer anderen Zeit. Sie ist hier und jetzt – bei dir.

Du bist einsam und ohne Partner? Genau an der Stelle tritt ins Jetzt ein. Du bist in einer Beziehung? Genau an dieser Stelle tritt ins Jetzt ein. – Tauche mit deiner Aufmerksamkeit immer tiefer ins Jetzt ein und vertiefe dadurch deine Gegenwärtigkeit. Das bleibt der Schlüssel, ganz gleich, ob du allein lebst oder mit einem Partner. Damit die Liebe sich entfalten kann, muss das Licht deiner Gegenwärtigkeit stark genug sein. Dann werden der Denker oder der Schmerzkörper dich nicht mehr überwältigen und dir weißmachen, dass sie du sind. Dich selbst zu kennen, als das Sein, das sich hinter dem Denker verbirgt, als die Stille hinter dem Gedankenlärm, als die Liebe und die Freude jenseits von Schmerz, das bedeutet Freiheit, Erlösung, Erleuchtung. Wenn du die Identifikation mit dem Schmerzkörper löst, bringst du Gegenwärtigkeit in den Schmerz und verwandelst ihn so. Die Identifikation mit dem Denken aufzulösen bedeutet, zum stillen Beobachter deiner Gedanken und deines Verhaltens zu werden.

Das gilt besonders für die endlosen Wiederholungsmuster deines Denkens und für die Rollen, die dein Ego spielt. Wenn du aufhörst, den Verstand mit „Selbstheit" auszustatten, dann verliert er seine Zwanghaftigkeit, die im Prinzip darin besteht, alles zu beurteilen und damit dem, was IST, Widerstand zu leisten. Das wiederum schafft Konflikte, Drama und neuen Schmerz. Sobald dein Urteilen ein Ende findet, weil du das, was ist, annimmst, bist du vom Verstand befreit. Du hast Raum für Liebe, für Freude, für Frieden geschaffen. Zuerst hörst du auf, dich selber zu verurteilen, dann hörst du auf, deinen Partner zu verurteilen. Der wichtigste Katalysator für Veränderung in einer Beziehung ist das totale Annehmen deines Partners oder deiner Partnerin, so wie sie sind, ohne das Bedürfnis, sie wie auch immer zu verurteilen oder zu verändern. Das bringt dich sofort in einen Raum jenseits des Ego. Dann sind alle Kopfspielchen und abhängigen Klammereien vorbei. Es gibt keine Opfer und Täter mehr, keine Ankläger und Angeklagten. Auch alle Co-Abhängigkeit findet hier ihr Ende, ebenso alle Verwicklungen in die unbewussten Muster des anderen. Ihr werdet euch dann entweder – in Liebe – trennen oder miteinander noch tiefer in das Jetzt, in das Sein eintauchen. Kann das so einfach sein? Ja. So einfach ist es.

Beziehung als spirituelle Praxis – Tipps für den Beziehungs-Alltag

Manchmal gibt es die Situation, dass einer der Partner das Problem hat, der andere sei zu unbewusst oder noch nicht weit genug entwickelt. – Jedoch: Um bewusst zu werden ist es nicht nötig, dass irgendjemand *anderes* bewusst wird. Verurteilt euch nicht gegenseitig für eure Unwissenheit. Sobald du zu streiten beginnst, hast du dich schon mit einer Denkposition identifiziert und verteidigst nun nicht allein deine Position, sondern auch dein Selbstbild. Das Ego hat die Leitung. Du bist unbewusst geworden. Es mag manchmal passend sein, deinem Partner bestimmte Anteile seines Verhaltens aufzuzeigen. Wenn du sehr wach bist, sehr bewusst, dann kannst du das ohne Egointeresse tun – ohne Vorwurf, ohne Anklage, ohne den anderen ins Unrecht zu setzen.

Wenn dein Partner sich unbewusst verhält, verzichte auf jedes Urteil. Sei nicht die Reaktion, sei nicht der Richter. Statt mit der Dunkelheit zu kämpfen, wenn du sie wahrnimmst, bringst du das Licht ein. Es gibt keine größere Unterstützung für Verwandlung als deine liebevolle Gegenwärtigkeit. Wenn du das (vor-)lebst, kann dein Partner nicht mit dir zusammen sein und unbewusst bleiben. – Wenn ihr euch einig seid, dass eure Beziehung eure spirituelle Praxis sein soll, umso besser. Dann könnt ihr einander eure Gedanken und Gefühle mitteilen, sobald sie auftreten, oder jede Reaktion, sobald sie auftaucht. Ich empfehle: Lerne es, deine Gefühle auszudrücken, ohne den anderen anzuklagen. Höre deinem Partner auf offene Art und ohne Abwehr zu. Gib deinem Partner oder deiner Partnerin Raum, sich auszudrücken. Sei gegenwärtig. Beschuldigen, Verteidigen, Angreifen – all diese Muster, deren Aufgabe es ist, das Ego zu stärken, zu schützen oder zu befriedigen, werden dann überflüssig. Anderen und dir selbst Raum zu geben, ist entscheidend. Nur so kann Liebe erblühen.

Wir alle kennen Menschen, die kontaktscheu, zurückgezogen, unsensibel und von ihren Gefühlen abgeschnitten sind. Dennoch halten sie sich oft für erleuchtet und glauben von sich, sie stünden „über den Dingen". Sie meinen, bei ihnen ist alles okay, nur ihr Partner sei nicht okay. Männer neigen eher dazu als Frauen. Aber wenn du deine Emotionen spüren kannst, bist du von dem darunter liegenden strahlenden inneren Körper nicht weit entfernt. Wenn du dagegen hauptsächlich im Kopf bist, dann ist der Abstand zu deinen Emotionen, zu dir viel größer – d.h. du musst zunächst Bewusstsein in deinen emotionalen Körper bringen, bevor du den inneren Körper erreichen kannst.

Wenn du in einer Beziehung bist, werden dir viele Herausforderungen durch deinen Partner gestellt. Eine Frau zum Beispiel könnte durch einen gleichgültigen Mann herausgefordert werden. Sie wird durch seine Unfähigkeit, sie wirklich zu hören herausgefordert, oder durch sein Unvermögen, ihr Aufmerksamkeit, ihr Raum zu geben, einfach nur zu sein. Grund dafür ist sein Mangel an Gegenwärtigkeit. Lieblosigkeit in einer Beziehung, die meist von der Frau viel unmittelbarer gefühlt wird als vom Mann, aktiviert ihren Schmerzkörper. Und durch ihn wird sie dann ihren Partner angreifen, beschuldigen, kritisieren, ihn ins Unrecht setzen etc. Das wird für ihn zur Herausforderung. Um sich gegen die Angriffe ihres Schmerzkörpers zu wehren, die er für völlig aus der Luft gegriffen hält, wird er seine Kopfposition noch vehementer einnehmen. Er wird sich rechtfertigen, verteidigen, oder den Gegenangriff starten. Das kann schließlich dazu führen, dass sein eigener Schmerzkörper aktiviert wird. Wenn beide Partner derart überwältigt sind, befinden sie sich auf einer Ebene von tiefster Unbewusstheit, von emotionaler Gewalt, von heftigstem Angriff und Gegenangriff. Das hört erst auf, wenn beide Schmerzkörper sich aufgefüllt haben und schließlich in den Ruhezustand zurückkehren. Bis zum nächsten Mal ...

Lasst uns noch einmal kurz die Szene anschauen, die ich eben beschrieben habe. Jede in ihr enthaltene Herausforderung ist tatsächlich eine versteckte Möglichkeit zur Erlösung. Auf jeder Stufe des sich entfaltenden Störungsprozesses ist es möglich, von der Unbewusstheit befreit zu werden. Zum Beispiel könnte die Feindseligkeit der Frau ein Signal für den Mann sein, das ihm hilft, seinen vom Verstand beherrschten Zustand zu verlassen. Er könnte es benutzen, um zum Jetzt aufzuwachen und gegenwärtig zu werden – anstatt sich noch mehr mit dem Verstand zu identifizieren und immer unbewusster zu werden. Anstatt der Schmerzkörper zu *sein*, könnte die Frau das Erkennen sein, das den emotionalen Schmerz in sich selbst beobachtet, sich dadurch die Kraft des Jetzt erschließt und die Verwandlung des Schmerzes in Gang setzt. Hierdurch würde die zwanghafte und automatische Projektion des Schmerzes nach außen beendet. Dann könnte sie ihrem Partner ihre Gefühle mitteilen. Es gibt natürlich keine Garantie, dass er ihr zuhören würde, aber er bekäme eine gute Möglichkeit gegenwärtig zu sein. Auf jeden Fall würde der destruktive Kreislauf unterbrochen, in dem alte Verstandesmuster unwillkürlich ausagiert werden. Wenn die Frau diese Gelegenheit verpasst, könnte der Mann seine eigene geistig-emotionale Reaktion auf ihren Schmerz beobachten, seine eigene Abwehrhaltung, anstatt die Reaktion zu *sein*. Er könnte dann beobachten, wie sein eigener Schmerzkörper aktiviert wird und so Bewusstheit in seine Gefühle bringen. Auf diese Weise würde ein klarer und stiller Raum reinen Bewusstseins geschaffen – das Erkennen, der stille Zeuge, der Beobachter. Dieses Bewusstsein leugnet den Schmerz nicht ab und ist doch jenseits davon. Es erlaubt dem Schmerz zu sein und wandelt ihn gleichzeitig um. Es akzeptiert alles und verwandelt alles. Eine Tür hätte sich damit geöffnet, sie könnte hindurchgehen und ihm in jenem Raum begegnen.

Oft werde ich in meinen Single-Seminaren gefragt: „Ist es nicht so, dass man eine gute Beziehung mit sich selbst haben und sich selbst lieben muss, bevor man eine erfüllte Beziehung mit einem anderen Menschen haben kann?" Wenn du dich im Alleinsein mit dir selbst nicht wohl fühlst, dann suchst du eine Beziehung, um dein Unbehagen zu überdecken. Mit Sicherheit wird dieses Unbehagen auf die eine oder andere Art in deiner Beziehung wieder auftauchen, und du wirst die Verantwortung dafür wahrscheinlich deinem Partner zuschieben ... Du brauchst deshalb nur diesen Moment des Alleinseins voll anzunehmen. Dann fühlst du dich im Hier und Jetzt wohl, und du fühlst dich wohl mit dir selbst. Dann werden auch alle deine Beziehungen zu Liebesbeziehungen.

Liebe ist ein Seins-Zustand

Deine Liebe lebt nicht außen, sie lebt tief in deinem Inneren. Du kannst sie nie verlieren und sie kann dich nie verlassen. Diese Liebe in deinem Inneren ist nicht abhängig von einem anderen Körper, von einer äußeren Form. In der Stille deiner Gegenwärtigkeit kannst du deine eigene formlose und zeitlose Wahrheit fühlen und sie als das unmanifeste Leben erkennen, das deine körperliche Form beseelt. Dasselbe Leben kannst du dann tief in jedem menschlichen Wesen, in jedem Geschöpf fühlen. Du durchschaust den Schleier von Form und Trennung. Das ist die Einsicht und Verwirklichung von Einheit. Das ist Liebe.

Aufgabe 98: Körper-Jetzt

Um das Glück und die Liebe in dir hervorscheinen zu lassen, ist Gegenwärtigkeit das wichtigste Instrument. Aber wie kannst du diesen Zustand erreichen? Führe deine Aufmerksamkeit weg vom Verstand oder einer Emotion und richte sie auf eine Körperwahrnehmung. Stelle dir selbst immer und immer wieder die Frage: „Was fühle ich gerade in meinem Körper?" Sofort bist du im Jetzt, denn Körperwahrnehmungen sind immer wahr. Das führt dich heraus aus dem schmerz-erzeugenden Verstand.

Aufgabe 99: Atem-Jetzt

Auch dein Atem kann dir helfen, dich unmittelbar zu befreien. Achte deshalb auf deinen Atem ... er führt dich heraus aus dem Verstand: Atme bewusst und atme tief. Lass

Seufzer kommen, wenn sie kommen. Achte darauf, ob du tief oder flach, langsam oder schnell, kurz oder lang atmest. – Diese Übung kannst du jederzeit tun, denn Atemgewahrsein und Gedanken schließen sich gegenseitig aus. Das ist eine uralte buddhistische Methode.

Aufgabe 100: Annehmen des Super-Gaus

Wie oben beschrieben, löst du Beziehungskrampf sehr machtvoll auf durch das Annehmen dessen, was gerade ist. Keinen Widerstand mehr zu leisten wandelt dich und deine Beziehung, denn du bist nicht mehr identifiziert. Da ein solches Verhalten aber viel leichter gesagt als getan ist, hier eine Hilfe: Wenn es dir schwerfällt, ein negatives Gefühl, das z.B. im Zusammensein mit deinem Partner auftritt, anzunehmen oder ein bestimmtes Verhalten deines Partners, das bei dir Schmerz auslöst, dann stelle dir vor, dass alles noch viel Schlimmer kommt, stelle dir die schlimmste anzunehmende Situation vor! Wie würde es dir dann gehen? Und treibe es dann noch weiter auf die Spitze ... Wie würde es dir dann gehen? – Bei dieser Übung merkst du, dass du eigentlich, ehrlich gesagt, auch im schlimmsten anzunehmenden Fall immer noch du selbst bist und glücks- und liebesfähig – du würdest weder sterben noch im Unglück vergehen. Diese Vorstellung und die daraus abgeleitete Erfahrung helfen dir, ins Zentrum deiner Seele zu kommen und dort einen festen Stand zu finden. *Bedenke:* Annehmen ist immer die Lösung und die Grundlage für Verwandlung. Ich wünsche dir viel Kraft, das alles zu meistern, immer mehr und mehr.

Zeuge-Sein

Immer dann, wenn deine Beziehung nicht funktioniert, wenn sie in dir oder deinem Partner den Wahnsinn zum Vorschein bringt, freut euch – so absurd das jetzt klingen mag. Freut euch deshalb, weil dadurch genau das, was im Unbewussten verborgen war, ans Licht befördert wird. Das ist eine wunderbare Gelegenheit für eure Erlösung. Halte dein Wissen über den jeweiligen Moment und besonders dein Wissen über deine innere Befindlichkeit stets fühlend aufrecht: Wenn Wut da ist, wisse, dass sie da ist. Wenn Eifersucht, Abwehr, Streitsucht, Rechthaberei, ein inneres Kind, das Liebe und Aufmerksamkeit fordert oder irgendein innerer Schmerz da sind – was immer es ist, erkenne die Wahrheit des Momentes und verweile in der Erkenntnis. Dann wird aus der Beziehung eine spirituelle Übung.

Wenn du bei deinem Partner unbewusstes Verhalten beobachtest, halte diese Beobachtung in der liebenden und wissenden Umarmung deiner Erkenntnis, so dass du *nicht* reagierst. Unbewusstheit und Erkenntnis können nicht lange gemeinsam dasein, selbst wenn die Erkenntnis nicht in demjenigen stattfindet, der gerade sein Unbewusstes ausagiert, sondern in seinem Partner. Die Energieform, aus der Feindseligkeit und Angriffe entstehen, verhält sich absolut allergisch gegenüber der Anwesenheit von Liebe. Wenn du auf die Unbewusstheit deines Partners in irgendeiner Weise reagierst, dann wirst du selbst unbewusst – doch wenn du daran denkst, diese Reaktion zu *erkennen,* dann ist nichts verloren.

Zum guten Schluss:

... über die Gnade, keinen oder noch keinen Partner bekommen zu haben, ein Zitat des Dalai Lama, dem Oberhaupt der tibetischen Buddhisten: *„Nicht zu bekommen, was man will, ist manchmal ein großer Glücksfall."*

Literatur

Chapman, Gary: *Die fünf Sprachen der Liebe. Wie Kommunikation in der Ehe gelingt.* Marburg: Verlag der Francke-Buchhandlung 2003.

Dodson, Fred: *Ein Kurs im Flirten. Ein Trainingsbuch.* Leipzig: Bohmeier Verlag 2002.

Gray, John: *Männer sind anders. Frauen auch.* München: Goldmann 1998.

Hellinger, Bert: *Zweierlei Glück.* München: Goldmann 2002.

Hellinger, Bert: *Ordnungen der Liebe.* München: Droemer Knaur 2001.

Kirschner, Thomas: *Jetzt backe ich sie mir selbst.* Aachen: Omega Verlag 2000.

Levine, Peter: *Trauma-Heilung.* Essen: Synthesis 1998.

Lohmann, Friedrich: *Konflikte lösen mit NLP. Techniken für Schlichtungs- und Vermittlungsgespräche, Paarberatung und Mediation.*Paderborn: Junfermann 2003.

Loosen, Lucian: *EroSpirit. Das sanfte Geheimnis der Liebe.* Selbstverlag

Möller, Michael Lukas: *Worte der Liebe. Erotische Zwiegespräche.* Reinbek: Rowohlt-Tb 1998.

Mohr, Bärbel: *Bestellungen beim Universum.* Aachen: Omega Verlag 1998.

Ornish, Dean: *Die revolutionäre Therapie: Heilen mit Liebe.* München: Mosaik 1999.

Rosenberg, Marshall: *Gewaltfreie Kommunikation. Aufrichtig und einfühlsam miteinander sprechen.* Paderborn: Junfermann 2001.

Silverstein, Shel: *Missing Piece trifft Big O. Eine Bildgeschichte.* Paderborn: Junfermann 1995.

Skynner, Robin & Cleese, John: *... Familie sein dagegen sehr.* Paderborn: Junfermann ^{8}2001.

Toman, Walter: *Familienkonstellationen.* München: C.H. Beck 1996.

Wilson Schaef, Anne: *Die Flucht vor der Nähe. Warum Liebe, die süchtig macht, keine Liebe ist.* München: dtv 2002.

Kontakt zum Autor

Über Fragen, Rückmeldungen und Kritiken freue ich mich wie jeder Autor – Ihr erreicht mich über folgende Kontaktmöglichkeiten:

Lucian Loosen
Zum Dornbusch 21
51766 Engelskirchen

Tel.: 02263-48 19 77
Fax: 02263-48 19 78
eMail: Lucian@yadu.de

Die YaDu® Single-Seminare

In den meisten deutschen Großstädten führt der Autor mit seinem Team Single-Seminare ganzjährig durch, z.B. in Köln, Berlin, Hamburg, München, Stuttgart ... Hier kannst du in einer Gruppe von 20-40 Singles alles im Buch Beschriebene praktisch erleben und umsetzen. Und du begegnest in der Gruppe vielen gleichgesinnten Männern und Frauen.

Weitere Informationen findest du auf unserer Homepage: **www.yadu.de**
Oder fordere Infomaterial per eMail an über **info@yadu.de**

YaDu®-Institut
Die ersten Single-Seminare Deutschlands
Ganzheitliche Erlebnis- und Begegnungswochenenden seit 1994
Zum Dornbusch 21
D-51766 Engelskirchen

Tel.: 02263-48 19 77
Fax: 02263-48 19 78

Das erste Buch von Lucian Loosen *(„EroSpirit-Tantra: Das sanfte Geheimnis der Liebe“)* kannst du beziehen über folgende Anschrift:

ETI
Zum Dornbusch 21
D-51766 Engelskirchen

Tel.: 02263-90 17 41
Fax: 02263-48 19 78
eMail: info@welt-des-tantra.de

JUNFERMANN

Lebe dich selbst!

160 Seiten, kart.
€ 12,90 [D]
ISBN 3-87387-502-0

Was bedeutet Glück heute für Frauen? Warum sind viele trotz neuer Rollenbilder, neuer privater und beruflicher Möglichkeiten unglücklich, und wie können Frauen in dieser sich schnell ändernden Welt zu einem verantwortungsvollen „Lebe dich selbst"-Prinzip finden?

Lassen Sie sich auf eine spannende Reise mitnehmen – die Reise zu sich selbst. Sie werden dabei viele neue Erkenntnisse gewinnen und einige „alte Zöpfe" abschneiden ... Persönliches Glück, eine erfüllte Partnerschaft, fröhliches Zusammenleben mit Kindern, beruflicher Erfolg – bei all diesen Zielen können wir unser Schicksal selbst in die Hand nehmen.Finden Sie Ihren eigenen Weg und haben Sie den Mut, ihn auch zu gehen!

Barbara Schütze machte zunächst eine Ausbildung als Kinderkrankenschwester. Nach dem Studium der Kommunikationswissenschaften folgte die Ausbildung zur NLP-Lehrtrainerin (DVNLP). Sie ist verheiratet, Mutter eines Sohnes und lebt bei München.

Monika Czernin arbeitet seit vielen Jahren als Fernseh- und Kulturjournalistin und Autorin. Sie lebt mit ihrer Tochter in München.

www.junfermann.de
www.active-books.de

JUNFERMANN • Postfach 1840 • 33048 Paderborn
eMail: ju@junfermann.de • Tel. 0 52 51/13 44 0 • Fax 0 52 51/13 44 44